高职高专"十三五"规划教材

汽车类专业立体化数字资源配套教材

汽车机械基础

王伟平 主 编

涂 杰 程 美 何家盼 副主编

高 晖 主 审

双色版

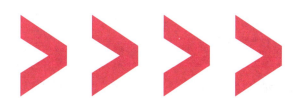

·北京·

本书共八个项目，主要内容有力学分析、汽车工程材料、汽车常用机构、汽车机械传动装置、汽车变速器轮系分析、汽车轴系零件、汽车零部件的连接、汽车液压与液力传动。书中内容重视应用，避免出现深奥的原理分析及复杂的公式推导，突出实用性和综合性，注重对学生基本技能的训练和综合能力的培养。

为便于学习，本书对重要内容设置了二维码，包含动画、视频等，读者可以扫描书中的二维码对照学习。本书还有配套电子课件训练题参考答案等资源。

本书适合作为高等职业院校汽车类相关专业的教材，也可作为汽车行业从业人员的岗位培训用书。

图书在版编目（CIP）数据

汽车机械基础/王伟平主编．—北京：化学工业出版社，2019.12

高职高专"十三五"规划教材　汽车类专业立体化数字资源配套教材

ISBN 978-7-122-35429-7

Ⅰ.①汽⋯　Ⅱ.①王⋯　Ⅲ.①汽车-机械学-高等职业教育-教材　Ⅳ.①U463

中国版本图书馆CIP数据核字（2019）第234871号

责任编辑：韩庆利　　　　　　　　　　　　装帧设计：史利平
责任校对：王素芹

出版发行　化学工业出版社（北京市东城区青年湖南街13号　邮政编码100011）
印　　装　三河市延风印装有限公司
787mm×1092mm　1/16　印张16　字数398千字　2020年4月北京第1版第1次印刷

购书咨询：010-64518888　　售后服务：010-64518899
网　　址：http://www.cip.com.cn
凡购买本书，如有缺损质量问题，本社销售中心负责调换。

定　价：48.00元　　　　　　　　　　　　　　　　　版权所有　违者必究

随着全球汽车产业的飞速发展，我国汽车行业也迎来一个发展的高峰。对汽车整车与零部件制造技术人员提出了更高的要求。因此，在汽车职业教育改革过程中，以职业能力培养为主线、以岗位需求为引领、以能力训练为导向的教学模式成为培养适应汽车行业需要的高质量技能型人才的重要途径。

本书总结了多年来高职汽车专业教学经验和方法，根据高职汽车专业学生未来从事的岗位需求来设置知识结构，以培养适应汽车行业需要的高质量技能型人才的教学思想来组织编写。

本书在编写过程中本着实用和够用的原则，努力做到通俗易懂、深入浅出、注重实践、任务明确。紧密结合汽车整车与零部件制造的职业需求进行内容组织，力争做到学时少、内容精、重视应用，避免出现深奥的原理分析及复杂的公式推导，融知识点和应具备的技能于一体，突出了实用性和综合性，注重实践应用能力的培养。在各教学任务后附有拓展训练题。本书学时安排参考如下，授课时可根据教学计划和培养适当调整。

项目名称	项目任务	学时
项目一　力学分析	任务一　汽车构件静力分析 任务二　汽车构件承载能力分析	4
项目二　汽车工程材料	任务一　汽车金属材料的力学性能 任务二　汽车典型零件的选材 任务三　汽车典型零件的热处理 任务四　有色金属与非金属材料在汽车上的应用	8
项目三　汽车常用机构	任务一　汽车机械常识认知 任务二　单缸内燃机机构运动简图的绘制 任务三　铰链四杆机构在汽车上的应用 任务四　汽车发动机配气机构分析 任务五　棘轮机构在汽车上的应用	12
项目四　汽车机械传动装置	任务一　汽车带传动分析 任务二　汽车链传动分析 任务三　汽车齿轮传动分析	12
项目五　汽车变速器轮系分析	任务一　汽车手动变速器轮系分析 任务二　汽车自动变速器轮系分析	6
项目六　汽车轴系零件	任务一　汽车常见轴结构认知 任务二　汽车常见轴承认识 任务三　汽车联轴器、离合器与制动器认识	6
项目七　汽车零部件的连接	任务一　键连接在汽车上的应用 任务二　螺纹连接在汽车上的应用 任务三　其他紧固连接在汽车上的应用	4

续表

项目名称	项目任务	学时
项目八　汽车液压与液力传动	任务一　汽车供给系统液压传动认识 任务二　汽车液力传动	8
合　　计		60

  本书由湖南汽车工程职业学院王伟平任主编,南京科技职业学院涂杰、湖南汽车工程职业学院的程美、何家盼任副主编,湖南汽车工程职业学院尹子中、何俊艺参编。具体分工为:项目一和项目三由涂杰编写,项目二、项目六和项目七由王伟平编写,项目四由程美编写,项目五和项目八由何家盼编写,尹子中、何俊艺参与了部分书稿的编写和绘图工作。全书由王伟平统稿,湖南汽车工程职业学院汽车专家高晖审稿。

  本书配套了丰富的数字资源,包含视频、动画、电子课件、训练题参考答案等,视频、动画等资源可以扫描书中的二维码对照学习,电子课件、训练题参考答案等资源可登录化学工业出版社教学资源网 www.cipedu.com.cn 或联系发邮件到 857702606@qq.com 索取。

  本书在编写过程中参考了许多资料和文献,在此对相关作者表示诚挚的谢意。由于编者水平有限,书中难免有不妥和疏漏之处,恳请读者批评指正。

编　者

目录 CONTENTS

项目一　力学分析　1
任务一　汽车构件静力分析 …… 1
任务二　汽车构件承载能力分析 …… 15

项目二　汽车工程材料　29
任务一　汽车金属材料的力学性能 …… 29
任务二　汽车典型零件的选材 …… 38
任务三　汽车典型零件的热处理 …… 52
任务四　有色金属与非金属材料在汽车上的应用 …… 58

项目三　汽车常用机构　65
任务一　汽车机械常识认知 …… 65
任务二　单缸内燃机机构运动简图的绘制 …… 71
任务三　铰链四杆机构在汽车上的应用 …… 77
任务四　汽车发动机配气机构分析 …… 90
任务五　棘轮机构在汽车上的应用 …… 98

项目四　汽车机械传动装置　105
任务一　汽车带传动分析 …… 105
任务二　汽车链传动分析 …… 116
任务三　汽车齿轮传动分析 …… 123

项目五 汽车变速器轮系分析 —— 138
- 任务一 汽车手动变速器轮系分析 …… 138
- 任务二 汽车自动变速器轮系分析 …… 145

项目六 汽车轴系零件 —— 151
- 任务一 汽车常见轴结构认识 …… 151
- 任务二 汽车常见轴承认识 …… 158
- 任务三 汽车联轴器、离合器与制动器认识 …… 168

项目七 汽车零部件的连接 —— 180
- 任务一 键连接在汽车上的应用 …… 180
- 任务二 螺纹连接在汽车上的应用 …… 187
- 任务三 其他紧固连接在汽车上的应用 …… 197

项目八 汽车液压与液力传动 —— 204
- 任务一 汽车供给系统液压传动认识 …… 204
- 任务二 汽车液力传动 …… 242

参考文献 —— 249

项目一 力学分析

任务一 汽车构件静力分析

汽车在行驶过程中，汽车机械中的各个零件在不同的工作情况和工作场合下受到各种不同的载荷作用。通过对汽车发动机连杆组在工作状态下的受力分析，学会运用基本力学公理、约束与约束反力的知识对汽车构件进行受力分析。

1. 掌握并运用力学基本公理。
2. 掌握约束与约束反力的概念及分类。
3. 掌握基本的受力分析方法和运算技能。
4. 能绘制机构受力图。

一、静力学基础

1. 力

力是人们通过长期的生产实践和科学实验、观察逐步建立起来的概念。力和人们的日常生活、生产实践息息相关，密不可分。例如，人用手推、拉、举起物体使其运动状态改变；行驶中的汽车受到制动力的作用而停下；汽车发动机的活塞在气缸内燃料燃烧所产生的作用力下，在气缸内移动；等等。

（1）力是物体间相互的机械作用，这种作用使物体的运动状态或形状发生改变。

力使物体的运动状态发生改变的效应称为外效应。如汽车的启动；行驶的汽车刹车时，摩擦力使它停下来等。力的外效应是静力学研究的内容。

力使物体形状发生改变的效应称为内效应。如汽车弹簧减震装置受力会伸长或缩短；轮胎会变形等。力的内效应属于材料力学研究范畴。

(2) 力的三要素。实践证明，力对物体的作用效应取决于力的大小、方向和作用点，简称为力的三要素。当这三个要素中任何一个要素发生改变时，力的作用效果就会发生改变。

(3) 力是一个矢量，是一个既有大小又有方向的量。可用一带有箭头的有向线段来表示，如图1-1-1所示。图中的有向线段的起点（或终点）表示力的作用点，即力作用在物体上的部位；有向线段的方位和箭头指向表示力的方向，它包括力的作用线在空间的方位和力沿作用线的指向；线段的长度（按一定的比例尺）表示力的大小。

(4) 力的单位。力的国际单位是牛［顿］（N）或千牛［顿］（kN）。

2. 力系

力系是指作用于被研究物体上的一组力。如果一个力系能使物体处于平衡状态，则该力系为平衡力系；若两力系分别作用于同一物体时效应相同，则二者互称等效力系；若一个力与一个力系等效，则称此力为该力系的合力；所谓力系的简化就是用简单的力系等效替代复杂的力系。

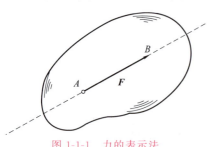

图1-1-1　力的表示法

力系按照作用线是否共面分为平面力系和空间力系。若力系中各个力的作用线均在同一平面内，则称为平面力系；若力系中各个力的作用线不在同一平面内，则称为空间力系。本任务主要介绍平面力系的知识。

3. 刚体

刚体是指在外力作用下，大小和形状保持不变的物体。刚体是抽象化的理想力学模型。在工程实际中机械零件和结构构件，均有足够的抵抗变形的能力。因此，受力产生的变形是极其微小的。在许多工程问题中，构件的这些微小变形对研究物体的平衡问题来说可以忽略不计。实践证明，在静力学中把所研究的物体抽象为刚体，不仅是解决工程实际问题所允许的，也是认识力学规律所必需的。抽象简化可以使许多工程实际问题的解决大为简便，而且计算结果也足够精确。但是在研究物体的变形问题时，就不能把物体看作刚体，否则会导致错误的结果，甚至无法进行研究。本任务以刚体为研究对象。

4. 静力学公理

(1) 二力平衡公理（公理一）　作用在同一刚体上的两个力，使刚体保持平衡的必要且充分条件是，这两个力的大小相等，方向相反，且作用在同一直线上。如图1-1-2所示。

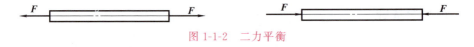

图1-1-2　二力平衡

(2) 加减平衡力系公理（公理二）　在已知力系上加上或者减去任意一个平衡力系，不会改变原力系对刚体的作用效应。

推论：力的可传性原理。作用在刚体上的力，其作用点可沿着作用线在刚体内任意移动而不改变它对刚体的效应，如图1-1-3所示。

证明：图中刚体上A点的作用力F，在力作用线上任取一点B，在B点沿力F的作用线上加一对平衡力F_1和F_1'，且$F_1 = F_1' = F$，则由公理二知，加上F_1、F_1'后，并不影响

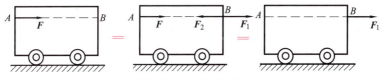

图 1-1-3 力的可传性

刚体的效应,最后剩下作用于 B 点的力 $F_1 = F$,就相当于把力 F 由 A 点沿着作用线移至 B 点,而刚体的运动效应不变,推论得到证明。

在实践中,人们有这样的体会:以等量的力在车后作 A 点推和在车前 B 点拉,效果是一样的。

(3) 作用力与反作用力公理(公理三) 一个物体对另一个物体有一作用力时,另一物体对此物体必有一反作用力,这两个力大小相等、方向相反,沿同一直线分别作用在这两个物体上。这个公理概括了自然界中物体间相互作用的关系,说明力永远是成对出现的,有作用力就有反作用力。

必须注意,作用力与反作用力是作用在两个物体上的,而一对平衡力则是作用在同一物体上的,不要把公理三与公理一混同起来。

例如,在图 1-1-4(a)中用钢丝绳悬挂一重物,G 为重物所受的重力,T 为钢丝绳对重物的拉力,它们都作用在重物上,如图 1-1-4(b)所示。所以,G 和 T 不是作用力和反作用力的关系,而是一对平衡力。钢丝绳给重物拉力 T 的同时,重物必给钢丝绳以反作用力 T',T 作用在重物上,T' 作用在钢丝绳上,因此,T 和 T' 是作用力和反作用力。同理,G 的反作用力是重物吸引地球的力 G',该力作用于地球上,与力 G 大小相等、方向相反、沿同一直线。

(4) 力的平行四边形法则(公理四) 作用在刚体上两个汇交力可合成为一个合力,合力的作用点在二力的汇交点,合力的大小和方向由此二力为邻边所构成的平行四边形的对角线矢量表示,如图 1-1-5(a)所示。

根据这个公理所作出的平行四边形,称为力的平行四边形。这种求合力的方法称为力的平行四边形法则。

两个力的合力不是简单的代数和,而是要用平行四边形法则求几何和,即矢量和。力的平行四边形法则还可用矢量式表示为 $R = F_1 + F_2$。由图 1-1-5(b)可见,求合力 R 时,实际上不必作出整个平行四边形,只要以边 F_1(AB)的末端 B 作为 F_2(BD)的始端画出 F_2(即两分力首尾相接),那么矢量 AD 就代表合力所示 R。合力和分力所构成的三角形 ABD 称为力三角形;用力三角形求两力合力的方法,称为力三角形法。

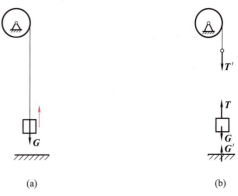

图 1-1-4 作用力与反作用力

在工程中,通常是将一个力分解为两个相互垂直的分力,或用两个相互垂直的分力来表示一个方向不定的未知力,且一般选这两个分力沿 x、y 坐标轴方向,如图 1-1-5(c)所示。可用矢量式表示为 $F = F_x + F_y$。

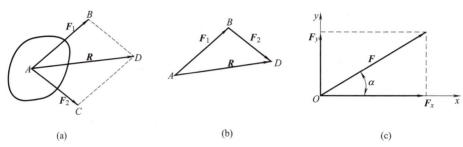

(a)   (b)   (c)

图 1-1-5   力的平行四边形法则

F、F_x、F_y 之间的关系为：

$$\begin{cases} F = \sqrt{F_x^2 + F_y^2} \\ F_x = F\cos\alpha \\ F_y = F\sin\alpha \end{cases} \tag{1-1-1}$$

应用上述力的基本性质，可以推导出三力平衡汇交定理：如果物体在三个不平行的共面力作用下处于平衡时，则这三个力的作用线必汇交于一点。

若物体受三个互不平行的共面力作用而平衡，则根据三力平衡汇交定理，通常只要已知两个力的方向，第三个力的方向便可推知。在解力系平衡问题时，常利用这个定理确定未知力的方向。

二、受力分析及受力图

1. 约束和约束反力

在工程中，构件总是以一定的形式与周围其他构件相互连接的。例如，转轴受到轴承的限制，只能产生绕轴心的转动；列车受到钢轨的限制，只能沿着轨道运动；等等。这种限制物体某种运动的周围其他物体，称为约束。上面提到的轴承就是转轴的约束，钢轨就是列车的约束。

物体的受力可分为主动力和约束反力两类。主动力是指使物体产生运动或运动趋势的力，如物体的重力、构件的载荷等；约束反力是对物体运动起限制作用的力，作用在被约束物体上。由于约束的作用是限制物体的运动，所以约束反力的方向总是与它限制的物体运动方向相反，其作用点在约束与被约束物体相互连接或接触之处。约束反力也常称为约束力。

工程中约束的种类很多，下面介绍几种典型的约束模型。

(1) 柔体约束   由绳索、链条或皮带等非刚性体所构成的约束，称为柔体约束。这些物体只能受拉不能受压，约束反力的作用于连接点，方向沿着的中心线背离被约束物体。约束反力符号通常用字母 T 表示。如图 1-1-6 中绳索对物体的约束反力。

(2) 光滑面约束   当两物体直接接触且表面光滑，接触处摩擦力很小可忽略不计时所形成的约束称为光滑面约束。这种约束不能限制物体沿约束表面切线方向的位移，只能限制物体沿接触面法线并指向约束内部的位移。因此，其约束反

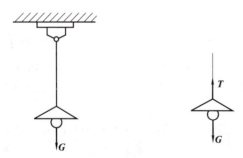

图 1-1-6   柔体约束

力必通过接触点，沿着面在该点的公法线方向并指向物体。这类约束反力称为法向反力，通常用字母 N 表示，如图 1-1-7 所示。

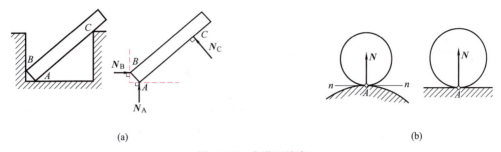

图 1-1-7　光滑面约束

（3）光滑铰链约束　两个带有圆孔的物体，用圆柱形销钉连接所形成的可动连接，称为铰链。由铰链构成的约束称为铰链约束，这类约束只能限制构件沿垂直于销钉轴线方向的相对位移，不能限制它们的转动。如图 1-1-8 所示。物体 A 和 B 的运动受到销钉 C 的限制，只能转动不能移动。如果销钉与零件之间接触面的摩擦很小，可忽略不计，则称之为光滑铰链。

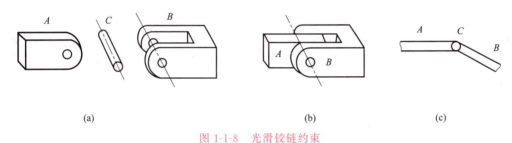

图 1-1-8　光滑铰链约束

根据被连接物体的形状、位置及作用，光滑铰链又分为以下几种：

① 中间铰链约束　当构成铰链约束的两构件均为活动构件时，这种约束称为中间铰链约束，如图 1-1-9（a）所示。这种约束用来连接两个可以相对转动但不能移动的构件，例如，图 1-1-9（b）中，曲柄连杆机构中曲柄与连杆、连杆与活塞的连接均属于中间铰链。

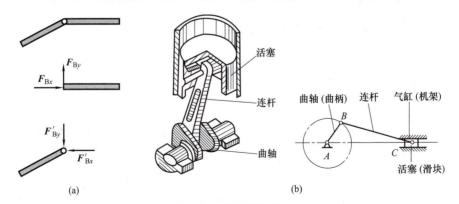

图 1-1-9　中间铰链约束

② 固定铰链支座　当构成铰链约束的两个构件中有一个固定为支座，则这种约束称为固定铰链支座或者固定支座，如图 1-1-10 所示。

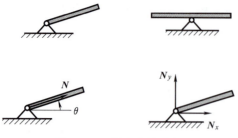

图 1-1-10　固定铰链支座

③ 活动铰链支座　在铰链支座的底部安装辊轴，可以使支座沿固定支承面移动，称为活动铰链支座。这种约束只能限制构件离开和趋向支承面的运动，不能限制构件绕销轴轴线转动和沿固定支承面移动，如图 1-1-11 所示。

（4）固定端约束　物体的一部分固嵌于另一物体所构成的约束，称为固定端约束。例如，建筑物中的阳台，如图 1-1-12（a）所示，车床上车刀的固定，如图 1-1-12（b）所示，这些工程实例都可抽象为固定端约束。

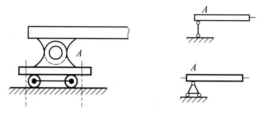

图 1-1-11　活动铰链支座

固定端约束所产生的约束反力比较复杂，物体插入部分各点所受的约束反力的大小、方向均不同，如图 1-1-13（a）所示，可利用力的平移原理，将这些反力平移到 A 点并合成，如图 1-1-13（b）所示，可得到作用于 A 点的一个力 R_A 和一个力偶 m_A，一般情况下 R_A 的方向未知，常用两个正交分力 R_{Ax} 和

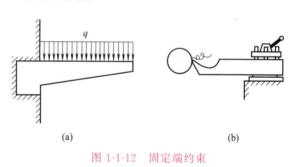

图 1-1-12　固定端约束

R_{Ay} 来表示。因此，固定端约束有两个约束反力和一个约束反力偶如图 1-1-13（c）所示，其中两个约束反力 R_{Ax}、R_{Ay} 限制物体的移动，约束反力偶 m_A 限制物体的转动。

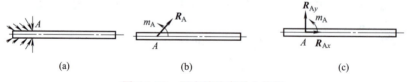

图 1-1-13　固定端约束受力分析

2. 物体受力分析与受力图

在解决工程实际问题中，经常需要对物体进行受力分析，即研究物体受到的力，并分析这些力对物体的作用情况。

在进行实际工作分析中，常常会遇到几个物体或者几个构件相互联系的情况，故首先需要明确要对哪一个物体进行受力分析，即需要明确研究对象。为了分析研究对象的受力情况，往往把该研究对象从物体系统中分离出来，被分离出来的研究对象称为分离体。在分离体上画出周围物体对它的全部作用力（包括主动力和约束反力），这样的图形称为物体的受力分析图。

画出物体的受力分析图是解决静力学问题的基础,其基本步骤如下:

① 确定研究对象,画出分离体;

② 在分离体上画出全部已知的主动力;

③ 在分离体上解除约束处画出相应的约束反力。

【例 1】 如图 1-1-14(a)所示,球的重力为 G,放置在与水平面成 30°倾斜角度的光滑斜面上,并用与斜面平行的绳 BC 系在垂直面上。试画出球体的受力图。

解 ① 选取球体为研究对象,画出分离体。

② 画主动力:球体的重力为 G,方向竖直向下。

③ 画约束反力:斜面可看作球体的光滑面约束,约束反力 N_A 沿接触点的公法线方向,并指向球心 O;球在连接点 B 受到绳索 BC 的柔体约束反力 T_B,沿绳索背离球。球的受力图如图 1-1-14(b)所示。

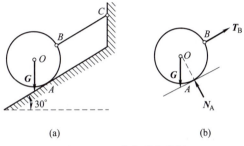

图 1-1-14 球的受力分析

【例 2】 简支梁 AB 如图 1-1-15(a)所示。梁柱在 D 点又受到与梁成一定倾角的载荷 Q 作用。梁的自重不计。试画出梁的受力图。

解 ① 选取梁 AB 为研究对象,画出分离体。

② 画主动力:载荷 Q 作用于 D 点,与水平方向成 β 角。

③ 画约束反力:梁在 A 端为固定铰链支座,约束反力可以用两个正交分力来表示,即 N_{Ax}、N_{Ay};B 端为活动铰链支座,其约束反力通过铰链中心而垂直于斜支承面。梁的受力图如图 1-1-15(b)所示。

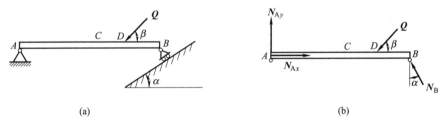

图 1-1-15 梁 AB 的受力图

三、平面汇交力系

作用在物体上的力系按照作用线是否共面分为平面力系和空间力系。在平面力系中,若各力的作用线汇交于一点,称为平面汇交力系。平面汇交力系可以由两个、三个或更多的汇交力组成。在静力分析中,常将一个复杂力系简化为一个简单力系或一个力,称为力系的简化。平面汇交力系的合成和简化的方法有几何法和解析法。

1. 平面汇交力系的几何法

如图 1-1-16(a)所示的某物体上,作用着一个平面汇交力系 F_1、F_2、F_3,欲求它们的合力,只需连续运用三角形法则,如图 1-1-16(b)所示,先将力 F_1 与 F_2 合成,得到 R_{12},然而再将 R_{12} 与 F_3 合成,得合力 R,R 就是力系 F_1、F_2、F_3 的合力。

由图 1-1-16（b）可知，中间矢量 R_{12} 不必作出，只需将已知力矢沿环绕多边形边界的同一方向首尾相接构成折线，而合力矢 R 则沿多边形相反方向连接折线的缺口，这样只需作出分力矢与合力矢构成的力多边形就可求出合力。这种用多边形求合力的方法称为力多边形法，即几何法。

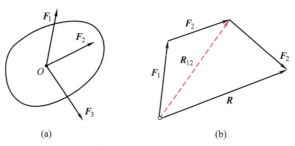

图 1-1-16　平面汇交力系合成的几何法

上述作图求合力的方法可推广到由 n 个力组成的平面汇交力系，并得出结论：平面汇交力系的合力等于力系中各分力的矢量和，合力的作用线通过汇交点。用矢量式表示：

$$R = F_1 + F_2 + \cdots + F_n = \sum F \tag{1-1-2}$$

用几何法求合力的时候，应注意以下几点：

① 选择适当的力的比例尺，画出力的大小和方向。
② 作力的多边形时，任意变换力的次序，得到不同形状的力多边形，合成的结果不变。
③ 各个力矢量首尾相连，合成矢量的方向是从第一个力的起点指向最后一个力的终点。

2. 平面汇交力系平衡的几何条件

平面汇交力系平衡的几何条件是力系中各力构成的力多边形自行封闭。即用几何法求平面汇交力系合力时，第一个力矢和最后一个力矢首尾相接，力多边形自行封闭，无缺口，力系合力为零。即 $R = \sum F = 0$，如图 1-1-17 所示。

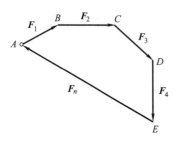

图 1-1-17　平衡力封闭多边形

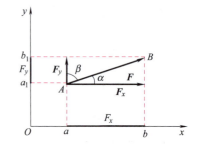

图 1-1-18　力在直角坐标轴上的投影

3. 平面汇交力系合成的解析法

根据力的平行四边形公理，作用在一个点上的两个任意力可以合成一个力；反之，一个力可以分解成任意两个方向的力。两个力汇交合成的结果是唯一的，而力的分解可以有无数的结果。几何法是直接利用矢量的几何性质来求合力与分力之间的关系；解析法是通过矢量在坐标轴上的投影来求合力与分力之间的关系。

（1）力在坐标轴上的投影　如图 1-1-18 所示，设力 F 作用在刚体 A 点，在力 F 的作用线所在平面内取一直角坐标系 xOy，力 F 与 x 轴、y 轴的夹角分别为 α、β。若过 F 的始点 A 和终点 B 分别向 x 轴引垂线，得到垂足 a、b，则线段 ab 称为力 F 在 x 轴上的投影，

用 F_x 表示。同样，过 A、B 点分别向 y 轴引垂线得到垂足 a_1、b_1，线段 a_1b_1 称为力 **F** 在 y 轴上的投影，用 F_y 表示。力在坐标轴上的投影是代数量，有正负号的区别。投影的指向与坐标轴的正向一致时，力的投影取正值，反之取负值。

应该注意的是：力在坐标轴上的投影和力的分力是不同的，力的投影是代数量，力的分力是矢量，二者不可混淆。

利用力在直角坐标轴上的投影，可以表示力沿直角坐标轴分解成的分力大小和方向，则有：

$$F_x = \pm F\cos\alpha, \quad F_y = \pm F\sin\alpha \tag{1-1-3}$$

若已知力的投影 F_x、F_y，可反过来求出力 **F** 的大小和方向。

$$F = \sqrt{F_x^2 + F_y^2}, \quad \tan\alpha = \left|\frac{F_y}{F_x}\right| \tag{1-1-4}$$

（2）合力投影定理 若平面汇交力系中有任意个力 F_1、F_2、$F_3\cdots F_n$，应用力在坐标轴上的投影易推出合力投影定理：合力在任一坐标桌上的投影，等于各分力在 x 轴和 y 轴上的投影的代数和 R_x、R_y，即：

$$R_x = F_{1x} + F_{2x} + F_{3x} + \cdots F_{nx} = \sum F_x$$
$$R_y = F_{1y} + F_{2y} + F_{3y} + \cdots F_{ny} = \sum F_y \tag{1-1-5}$$

然后参照公式（1-1-4）即可求出合力的大小和方向，即

$$R = \sqrt{R_x^2 + R_y^2} = \sqrt{(\sum F_x)^2 + (\sum F_y)^2} \tag{1-1-6}$$

$$\tan\alpha = \left|\frac{\sum F_y}{\sum F_x}\right| \tag{1-1-7}$$

合力指向由 $\sum F_x$ 和 $\sum F_y$ 的正负号确定。

（3）平面汇交力系平衡的解析条件 平面汇交力系平衡的充分和必要条件是力系的合力等于零，则有：

$$R = \sqrt{(\sum F_x)^2 + (\sum F_y)^2} = 0 \tag{1-1-8}$$

即

$$\sum F_x = 0$$
$$\sum F_y = 0 \tag{1-1-9}$$

【例 3】 重 $G=100\text{N}$ 的球放在与水平面成 $30°$ 角的光滑斜面上，并用与斜面平行的绳 AB 系住，如图 1-1-19（a）所示。试求绳 AB 受到的拉力及球对斜面的压力。

解 ① 取研究对象，画受力图选球为研究对象，画受力图，如图 1-1-19（b）所示。
② 建立坐标轴，列平衡方程。
建立坐标轴，如图 1-1-19（b）所示。列平衡方程

$$\sum F_x = 0 \quad T\cos30° - N\cos60° = 0$$
$$\sum F_y = 0 \quad T\sin30° + N\sin60° - G = 0$$

③ 解方程得

$$N = 0.866G = 0.866 \times 100 = 86.6 \text{ (N)}$$
$$T = 0.574N = 0.574 \times 86.6 = 50 \text{ (N)}$$

本例题若选取与斜面平行的方向为坐标轴，如图 1-1-19（c）所示，则解题比较简便。列平衡方程

$$\sum F_x = 0 \quad T - G\cos 60° = 0$$
$$\sum F_y = 0 \quad N - G\sin 60° = 0$$
$$T = G\cos 60° = 100 \times 0.5 = 50(\text{N})$$
$$N = G\sin 60° = 100\sin 60° = 86.6(\text{N})$$

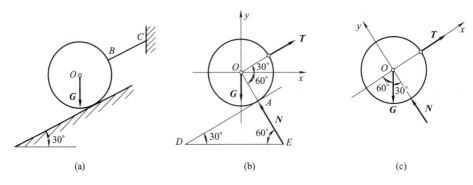

图 1-1-19　斜面上个钢球

从这个例题可知，得到选择坐标轴的原则是：坐标轴方向与未知力方向垂直或平行时，平衡方程容易求解。此例题利用平面汇交力系的几何法求解也很方便，请同学们自行完成。

四、力矩和力偶

1. 力矩

人用扳手拧紧螺母，会感到加在扳手上的力越大，或者力的作用线离转动中心越远，就越容易转动螺母，如图 1-1-20 所示。

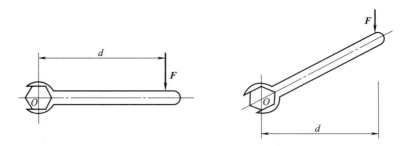

图 1-1-20　力对 O 点的力矩

力 F 使刚体绕某点 O 转动的效应，不仅与力 F 成正比，而且与 O 点到力作用线的垂直距离 d 成正比。乘积 $F \times d$ 加上正负号，称为力 F 对 O 点的矩，简称力矩。

规定，力使刚体绕矩心逆时针方向转动，力矩为正，反之为负。

$$M_O(F) = \pm F \times d \tag{1-1-10}$$

图 1-1-20 中 O 点称为力矩中心，简称矩心；矩心 O 到力 F 作用线的垂直距离 d 称为力臂。

力 F 使物体绕 O 点转动的效果，可由下列两个要素决定：

① 力的大小与力臂的乘积；

② 力使物体绕 O 点转动的方向。

当力的大小等于零，或者力的作用线通过力矩中心，即力臂等于零时，力矩为零，这时力矩不能使物体绕 O 点转动。如果物体上有若干个力，当这些力对力矩中心的力矩代数和等于零，即原来静止的物体就不会绕力矩转动。

2. 力偶与力偶矩

作用在同一物体上的两个力，如果大小相等、方向相反、作用线互相平行但不重合，则把这样的两个力作为一个整体，称为力偶。力偶对物体产生的是纯转动效应。例如用双手转动汽车方向盘、用手指旋开水龙头等，均是常见的力偶实例。

力偶中的两力作用线所决定的平面称为力偶作用面，两力作用线之间的距离 d 称为力偶臂，如图 1-1-21 所示。

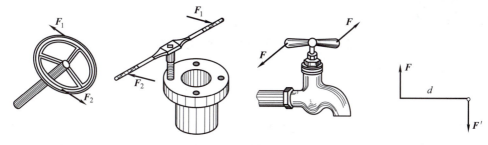

图 1-1-21　力偶应用实例

实践证明，力偶对物体的作用效果，与力 F 的大小成正比，又与力偶臂 d 的长度成正比。在力学中，用 F 与 d 的乘积再冠以相应的正负号，作为力偶在其作用面内使物体产生转动效应的度量，称为力偶矩，记作 $m(F, F')$ 或

$$M = m(F, F') = \pm Fd \tag{1-1-11}$$

式中，"±"表示力偶的转向，规定逆时针转动为正，反之为负。力偶矩的单位与力矩的单位相同，力偶的表示方法如图 1-1-22 所示。

力偶是两个具有特殊关系的力的组合，虽然力偶中的每个力仍具有一般力的性质，但作为一个整体考虑它们对刚体的作用时，则出现了与单个力不同的性质。力偶具有如下特性：

① 力偶既没有合力，本身又不平衡，是一个基本的力学量。

② 力偶对于作用面内任一点之矩与矩心位置无关，恒等于力偶矩。因此，力偶对物体的转动效应用力偶矩度量，在平面问题中它是个代数量。

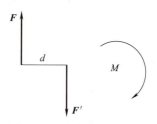

图 1-1-22　力偶的表示方法

在图 1-1-22 中，在力偶 (F, F') 的作用面内任取 O 点为矩心，设 O 点与 F' 的距离为 x，则力偶对 O 点的矩为

$$M_O(F, F') = M_O(F) + M_O(F') = F(x+d) - F'x = Fd \tag{1-1-12}$$

上式表明，力偶对物体的转动效应只与力偶矩的大小和转向有关，与矩心的位置无关。

③ 作用在同一平面内的两个力偶，若其力偶矩大小相等、转向相同，则这两个力偶等效。

由上述力偶的性质可知，只要保持力偶矩的大小和转向不变，平面力偶可以在其作用面内任意移动，且可以同时改变力偶中力的大小和力偶臂的长短，而不改变其作用效应。力偶可以用带箭头的弧线表示，如图 1-1-23 所示。

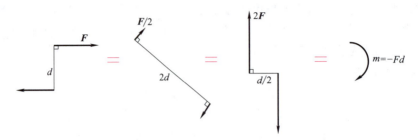

图 1-1-23　平面力偶的等效

任务实施

发动机活塞连杆组的受力分析

1. 实施场地

发动机拆装实训室。

2. 实施仪器与用具

汽车发动机活塞连杆组（如图 1-1-24 所示）。

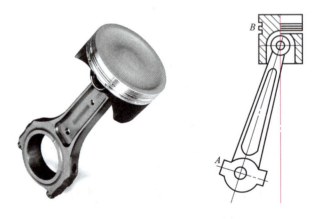

图 1-1-24　活塞连杆组

3. 计划与实施

（1）观察发动机连杆组。

（2）分组讨论，思考并完成下列问题。

① 活塞连杆组由哪些构件组成？

② 当活塞连杆组处于平衡状态时，各组成构件是否可以看作是刚体？

③ 活塞连杆组传递动力的顺序是怎样的？

④ 指出活塞连杆组中相关的约束及约束反力的性质。

⑤ 把活塞连杆组作为一个整体进行受力分析，并绘制受力图。

⑥ 把活塞连杆组分解成两个构件，即活塞和连杆，并分别以活塞和连杆为研究对象，进行受力分析，绘制受力图。

4. 技能考核

请完成"发动机活塞连杆组的受力分析"项目实施后，填写下表。

项目一　力学分析

班级			项目名称	
姓名			项目任务名称	
学号			完成时间	
实验项目			实验设备	
发动机活塞连杆组的受力分析	活塞连杆组结构	构件组成		
		处于平衡状态	□可看作刚体　　□不可看作刚体	
		传递动力顺序		
		相关约束性质		
	活塞连杆组整体受力图			
	活塞受力图			
	连杆受力图			
自我评价	□良好　　□合格　　□不合格			
小组评价	□良好　　□合格　　□不合格　　　　　　　　　　　　　　组长签名：			
教师评价	□良好　　□合格　　□不合格　　　　　　　　　　　　　　教师签名：			

小结

1. 力是物体间相互的机械作用；力的三要素有力的大小、方向和作用点。

2. 刚体是指在外力作用下，大小和形状保持不变的物体，是一种抽象化的理想力学模型。静力学中把所有的研究对象都抽象为刚体。

3. 工程中的约束有很多种类型，如柔体约束、光滑面约束、铰链约束以及固定端约束等。不同类型的约束有相应的约束反力，它们的特点和性质不同。

4. 物体的受力图是解决静力学问题的基础。画受力图时的基本步骤为：确定研究对象，画出分离体；先画出全部已知的主动力；再画出全部的约束反力。

5. 力矩和力偶都是使物体产生转动效应的。

拓展训练

一、填空题

1. 力是物体间相互的_____，这种作用使物体的运动状态或形状发生改变。使运动状态发生改变称为_____效应；使形状发生改变称为_____效应。

2. 力对物体的作用效应取决于力的三要素，即_____、_____和_____。

3. 刚体是指在外力作用下，_____和_____保持不变的物体，是抽象化的理想力学模型。

4. 二力平衡公理是指作用在同一刚体上的两个力，使刚体保持平衡的必要且充分条件是：这两个力的_____相等，_____相反，且作用在_____。

5. _____是指在已知力系上加上或者减去任意一个平衡力系，不会改变原力系对刚体的作用效应。

6. 力的平行四边形法则是指作用在_____上两个汇交力可合成为一个合力，合力的作用点在二力的_____，合力的大小和方向由此二力为邻边所构成的_____的对角线矢量确定。

7. 工程中约束的种类很多，常见的有_____、_____、_____和固定端约束等。

8. 光滑面约束反力必过_____并与_____相垂直。

9. 平面汇交力系的合成和简化的方法有_____和_____。

10. 力偶中的两力作用线所决定的平面称为_____，两力作用线之间的距离 d 称为_____。

11. 力偶对物体的转动效果取决于_____、_____、_____三要素。

12. 力矩的计算公式 $M_O(F) = \pm F \times d$ 中，"O" 表示_____，"d" 表示_____，"±" 表示_____。

13. 任意力系平衡的充分必要条件是_____。

二、判断题

1. 作用力与反作用力是作用在两个物体上的，而一对平衡力则是作用在同一物体上的。（　　）

2. 两个力的合力不是简单的代数和，而是要用平行四边形法则求矢量和。（　　）

3. 柔体约束反力作用于连接点，方向沿着的中心线指向被约束物体。（　　）

4. 曲柄连杆机构中曲柄与连杆、连杆与活塞的连接均属于光滑面约束。（　　）

5. 用双手转动汽车方向盘、用手指旋开水龙头等，均是常见的力矩实例。（　　）

6. 力在坐标轴上的投影和力的分力是不同的，力的投影是代数量，力的分力是矢量。（　　）

7. 合力比分力大。（　　）

8. 约束反力是与主动力有关的力。（　　）

9. 力偶对于作用面内任一点之矩与矩心位置无关，恒等于力偶矩。（　　）

10. 规定，力使刚体绕矩心逆时针方向转动，力矩为正，反之为负。（　　）

三、受力分析题

1. 画出图示 1-1-25 所示各图中圆球的受力图。

2. 画出图示 1-1-26 所示杆 AB 的受力图。

3. 画出图示 1-1-27 所示的杆 AC 和杆 BC 的受力图。

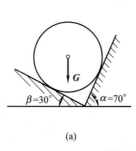

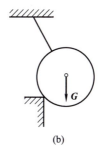

图 1-1-25

4. 试用图解法求解图示 1-1-28 所示力系的合力。

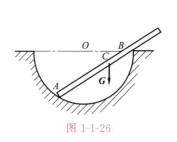

图 1-1-26

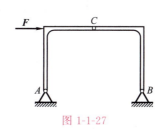

图 1-1-27

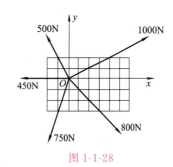

图 1-1-28

任务二　汽车构件承载能力分析

任务导入

汽车在行驶过程中，汽车机械中的各个杆件在不同的工作情况和场合下受到各种不同的载荷作用。汽车杆件受力时会发生变形，若变形过大会导致杆件失效，影响汽车的安全性与可靠性。通过学习杆件的拉伸与压缩、剪切、扭转以及弯曲等基本变形以及强度计算，学会运用扭转的强度计算方法对汽车传动轴扭转强度进行分析。

任务目标

1. 掌握杆件所受拉伸和压缩时受力分析与强度校核
2. 掌握连接螺栓所受的剪切力的分析与强度校核
3. 掌握传动轴所受的扭矩的分析与强度校核
4. 掌握汽车底盘横梁所受弯矩的分析与强度校核

相关知识

工程中构件的几何形状多种多样，但归纳起来大致可分为杆件、板件和箱体类零件等几类。其中，杆件是某指一方向尺寸远大于其余方向尺寸的构件。如汽车传动轴、发动机中的连杆等。当杆件受力形式不同时，发生的变形也各异，其基本形式有以下四种：轴向拉伸与压缩

15

[图 1-2-1（a）]、剪切［图 1-2-1（b）］与挤压、扭转［图 1-2-1（c）］以及弯曲［图 1-2-1（d）］。

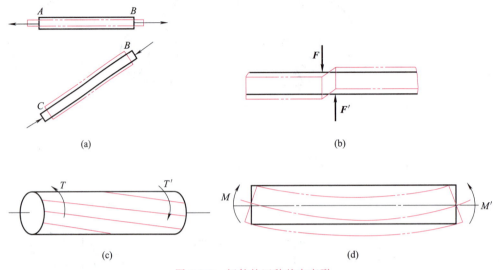

图 1-2-1　杆件的四种基本变形

一、轴向拉伸与压缩

在汽车中有许多承受拉伸或压缩的杆件，例如发动机气缸体与气缸盖的连接螺栓、汽车发动机连杆等。这类构件的受力特点是作用在杆件两端的外力大小相等，方向相反，且作用线与杆的轴线重合。其变形特点是沿轴线方向伸长或缩短。这种变形形式称为轴向拉伸或压缩，而这类杆件称为拉杆或压杆。

1. 轴向拉压杆的内力

作用在整个构件上的载荷和约束反力统称为外力。在外力的作用下，会引起物体内部各个质点之间的相对位置以及相互作用力发生改变，表现出来就是构件发生了变形。构件内部质点之间相互作用力称为内力。内力随外力的大小而变化，当内力达到某一极限时，构件发生破坏。

构件内力的显示和确定采用截面法，为了显示轴向拉伸或压缩杆件的内力，以横截面 $m-m$ 将一拉杆切为左右两段，如图 1-2-2 所示。在分离的横截面上，即有使杆件产生轴向变形的内力分量——轴力 F_N。以左段为研究对象，列平衡方程 $\sum F_x = 0$，即得轴力 $F_N = F$。

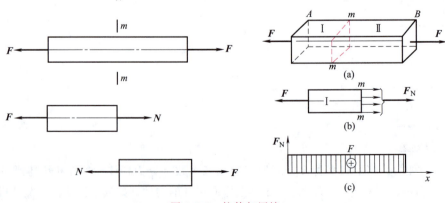

图 1-2-2　拉伸与压缩

轴力 F_N 的作用线与杆的轴线一致，如图 1-2-2 所示。由于在截面 $m-m$ 处，左右两侧截面上的内力互为作用力和反作用力，因此大小相等、方向相反。为使左右两侧截面上的内力具有相同的正负号，必须规定轴力的正负。轴力的正负由杆的变形确定。当轴力的方向与横截面的外法线方向一致时，杆件受拉伸长，其轴力为正；反之，杆件受压缩，其轴力为负。通常未知轴力按正向假设，由计算结果确定实际指向。

2. 拉压杆的强度计算

实际表明，两根材料相同、截面积不同的杆件，在相同的拉力作用下，杆内的轴向力相同，然而随着拉力的增大，细杆会先被拉断。这说明仅凭轴向力并不能完全判断杆件的强度是否足够，杆件破坏的判断依据是内力在横截面上的分布密集程度，即内力分布密度。若内力在截面上均匀分布，则单位面积上的内力称为应力，用 σ 表示。但是这仍不足以判断构件是否安全可靠，因为构件的强度与其材料的性能有关。

在项目二学习低碳钢拉伸曲线时可知，当材料的应力达到屈服点 σ_s 时，材料出现明显的塑性变形；当应力达到抗拉强度 σ_b 时，会导致材料断裂。显然，这两种情况是不允许出现的。所以，构件工作时，其工作应力必须小于 σ_s 或 σ_b，这两种应力统称为极限应力，用 σ_0 表示。在实际应用当中，选抗拉强度还是屈服点作为极限应力，由材料的类型决定。对于塑性材料，极限应力 $\sigma_0=\sigma_s$；对于脆性材料 $\sigma_0=\sigma_b$。

在理想情况下，为了保证构件能安全可靠地工作而又能充分利用材料的强度潜能，最好使所设计构件的工作应力 σ 小于且接近极限应力 σ_0，但实际上很难做到这点。因为在设计构件时，作用在构件上的载荷难以估计，应力计算不完全准确，有一定的近似性，同时材料也不像假设的那样完全均匀，另外还要考虑构件磨损和各个构件重要程度的差异等因素。所以必须使构件留有一定的安全储备，对材料的极限应力打个折扣，使构件工作应力的最大允许值等于材料极限应力的若干分之一，这个允许值称为许用应力，用符号 $[\sigma]$ 表示，即：

$$[\sigma]=\frac{\sigma_0}{n}$$

式中，n 为大于 1 的系数，称为安全系数，用以表示构件安全储备的程度或强度的富余程度，因此得到不同材料的许用应力为：

塑性材料 $[\sigma]=\dfrac{\sigma_s}{n_s}$

脆性材料 $[\sigma]=\dfrac{\sigma_b}{n_b}$

式中，安全系数 n_s、n_b 在常温和一般条件下的取值范围分别为 $n_s=1.4\sim1.8$，$n_b=2.0\sim3.5$。特殊情况下的 n_s、n_b 可以查阅有关资料手册。

3. 拉压杆的强度条件

为使杆件在工作中强度足够，安全可靠，必须使其所受的最大工作应力 σ_{max} 小于或等于其在拉伸（或压缩）时的许用应力 $[\sigma]$。

拉（压）杆件的强度条件为：

$$\sigma_{max}=\frac{F_N}{A}\leqslant[\sigma] \qquad (1\text{-}2\text{-}1)$$

拉（压）杆件的强度条件是对拉（压）杆件进行强度分析和计算的依据。杆件中最大工作应力所在的截面称为危险截面。式中 F_N 和 A 分别为危险截面的轴力和截面面积。等截面直杆的危险截面位于轴力最大处；而变截面杆的危险截面，必须综合轴力和截面面积两方面来确定。

应用强度条件，可解决三种类型的强度计算问题：

(1) 若已知杆件尺寸、所受载荷和材料的许用应力，校核杆件是否满足强度要求：

$$\sigma_{max} \leq [\sigma] \tag{1-2-2}$$

(2) 设计截面尺寸。若已知杆件所受的载荷和材料的许用应力，则有

$$A \geq \frac{F_N}{[\sigma]} \tag{1-2-3}$$

由此先确定截面面积，再根据截面形状得相应的尺寸。

(3) 确定许可载荷

$$F_{max} \leq [\sigma] A \tag{1-2-4}$$

【例1】 汽车离合器踏板如图1-2-3所示，已知踏板收到压力$F_1 = 400$N，拉杆AB的直径$d = 9$mm，拉杆臂长$L = 330$mm，$l = 56$mm，拉杆材料的许用应力$[\sigma] = 50$MPa，试校核拉杆的强度。

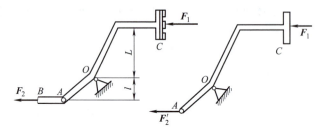

图1-2-3 汽车离合器踏板

解 (1) 以杠杆为研究对象，画出受力图如图1-2-3所示，根据平衡条件求拉力F'_2

$$\sum m(F) = F_1 L - F'_2 l = 0$$

$$F'_2 = \frac{FL}{l} = \frac{400 \times 330}{56} \text{N} = 2357 \text{N}$$

(2) 校核拉杆强度。根据作用力与反作用力定律可知，拉杆所受拉力为$F_2 = F'_2$，而且其轴向力$F_N = F_2 = 2357$N，则其截面上的应力为

$$\sigma = \frac{F_N}{A} = \frac{2357}{\pi d^2/4} = \frac{4 \times 2357}{3.14 \times 9^2} \text{MPa} = 37 \text{MPa}$$

由于工作应力$\sigma = 37$MPa$< [\sigma] = 50$MPa，所以拉杆强度是足够的。

二、剪切与挤压

1. 剪切

(1) 剪切的概念 工程结构中的许多连接件，如螺栓、键、销、铆钉等，受力后产生的主要变形为剪切变形，剪切变形是杆件的基本变形形式之一。剪切原理如图1-2-4所示。

由此可见，剪切作用的特点是：在被剪物体的两个侧面，受到一对大小相等、方向相反、作用线相距很近的一对力作用，如图1-2-4 (b)所示。物体受到上述两力作用后，两力之间的截面$m-m$产生相对滑移。这种截面间发生相对滑移的变形称为剪切变形。剪切面上的内力是分布内力的合力，称为剪力，用F_s表示，仍然由截面法求得。剪切面上分布内

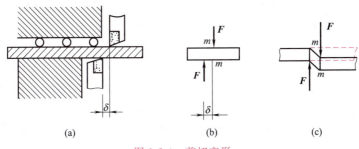

图 1-2-4 剪切变形

力的集度称为切应力,用 τ 表示。如图 1-2-5 所示为铰制孔用螺栓连接中的螺栓光杆部分的剪切变形情况。

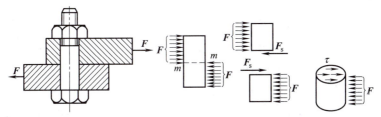

图 1-2-5 铰制孔螺栓连接

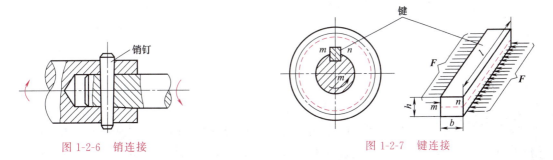

图 1-2-6 销连接　　　　　　　　　图 1-2-7 键连接

工程上,受剪切作用的实例还很多,如销连接中的销,如图 1-2-6 所示;轴毂之间普通平键连接中的键,如图 1-2-7 所示,都是典型的受剪切零件。

(2) 剪切强度条件　切应力在剪切面上分布的情况比较复杂,为便于计算,工程中通常假设剪切应力在剪切面内是均匀分布的。按此假设计算出的切应力实质上是截面上的平均应力,称为名义切应力。

$$\tau = \frac{F_s}{A_s} \tag{1-2-5}$$

材料的极限应力 τ_u 是用试验方法得到的,将极限切应力除以适当的安全因素,即得材料的许用切用力。

$$[\tau] = \frac{\tau_u}{n} \tag{1-2-6}$$

由此,剪切强度条件为:

$$\tau = \frac{F_s}{A_s} \leqslant [\tau] \tag{1-2-7}$$

剪切强度条件与拉压强度条件一样同样可以解决三大问题：校核强度、设计截面尺寸和确定许用载荷。

2. 挤压

（1）挤压概念　销、铰制孔螺栓、普通平键及铆钉连接中的销、螺栓光杆、键及铆钉等连接件在外力作用下发生剪切变形的同时，在连接件和被连接件接触面上相互压紧，产生局部压陷变形，以致压溃破坏，这种现象称为挤压。如图1-2-8（a）所示。接触面上的压力称为挤压力，用 F_{bs} 表示。由挤压力引起的接触面上的表面压强，称为挤压应力，用 σ_{bs} 表示。

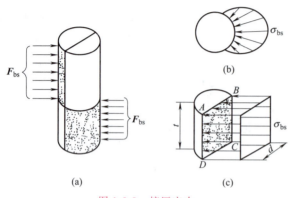

图 1-2-8　挤压应力

（2）挤压强度条件　当接触面为平面时，挤压面就是实际的接触面；对于圆柱面连接件，接触面为半圆柱面，挤压面面积 A_{bs} 取为实际接触面的正面投影面，即 $A_{bs}=td$，如图1-2-8（c）所示。因此有

$$\sigma_{bs}=\frac{F_{bs}}{A_{bs}} \quad (1\text{-}2\text{-}8)$$

也可以通过试验得到材料的极限挤压应力，除以适当的安全系数 n，即得材料的许用挤压应力

$$[\sigma_{bs}]=\frac{\sigma_u}{n} \quad (1\text{-}2\text{-}9)$$

挤压强度条件为

$$\sigma_{bs}=\frac{F_{bs}}{A_{bs}}\leqslant[\sigma_{bs}] \quad (1\text{-}2\text{-}10)$$

应力是连接件和被连接件之间的相互作用。当两者材料不同时，应对其中许用挤压应力较低的材料进行挤压强度校核。工程实践证明，挤压的实用计算能满足工程实际的要求。工程中常用材料的许用挤压应力，可以从机械设计手册中查到。

【例2】　汽车发动机正时齿轮与轴用平键连接，如图1-2-9所示。已知轴的直径 $d=70\text{mm}$，键的尺寸 $b\times l\times h=20\text{mm}\times12\text{mm}\times100\text{mm}$，传递的力偶矩 $M=2\text{kN}\cdot\text{m}$。键的材料的许用切应力 $[\sigma]=80\text{MPa}$，$[\sigma_{bs}]=200\text{MPa}$，试校核键的强度。

解　① 计算键上受到的剪力和挤压力，由平衡条件得

$$F\frac{d}{2}=M$$

$$F=\frac{2M}{d}=\frac{2\times2\times10^3}{70}\text{kN}=57\text{kN}$$

即挤压力：$F_{bs}=F=57\text{kN}$，剪力：$F_s=57\text{kN}$。

② 校核键的剪切强度。

键的切应力为：$\tau=\frac{F_s}{A_s}=\frac{57\times10^3}{bl}=$

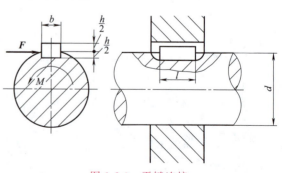

图 1-2-9　平键连接

$$\frac{57\times 10^3}{20\times 100}=26.8\text{（MPa）}$$

因为 $\tau=28.5\text{MPa}<[\tau]$，所以键的抗剪强度足够。

③ 校核键的挤压强度。

键的挤压应力为：$\sigma_{bs}=\dfrac{F_{bs}}{A_{bs}}=\dfrac{57\times 10^3}{hl/2}=\dfrac{57\times 10^3}{12\times 100/2}=95$（MPa）

因为 $\sigma_{bs}<[\sigma_{bs}]$，所以键的抗挤压强度也足够。

三、扭转

1. 扭转的概念

扭转是杆件的基本变形之一。杆件所受载荷是一对大小相等、方向相反、作用面均垂直于杆件轴线的力偶，杆件各横截面绕杆轴线发生相对转动，这种变形称为扭转变形。工程中杆件产生扭转变形的实例很多，如图 1-2-10（a）所示的汽车主传动轴，如图 1-2-10（b）所示的汽车方向盘转轴，如图 1-2-10（c）所示的拧紧螺钉时的螺丝刀等。

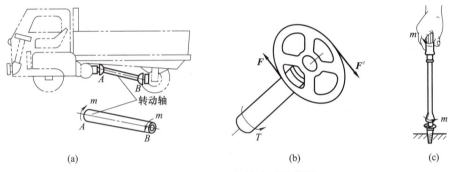

图 1-2-10 工程上扭转变形的实例

工程上把传递转动的杆件称为轴。机械中的轴，多数是圆截面或圆环截面。

2. 外力偶矩、扭矩

（1）外力偶矩 在分析轴扭转时的强度、刚度条件之间，首先要分析轴的受力情况。在工程实际中，作用在轴上的外力偶矩 T 往往不是直接给出的，而是通过已知轴所传递的功率 P 和轴的转速 n 求得。它们之间的关系为：

$$T=9550\frac{P}{n} \tag{1-2-11}$$

式中 T——轴所受的外力偶矩，N·m；

P——轴所传递的功率，kW；

n——轴的转速，r/min。

由式（1-2-11）可以看成出，轴所承受的力偶矩与传递的功率成正比，与轴的转速成反比。当轴所传递的功率相同时，高速轴所受外力偶矩较小，低速轴所受力偶矩较大。因此，在同一传动系统中，低速轴的轴径要大于高速轴的轴径。

（2）扭矩 当已知作用在轴上的所有外力偶后，即可用"截面法"计算圆轴扭转时各横截面的内力。如图 1-2-11（a）所示 AB 轴，在其两端垂直于杆轴线的平面内，作用有一对反向力偶，杆件处于平衡状态。为了求出轴的内力，用一假想截面 $m-m$ 将轴一分为二，先研究左段的平衡，其上受一外力矩 T 作用，要使左段段平衡，$m-m$ 截面上必须有一力

偶矩 M_n 与外力偶矩 T 相平衡,即截面上的内力是一力偶矩。

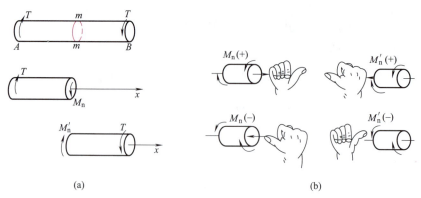

图 1-2-11　扭矩的大小与方向

根据平衡条件得:
$\sum M=0$,$M_n-T=0$,即 $M_n=T$

M_n 是轴在扭转时截面上的内力偶矩,称为扭矩。

扭矩的正负号规定如下:用右手定则判断,右手四指绕向表示扭矩绕轴线方向,则大拇指指向与截面外法线方向一致时,扭矩为正,反之扭矩为负。如图 1-2-11(b)所示。同一截面的扭矩符号是一致的。计算时,通常未知扭矩按正向假设,由计算结果确定其实际指向。

3．圆轴扭转应力和变形

（1）圆轴扭转时横截面上的应力

① 圆轴扭转实验　首先做以下实验,观察扭转变形。取一等截面的圆轴,在其表面上画一组平行于轴线的纵向线和代表横截面边缘的圆周线,形成许多矩形,如图 1-2-12(a)所示。然后在垂直于轴线的平面内,施加力偶矩 T,使轴产生扭转变形,如图 1-2-12(b)所示,在变形微小的情况下,可以观察到以下现象。

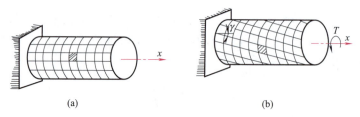

图 1-2-12　圆轴扭转实验

各圆周线绕轴线转过了一定的角度,但其形状、大小及相互之间的距离均无变化。

所有纵向线倾斜了同一微小角度 γ,原来的矩形均变为平行四边形,但纵向线仍近似为直线。

根据以上观察到的现象可作出如下假设:圆轴扭转后各横截面仍保持为平面,而且各截面之间的距离不变,只是各截面绕轴线转过了一定角度,各半径线仍为直线。

② 切应力计算与分布规律　圆轴扭转时横截面上切应力 τ 的分布规律为:横截面上任一点的切应力大小与该点到圆心的距离成正比,并垂直于半径方向呈线性分布,如图 1-2-13(b)所示。

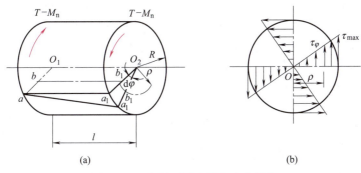

图 1-2-13 扭转时的变形与应力分布

$$\tau_\rho = \frac{M_n}{I_p}\rho \tag{1-2-12}$$

式中 ρ——截面上任一点到中心的距离；

M_n——所求截面上的扭矩值；

I_p——横截面对圆心的极惯性矩；

τ_ρ——半径为 ρ 处的切应力。

圆心处（$\rho=0$），切应力 $\tau=0$

圆轴表面（$\rho=\rho_{max}$），切应力为最大值。

圆轴扭转时横截面上最大切应力计算公式为：

$$\tau_{max} = \frac{M_n R}{I_p} \tag{1-2-13}$$

式 (1-2-13) 中，R 和 I_p 均为与截面尺寸有关的几何量，可令 $W_p = \frac{I_p}{R}$，则有：

$$\tau_{max} = \frac{M_n}{W_p} \tag{1-2-14}$$

式中 W_p——抗扭截面系数。

③ 截面的极惯性矩和抗扭截面系数的计算

工程上，轴的形状通常采用实心轴和空心轴两种，如图 1-2-14 所示。它们的 I_p 和 W_p 计算公式如下：

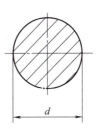 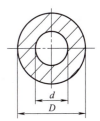

图 1-2-14 轴的截面形状

实心圆截面

极惯性矩 $I_p = \dfrac{\pi d^4}{32}$

抗扭截面系数 $W_p = \dfrac{\pi d^3}{16}$

空心圆截面

极惯性矩 $I_p = \dfrac{\pi}{32}(D^4 - d^4) = \dfrac{\pi D^4}{32}(1-\alpha^4)$

抗扭截面系数 $W_p = \dfrac{\pi}{16D}(D^4 - d^4) = \dfrac{\pi D^3}{16}(1-\alpha^4)$

式中 D，d——空心轴外径、内径；

α——内、外径之比，$\alpha = d/D$。

(2) 圆轴扭转时的变形　圆轴扭转时，其变形可用扭转角 φ 来表示。扭转角是指变形时圆轴上任意两截面相对的角度，如图 1-2-13（a）所示，其单位是弧度（rad）。

由理论分析可证明，扭转角 φ 与扭矩 M_n 以及两截面间的距离 l 成正比，而与材料的切变模量 G 及轴横截面的极惯性矩 I_p 成反比，即

$$\varphi = \frac{M_n l}{G I_p} \tag{1-2-15}$$

式中　G——轴材料的切变模量；

　　　GI_p——抗扭刚度。

GI_p 反映了圆轴的材料和横截面尺寸两个方面因素抵抗变形的能力，GI_p 越大，圆轴抵抗扭转变形的能力就越强。

注意：两截面之间的扭矩、直径有变化时，需分段计算各段的扭转角，然后求其代数和。扭转角的正负号与扭矩相同。

从式（1-2-15）中可看出，扭转角 φ 的大小与两截面间的距离 l 有关。为消除 l 的影响，工程上常用"单位长度扭转角 θ"来表示其变形的程度，计算公式如下：

$$\theta = \frac{\varphi}{l} = \frac{M_n}{G I_p} \tag{1-2-16}$$

式中　θ——单位长度扭转角，rad/m。工程中常用（°/m）作为 θ 的单位。因此，θ 一般用下式来计算。

$$\theta = \frac{M_n}{G I_p} \times \frac{180°}{\pi} \tag{1-2-17}$$

4. 圆轴扭转时强度和刚度条件

(1) 强度条件　为了保证轴在扭转时能安全工作，必须使轴的危险截面上的最大切应力 τ_{max} 不超过材料的许用切应力 $[\tau]$，即：

$$\tau_{max} = \frac{M_n}{W_p} \leqslant [\tau] \tag{1-2-18}$$

式中　M_n——轴上危险截面的扭矩（绝对值）；

　　　W_p——危险截面的抗扭截面系数；

　　　$[\tau]$——材料的许用切应力。

所谓危险截面，对于等截面轴是指扭矩最大的截面；而对于阶梯轴，应该项是扭矩大而抗扭截面系数小的截面，需综合考虑 M_n 和 W_p 两个因素来定。对于许用切应力 $[\tau]$，可通过 $[\sigma]$ 来近似确定：

塑性材料 $[\tau] = (0.5 \sim 0.6)[\sigma]$

脆性材料 $[\tau] = (0.8 \sim 1.0)[\sigma]$

应用强度条件，可解决三种类型的强度计算问题：校核圆轴强度，确定圆轴危险截面的尺寸，计算圆轴的最大载荷。

(2) 刚度条件　圆轴在扭转时，除了须满足强度条件外，还应该具有足够的刚度，以免产生过大的变形，影响机器的精度；尤其对一些精密机械，刚度条件往往起重要作用。因此，对于圆轴扭转时的刚度条件往往要加以限制。通常要求单位长度扭转角 θ 不得超过许用

的单位长度扭转角 $[\theta]$，即：

$$\theta = \frac{M_n}{GI_p} \times \frac{180°}{\pi} \leqslant [\theta] \qquad (1\text{-}2\text{-}19)$$

式中，$[\theta]$ 值根据轴的工作条件和机器运转精度要求等因素确定，一般规定如下：

精密机械的轴 $[\theta]=(0.25\sim0.5)°/m$

一般传动轴 $[\theta]=(0.1\sim1.0)°/m$

精度要求不高的轴 $[\theta]=(1.0\sim2.5)°/m$

【例3】 汽车主传动轴，如图1-2-10（a）所示，由45钢管制成（空心轴），外径 $D=90mm$，内径 $d=85mm$，许用切应力 $[\tau]=60MPa$，传递的最大力偶矩 $m=1500N·m$，试校核其强度。

解：分析图1-2-10（a），得知传动轴 AB 各截面的扭矩相同，均为：

$$M_n = m = 1500N·m = 1500000（N·mm）$$

抗扭截面系数：

$$W_p = \frac{\pi}{16D}(D^4 - d^4) = \frac{\pi D^3}{16}(1 - \alpha^4) = \frac{3.14 \times 90^3}{16} \times \left[1 - \left(\frac{85}{90}\right)^4\right] = 29239$$

由扭转强度条件：

$$\tau_{max} = \frac{M_n}{W_p} = \frac{1500000}{29239} = 51.3 < [\tau] = 60 \text{（MPa）}$$

所以，汽车主传动轴强度足够。

任务实施

汽车底盘传动轴强度校核

1. 实施场地

汽车综合实训中心。

2. 实施仪器与用具

汽车底盘实训平台，发动机专用拆装工具。

图1-2-15 汽车底盘传动轴

3. 计划与实施

（1）观察汽车底盘传动轴（如图1-2-15所示），分组讨论，思考下列问题。

① 观察轴的横截面形状，判断传动轴是空心轴还是实心轴。

② 分析传动轴受力情况。

③ 分析传动轴在外力作用下发生的变形形式。

（2）结合汽车构件承载能力分析，认知汽车底盘传动轴的受力，完成下面表格。

序号	问题	结论
1	汽车底盘传动轴横截面形状	
2	汽车底盘传动轴受力情况	
3	汽车底盘传动轴变形形式	
4	汽车底盘传动轴强度条件	

4．技能考核

请完成"汽车底盘传动轴强度校核"项目实施后，填写下表。

班级		项目名称	
姓名		项目任务名称	
学号		完成时间	
实验项目		实验设备	
汽车底盘传动轴强度校核		完成任务计划与实施表格	
自我评价	良好□　合格□　不合格□		
小组评价	良好□　合格□　不合格□		组长签名：
教师评价	良好□　合格□　不合格□		教师签名：

小结

1．拉伸与压缩：外力的作用线与杆件的轴线重合。

2．剪切：构件两侧受到一对大小相等、方向相反、作用线相距很近的外力作用时，构件的两个力中间部分产生的错位。

3．扭转：构件两端受到一对大小相等、转向相反，且作用平面垂直于构件轴线的力偶矩作用。

4．弯曲：在通过杆件轴线的一个纵向平面内，受到力偶或垂直于轴线的外力作用，杆的轴线由直线变成曲线。

拓展训练

一、填空题

1．工程构件的基本变形有四种形式，即_____、_____、_____以及_____。

2．_____变形时外力的作用线与杆件的轴线重合。

3．剪切变形是指构件两侧受到一对_____、_____、_____的外力作用时，构件的两个力中间部分产生的_____。

4. 扭转变形是指构件两端受到一对_____、_____，且作用平面垂直于构件轴线的_____作用。

5. 拉（压）杆件的强度条件为是_____：

二、综合题

1. 如图 1-2-16（a）所示，杆件所受作用力 $F=20\text{kN}$，试求 AB 和 CD 段上的轴力，并画出其轴力图。

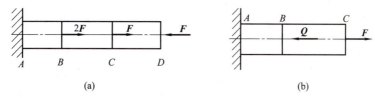

图 1-2-16

2. 如图 1-2-16（b）所示，已知 $F=20\text{kN}$，$Q=60\text{kN}$，杆件横截面面积 $A=300\text{mm}^2$。求 AB 段和 CD 段上轴力和应力。

3. 如图 1-2-17 所示的铆钉连接，已知 $F=18\text{kN}$，钢板厚 $\delta_1=8\text{mm}$，$\delta_2=5\text{mm}$，铆钉与钢板的材料相同，许用切应力 $[\tau]=60\text{MPa}$，许用挤压应力 $[\sigma_{\text{jy}}]=200\text{MPa}$。试设计铆钉的直径 d。

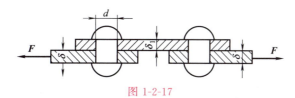

图 1-2-17

4. 如图 1-2-18 所示的传动轴，转速 $n=250\text{r/min}$，主动轮 B 输入功率 $P_B=7\text{kW}$，从动轮 A、C、D 分别输出功率 $P_A=3\text{kW}$，$P_C=2.5\text{kW}$，$P_D=1.5\text{kW}$。试画出扭矩图，指出最大扭矩。

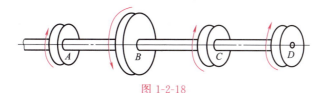

图 1-2-18

5. 如图 1-2-19 所示，气缸内径 $D=560\text{mm}$，内压 $p=2.5\text{MPa}$，活塞杆直径 $d=100\text{mm}$，材料的屈服强度 $\sigma_s=300\text{MPa}$，气缸盖螺栓小径 $d_1=30\text{mm}$，材料的许用应力 $[\sigma]=60\text{MPa}$。试求：

（1）活塞杆的安全系数 n；

（2）所需气缸盖连接螺栓个数。

6. 如图 1-2-20 所示，传动轴直径 $d=100\text{mm}$，

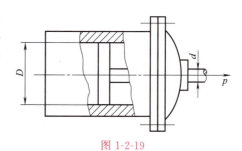

图 1-2-19

键的尺寸 $b \times h \times l = 28 \times 16 \times 42$，单位为 mm，键的许用切应力为 $[\tau]=40$MPa，许用挤压应力 $[\sigma_{jy}]=100$MPa。若轴通过键传递的最大扭矩 $T=1.5$kN·m，试校核键的强度。

7. 汽车方向盘如图 1-2-21 所示，外径 $D_0=520$mm，$F=300$N，方向盘材料的 $[\tau]=60$MPa。要求：

(1) 当转向轴为实心轴时，设计其直径 d；

(2) 如采用空心轴，且 $d/D=0.8$，求内、外径 d 和 D 值；

(3) 比较实心、空心轴的重量。

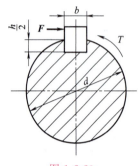

图 1-2-20

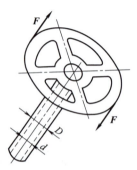

图 1-2-21

项目二

汽车工程材料

任务一 汽车金属材料的力学性能

 任务导入

不同的汽车零件由于所承受载荷性质不同，使用工况不同，对其使用性能的要求也就不同。只有了解金属材料的主要性能，才能在汽车零件加工和维修过程中正确地选择和使用金属材料。

任务目标

1. 了解金属材料的性能。
2. 掌握汽车常用金属材料的力学性能及评定指标。
3. 具有分析低碳钢应力-应变曲线图的能力。

 相关知识

用来制造汽车零件和工具的固体材料分为金属材料、非金属材料和复合材料三大类。其中，金属材料是应用最多的汽车工程材料，占整车所用材料的 80% 左右。只有了解金属材料的性能并熟悉汽车常用材料的性能要求与特点，才能正确地选用和加工金属材料。

金属材料的主要性能包括使用性能和工艺性能。使用性能是指金属材料在使用过程中反映出来的特性。它决定金属材料的应用范围、使用的可靠性和寿命，包括力学性能、物理性能和化学性能。工艺性能是指金属材料在制造加工过程中反映出来的各种特性。它决定了金属材料的加工方法，包括铸造性能、锻造性能、焊接性能和切削加工性能。

在选用金属材料和制造机械零件时，主要考虑力学性能和工艺性能。在某些特定条件下工作的零件，还要考虑物理性能和化学性能。

一、金属材料的力学性能

各种机械零件或者工具，在使用时都将承受不同的外力，如拉力、压力、弯曲、扭转、冲击或摩擦等的作用。为了保证零件能长期正常地使用，金属材料必须具备抵抗外力而不破坏或变形的性能，这种性能称为力学性能，即金属材料在外力作用下所反映出来的力学性能。金属材料的力学性能是零件设计计算、选择材料、工艺评定以及材料检验的主要依据。

不同的金属材料表现出来的力学性能是不一样的。衡量金属材料力学性能的主要指标有强度、塑性、硬度、疲劳强度和韧性等。

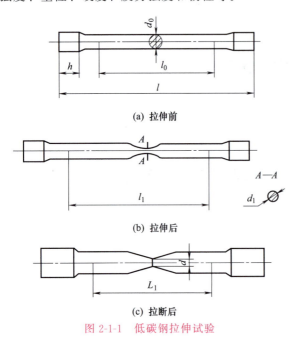

图 2-1-1 低碳钢拉伸试验

1. 强度

金属材料在外力作用下抵抗变形和断裂的能力称为强度。一般所说的强度是指抗拉强度。它作为最基本的强度指标，是用金属拉伸试验方法测出来的。

将一截面为圆形的低碳钢拉伸试样装夹在拉伸试验机的夹具上，缓慢加载，随着外力（负荷）的不断增加，试样会产生拉伸变形，长度不断增加，直至试样断裂，如图 2-1-1 所示。

低碳钢拉伸试验测得的应力-应变曲线如图 2-1-2 所示。由图 2-1-2 可以看出，整个拉伸过程可以分为以下几个阶段：

① 弹性变形阶段（图中 Oe 段）：试样的变形量与外加载荷成正比，载荷卸掉后，试样恢复到原来的尺寸。

② 屈服阶段（图中 es 段）：在这个阶段，试件既有弹性变形也有塑性变形，所以卸掉载荷之后，一部分变形恢复，还有一部分不能恢复。不能恢复的变形称为塑性变形。s 点称为屈服点。

③ 明显塑性变形阶段（图中 sd 段）：该阶段载荷不再增加，试件继续变形。

④ 强化阶段（图中 db 段）：为了使试件继续变形，载荷必须不断增加。随着塑性变形增大，材料变形抗力也逐渐增加。

⑤ 颈缩阶段（图中 bk 段）：载荷达到最大值时，试样的直径发生局部收缩，出现颈缩现象。随后，试样承受拉伸力的能力迅速减小，最后试件在颈缩处被拉断。

通过分析低碳钢的应力-应变曲线，金属材料的强度指标根据其变形特点可分为以下几项：

（1）弹性极限 σ_e　指金属材料保持弹性变形的最大应力。其计算公式为：

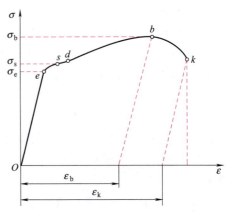

图 2-1-2 低碳钢拉伸曲线（应力-应变曲线）

$$\sigma_e = \frac{F_e}{S_0}$$

式中　F_e——弹性范围内的最大载荷，N；

　　　S_0——试样原始横截面面积，mm^2。

（2）屈服点 σ_s　指金属材料产生屈服现象时的最小应力，即材料发生明显塑性变形的最小应力。其计算公式为：

$$\sigma_s = \frac{F_s}{S_0}$$

式中　F_s——材料产生屈服的最小载荷，N。

对于无明显屈服现象的金属材料（如高碳钢、铸铁等），工程上规定以产生 0.2% 的塑性变形时的应力值为其屈服强度，用 $\sigma_{0.2}$ 表示。

（3）抗拉强度 σ_b　指金属材料断裂前能承受的最大应力。其计算公式为：

$$\sigma_b = \frac{F_b}{S_0}$$

式中　F_b——材料断裂前所承受的最大载荷，N。

2. 塑性

塑性是指金属材料在外力作用下产生永久变形而不断裂的能力。其大小用材料在断裂前的最大变形量来衡量。评定材料塑性的力学性能有伸长率 δ 和断面收缩率 ψ。

（1）伸长率 δ　指试样被拉断后，试样标距的伸长量与原始标距的百分比。其计算公式为：

$$\delta = \frac{l_1 - l_0}{l_0} \times 100\%$$

式中　l_1——试样拉断后的标距长度，mm；

　　　l_0——试样原始标距长度，mm。

（2）断面收缩率 ψ　指试样被拉断后，其断面截面积的最大收缩量与试样原始横截面面积的百分比。

$$\psi = \frac{S_1 - S_0}{S_0} \times 100\%$$

式中　S_1——试样拉断后断面的最小横截面面积，mm^2；

　　　S_0——试样原始横截面面积，mm^2。

3. 硬度

金属材料抵抗集中负荷作用的性能称为硬度。换句话说，硬度是金属材料抵抗硬物压入的能力。材料的硬度是强度、塑性和加工硬化倾向的综合反映。硬度与强度之间往往有一定的概略比例关系，并在很大程度上反映出材料的耐磨性能。此外，硬度测定方法简便，不需制备特殊的试样，可以直接在零件上进行测定，而不损坏工件。所以硬度通常在生产上作为热处理质量检验的主要方法。在实际生产中所采用的硬度测试方法有以下两种。

（1）布氏硬度（HB）　布氏硬度是在布氏硬度计上进行测量的，用一定直径的压头（球体），以相应试验力压入待测表面，保持规定时间卸载后，测量材料表面压痕直径，以此计算出硬度值，如图 2-1-3 所示。

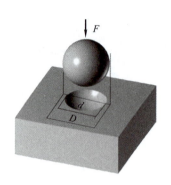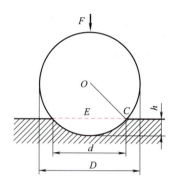

图 2-1-3 布氏硬度试验原理图

以压痕单位面积上的压力来表示被测金属材料的硬度值,即

$$HBW = \frac{F}{S} = 0.102 \frac{2F}{\pi D(D - \sqrt{D^2 - d^2})}$$

式中 F——试验载荷,N;
S——压痕凹印表面积,mm^2;
D——球体直径,mm;
d——压痕直径,mm。

在布氏硬度试验时,只需要测量出压痕直径 d 值即可从有关表格上查出相应的布氏值。压痕为钢球时,为 HBS,适用于布氏硬度 450 以下的材料;压头为硬质合金球时,为 HBW,适用于布氏硬度 650 以下的材料。布氏硬度试验的优点是数据准确、稳定;缺点是压痕较大,易损伤零件表面,不能做太薄、太硬的试样硬度测试,也不适合做成品检验。

(2) 洛氏硬度(HR) 洛氏硬度的测定是在洛氏硬度试验机上进行的,试验原理如图 2-1-4 所示。

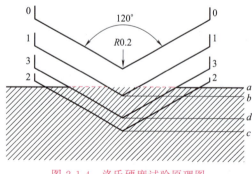

图 2-1-4 洛氏硬度试验原理图

以顶角为 120°金刚石圆锥体或直径为 1.588mm 淬火钢球做压头,在初试验力和总试验力(初试验力+主试验力)先后作用下,压入试件表面,经规定保持一定时间后,去除主试验力,用测量的残余压痕深度增量(增量是指去除主试验力并保持初试验力的条件下,在测量的深度方向上产生的塑性变形量)来计算硬度。

这种硬度测量方法操作简单、方便快捷、压痕小,而且测量范围大,能测较薄工件。但是测量精度较低,可比性差,不同标尺的硬度值不能比较。

(3) 维氏硬度 维氏硬度的试验原理与布氏硬度基本相同。它是用顶角为 136°的四棱金刚石,在较小的载荷 F(常用 50~1000N)作用下压入被测材料表面,并按规定保持一定时间,然后用附在试验机上的显微镜测量压痕的对角线长度 d,以凹痕单位表面积上所承受的压力作为维氏硬度值,用符号 HV 表示。

$$HV = 0.102 \frac{F}{S_{压痕}} = 0.1891 \frac{F}{d^2}$$

维氏硬度法所测得的压痕轮廓清晰,数值较准确,测量范围广,采用较小的压力即可测量硬度高的薄件(如硬质合金、渗碳层、渗氮层),而不至于将被测件压穿。

4. 疲劳强度

金属材料在重复或交变负荷的作用下,循环一定周次后,断裂时所能承受的最大应力称为疲劳强度。材料的疲劳强度是通过各种条件下的疲劳试验确定的。对称应力循环下的疲劳极限通常是在旋转弯曲疲劳试验机上用光滑试样测定的。

试验证明,金属材料能承受的交变应力,与断裂前应力循环基数 N 有关,如图 2-1-5 所示。由图可知,当 σ 低于某一值时,曲线与横坐标平行,表示材料可经无数次循环应力作用而不断裂,这一应力称为疲劳强度,并用 σ_{-1} 表示光滑试样对称弯曲疲劳强度。

一般的,交变应力越小,断裂前所能承受的循环次数越多;交变应力越大,可循环次数越小。工程上用的疲劳强度是指在一定的循环基数下不发生断裂的最大应力。通常规定钢铁材料的循环基数取 10^7,有色金属取 10^8。

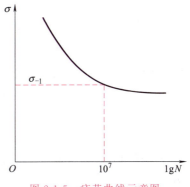

图 2-1-5 疲劳曲线示意图

材料的疲劳极限是材料力学性能中最敏感的性能之一。受各种内因和外因的影响。例如,工作时的负荷性质、环境温度和介质;零件的几何尺寸、表面加工的质量及处理;材料的化学成分、内部组织及缺陷等,都显著地影响疲劳极限。为了提高机械零件的疲劳强度,除了根据强度要求正确选材外,合理地设计零件的结构形状,避免应力集中,提高零件的表面质量,避免各种损伤,以及采用表面淬火、化学热处理、喷丸处理等表面强化方法,都能不同程度地提高抗疲劳断裂的能力。

5. 冲击韧性

有些机器零件在工作时,如齿轮换挡、设备启动、刹车等,往往受到冲击负荷的作用;还有一些机器,如锻锤、冲床、凿岩机等,它们本身就是利用冲击能量来工作的。金属抵抗冲击负荷的能力称为冲击韧性。

试验表明,载荷速度增加,材料的塑性、韧性下降,脆性增加,很容易发生突然性断裂。因此,使用的材料不能用静载荷下的性能来衡量,而必须用抵抗冲击载荷的能力,即用冲击韧性 α_k 来衡量。α_k 是通过摆锤式一次冲击试验来测量的,其试验原理如图 2-1-6 所示。

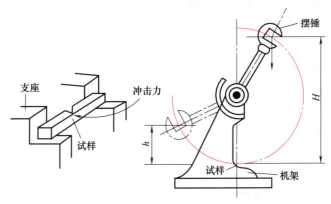

图 2-1-6 冲击试验原理图

将被测材料制作成标准冲击试样,试样的质量为 m。然后将试样缺口背向摆锤冲击方向放在试验机支座上,摆锤举至 H 高度,然后使摆锤自由落下;摆锤冲断试样后,摆锤升至 h。摆锤冲断试样所消耗的能量,即试样在冲击力一次作用下折断时所吸收的功,称为冲击吸收功,用符号 A_k 表示,则 $A_k=mg(H-h)$。

A_k 值不需计算,可由试验机刻度盘上直接读出。金属的冲击韧性 α_k 就是冲断试样时在缺口处单位面积所消耗的功。计算公式为:

$$\alpha_k = \frac{A_k}{A}$$

式中　A——试样缺口处原始截面积,mm^2。

二、金属材料的工艺性能

金属材料的工艺性能是反映金属材料在各种加工过程中,适应加工工艺要求的能力。它是物理性能、化学性能和力学性能的综合表现。工艺性能主要有铸造性能、锻造性能、焊接性能、切削加工性能和热处理性等。

在机械设计和制造中,以及选择材料和工艺方法时,必须考虑材料的工艺性能。

1. 铸造性能

金属材料的铸造性能主要是指流动性、收缩性和产生偏析的倾向。流动性是流体金属充满铸型的能力。流动性好能铸出细薄精致的复杂铸件,能减少缺陷。收缩性是指金属材料在冷却凝固中,体积和尺寸缩小的性能。收缩是使铸件产生缩孔、缩松、内应力、变形、开裂的基本原因。偏析是指金属材料在凝固时造成零件内部化学成分不均匀的现象。它使零件各部分力学性能不一致,影响零件使用的可靠性。

2. 锻造性能

金属材料的锻造性能是指它是否易于锻压的性能。可锻性常用金属的塑性和变形抗力来综合衡量。可锻性好的金属材料,不但塑性好,可锻温度范围宽,再结晶温度低,变形时不易产生加工硬化,而且所需的变形外力小。如中、低碳钢,低合金钢等都有良好的可锻性,高碳钢、高合金钢的可锻性较差,而铸铁则根本不能锻造。

3. 焊接性能

金属材料的焊接性能是指金属在一定条件下获得优质焊接接头的难易程度。氧化、吸气性强、导热性好(或差)、膨胀系数大、塑性低的材料,一般焊接性能差。焊接性能好的金属材料,在焊缝内不易产生裂纹、气孔、夹渣等缺陷,同时焊接接头强度高。如低碳钢具有良好的焊接性能,而铸铁、高碳钢、高合金钢、铝合金等材料的焊接性能较差。

4. 切削加工性能

金属材料的切削加工性能是指它被切削加工的难易程度。切削加工性能好的材料,切削时消耗的能量少,刀具寿命长,易于保证加工表面的质量,切屑易于折断和脱落。金属材料的切削加工性能与它的强度、硬度、塑性、导热性等有关。如灰口铸铁、铜合金及铝合金等均有较好的切削加工性能,而高碳钢的切削性能则较差。

5. 热处理性能

金属材料在进行热处理时反映出来的性能称为热处理性能,如淬透性、淬硬性、淬火变形开裂的倾向、氧化脱碳的倾向等。

三、金属材料的物理性能与化学性能

1. 物理性能

金属材料的物理性能有密度、熔点、热膨胀性、导热性、导电性、磁性等。

金属材料的熔点影响到材料的使用和制造工艺。如，电阻丝、锅炉零件等，要求材料有高的熔点，保险丝则要求熔点低。在制造工艺上，熔点低的共晶合金，流动性好，便于铸造成型。

金属材料的热膨胀性主要是指它的线膨胀系数。热膨胀性会带来零件的变形、开裂及改变配合状态，从而影响机器设备的精度和使用寿命。高精度的机床和仪器，要求在一定温度下加工和测量产品，就是考虑了这个因素。

金属材料的导热性影响加热和冷却的速度。导热性差的材料在加热或冷却时，工件内外温差大，容易产生大的内应力。当内应力大于材料的强度时，则会产生变形或裂纹。

金属材料的导电性和导磁性，对一些电机、电器产品是很重要的性能。如铜、铝导线要求导电性好，镍铬合金的电阻丝则要求有大的电阻，变压器和电机的铁芯则采用磁性好的铁磁材料。

2. 化学性能

金属材料的化学性能主要是指金属抵抗活泼介质的化学侵蚀能力。在室温下金属材料抵抗周围介质（如大气、水汽等）侵蚀的能力称为耐蚀性。一般机器零件为了不被腐蚀，常用热镀或电镀金属、发蓝处理、涂油漆、烧搪瓷、加润滑油等方法来进行保护。在易腐蚀环境工作的重要零件，有时需采用不锈钢制造。

金属材料抵抗酸碱侵蚀的能力称为耐酸性。在化工机械中受到酸碱盐等化学介质侵蚀的零件，则需采用耐酸钢制造。

金属材料在高温下保持足够的强度，并能抵抗氧或水蒸气侵蚀的能力称为耐热性。在锅炉、汽轮机及化工、石油等设备上的一些零件，为了满足这一性能，需采用耐热不锈钢制造。

任务实施

低碳钢拉伸试验

1. 实施场地

拉伸实验室。

2. 实施仪器与用具

（1）拉伸试验机，如图 2-1-7 所示；

（2）标准试样，长试样（$l_0 = 10d_0$）；短试样（$l_0 = 5d_0$），如图 2-1-1（a）所示。

3. 计划与实施

试验时，将试样两端夹在试验机上，然后开动试验机，在试样上慢慢施加拉力 F，直到被拉断为止。在拉伸过程中，试验机上的绘图仪自动绘出所加载荷 F 与试样标距伸长量 Δl 之间的关系曲线，即拉伸曲线或 F-伸长曲线。由于拉伸曲线与拉伸试样的几何尺寸有关，为消除试样几何尺寸的影响，将纵坐

图 2-1-7 拉伸试验机

标载荷 F 除以试样横截面面积 A_0，横坐标伸长量 Δl 除以试样标距 l_0，得到能反映材料力学性能的应力-应变曲线。

（1）分组讨论，思考下列问题

① 认识拉伸实验。

② 什么是应力？什么是应变？

③ 低碳钢应力-应变曲线图上的横、纵坐标分别表示什么？

④ 分析低碳钢应力-应变曲线，确定低碳钢的主要强度指标，即屈服强度 σ_s 和抗拉强度 σ_b。

⑤ 计算低碳钢的塑性指标，即伸长率 δ 和断面收缩率 ψ。

（2）结合"汽车金属材料的力学性能"知识，认知低碳钢的力学性能指标，完成下面表格。

序号	问题	结论		
1	应变的概念			
2	应力的概念			
3	画出低碳钢拉伸曲线			
4	确定低碳钢力学性能指标	强度指标		取决于低碳钢的牌号
				取决于低碳钢的牌号
		塑性指标		取决于低碳钢的牌号
				取决于低碳钢的牌号

4．技能考核

请完成"低碳钢拉伸试验"后，填写下表。

班级		项目名称	
姓名		项目任务名称	
学号		完成时间	
实验项目		实验设备	
低碳钢拉伸试验	完成任务计划与实施表格		
自我评价	良好☐　合格☐　不合格☐		
小组评价	良好☐　合格☐　不合格☐		组长签名：
教师评价	良好☐　合格☐　不合格☐		教师签名：

项目二 汽车工程材料

小结

1. 金属材料的性能主要包括使用性能和工艺性能。使用性能又包括力学性能、物理性能和化学性能；而工艺性能包括铸造性能、锻造性能、焊接性能和切削加工性能等。

2. 金属材料的力学性能包括强度、硬度、塑性、冲击韧性和疲劳强度。

3. 低碳钢在拉伸过程中有明显的缩颈现象，因此塑性和韧性良好；但铸铁等脆性材料在拉伸过程中无明显的缩颈现象，因此塑性和韧性差。

拓展训练

一、填空题

1. 金属材料的性能一般分为_____和_____。

2. 金属材料的使用性能包括_____、_____和_____。

3. 强度是指金属材料在外力作用下，抵抗_____和_____的能力。常用的评定指标有_____和_____。

4. 塑性是指金属材料在外力作用下，抵抗_____而不断裂的能力。常用的评定指标有_____和_____。

5. 金属材料的工艺性能是指在各种加工条件下表现出来的性能，包括_____、锻造性能、_____和焊接性能等。

二、判断题

1. 抗拉强度 σ_b 表示材料在拉伸条件下所能承受的最大应力。（   ）

2. 金属材料的伸长率、断面收缩率数值越大，表明其塑性越好。（   ）

3. 弹性变形能随着载荷的去除而消失。（   ）

4. 冲击韧性是指金属材料抵抗冲击载荷作用而不破坏的能力。（   ）

5. 在一般情况下，材料塑性好，锻造性能也好。（   ）

6. 屈服强度 σ_s 是指金属材料产生屈服现象时的最小应力。（   ）

7. 低碳钢塑性大，铸铁塑性小。（   ）

8. 金属材料在无限多次交变载荷作用下而不破坏的最大应力称为疲劳强度。（   ）

9. 硬度是材料抵抗局部塑性变形、压痕或划伤的能力。（   ）

10. 在一般情况下，材料的硬度越高，耐磨性越好。（   ）

11. 洛氏硬度不能做太薄、太硬的试样硬度测试，也不适合做成品检验。（   ）

三、选择题

1. 金属材料的力学性能不包括（   ）。
A. 强度　　　　　B. 塑性　　　　　C. 韧性　　　　　D. 铸造性能

2. 金属材料在静载荷作用下，抵抗破坏的能力称为（   ）。
A. 强度　　　　　B. 塑性　　　　　C. 韧性　　　　　D. 疲劳强度

3. 金属材料在静载荷作用下，产生永久变形而不破坏的能力称为（   ）。
A. 强度　　　　　B. 塑性　　　　　C. 韧性　　　　　D. 疲劳强度

4. 金属材料抵抗其他更硬的物体压入其表面的能力称为（   ）。
   A. 强度　　　　　　B. 硬度　　　　　　C. 韧性　　　　　　D. 疲劳强度
5. 做疲劳试验时，试样承受的载荷为（   ）。
   A. 静载荷　　　　　B. 动载荷　　　　　C. 冲击载荷　　　　D. 交变载荷

任务二　汽车典型零件的选材

任务导入

汽车中不可拆的最小制造单元是零件。在零件的设计与制造过程中，如何合理地选择和使用材料是一项十分重要的工作。在材料选取过程中，不仅要考虑材料的使用性能是否能够适应零件的工作条件，使零件经久耐用，而且还要考虑材料应具有较好的工艺性能和经济性，以提高零件的生产率，降低成本，减少消耗等。

任务目标

1. 了解铁碳合金的基本组织。
2. 熟悉铁碳合金相图及应用。
3. 掌握黑色金属材料的类型、性能、牌号及其在汽车上的应用。

相关知识

随着科学技术的飞速发展，现代汽车制造材料的构成发生了较大的变化，目前正向轻量化、节能化和环保化方向发展。用来制造汽车零件的材料主要分为金属材料、非金属材料和复合材料三大类。

金属材料是汽车工业应用的主要材料。一辆汽车由三万余个零件组成，这些零件80%都是金属材料及其合金制成的，而金属材料中又以钢铁材料的用量最多。

一、金属与合金的内部结构

金属材料的性能取决于其化学成分与内部组织结构。材料的化学成分不同，性能当然不同；然而，化学成分相同的材料，通过热处理改变其组织结构，性能也会差别很大。所以，首先要了解金属及其合金的组织结构。金属和合金的内部结构主要是指晶体结构和显微组织。

（一）金属晶体结构基本知识

所有的固态金属和合金都属于晶体。晶体结构是指原子的结合方式及原子在金属和合金内部的排列方式。显微组织是指显微镜下观察到的晶粒及各种组成相的不同形态、大小、数量及分布。

1. 晶格

为了便于描述晶体内部原子排列的规则，可将原子近似地看成一个点，称为结点；再用假想的直线连接结点，形成空间几何格架，这种假想的空间几何格架称为结晶格子，简称晶格。

2. 晶胞

由于晶体中原子排列规律，因此可以在晶格内取一个能代替晶格特征的，由最少数目的原子排列成最小结构单元来表示晶格，称为晶胞。晶格就是由许多形状、大小和位向相同的晶胞在空间重复叠堆而成的。

晶胞三个棱边的长度称为晶格常数，用 a、b、c 表示，棱边夹角用 α、β、γ 表示。当 $a=b=c$ 和 $\alpha=\beta=\gamma$ 时，这种晶胞称为简单立方晶胞。简单立方晶胞和晶格示意图如图 2-2-1 所示。

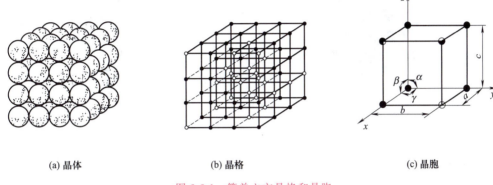

(a) 晶体　　　　　　　　(b) 晶格　　　　　　　　(c) 晶胞

图 2-2-1　简单立方晶格和晶胞

3. 金属晶格的基本类型

在金属元素中，常见的晶格类型有体心立方晶格、面心立方晶格和密排六方晶格三种。

（1）体心立方晶格　体心立方晶格的晶胞是一个立方体，立方体 8 个顶角和立方体中心各有 1 个原子，如图 2-2-2 所示。晶胞顶角的原子实际上是晶格中邻近的 8 个晶胞所共用。只有晶胞中心的原子为该晶胞独有，所以体心立方晶格每个晶胞的实有原子数为 2 个。属于体心立方晶格的金属有铬、钼、钒、钨和 α 铁。

图 2-2-2　体心立方晶格和晶胞

（2）面心立方晶格　面心立方晶格的晶胞也是立方体，8 个顶角和 6 个面的中心都各有 1 个原子，如图 2-2-3 所示。同样，晶胞顶角原子为邻近 8 个晶胞共有，各面中心的原子为相邻 2 个晶胞共有，所以面心立方晶格晶胞的实有原子数为 4 个。属于面心立方晶格的金属有铝、铜、镍、金、银和 γ 铁等。

（3）密排六方晶格　密排六方晶格的晶胞是一个正六方柱体，12 个顶角和上、下面中心各有 1 个原子，晶胞内部还有 3 个原子，如图 2-2-4 所示。密排六方晶格晶胞的实有原子数为 6 个。属于密排六方晶格的金属有镁、锌、铍、钛等。

 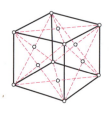 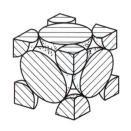

图 2-2-3　面心立方晶格和晶胞

 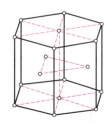 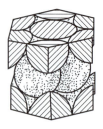

图 2-2-4　密排六方晶格和晶胞

4. 晶体的各向异性

晶体中不同的晶面和晶向上原子密度不同，原子间结合力也不同，因此，晶体在不同晶面和晶向上表现出不同的性能，即各向异性。但在实际金属材料中，一般却见不到它们具有这种各向异性的特征，这是因为实际晶体结构与理想晶体结构有很大的差异。

（二）金属的实际晶体结构

晶体内部的晶格位向完全一致的晶体称为单晶体，金属的单晶体只能靠特殊的方法制得。

实际使用的金属材料都是由许多晶格位向不同的微小晶体组成，每个小晶体都相当于一个单晶体，内部晶格位向是一致的，而小晶体之间的位向却不相同，这种外形呈多面体颗粒形状的小晶体称为晶粒。晶粒与晶粒之间的界面称为晶界。由许多晶粒组成的晶体称为多晶体，如图 2-2-5 所示。由于多晶体的性能是位向不同晶粒的平均性能，故可认为金属（多晶体）是各向同性的。

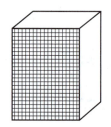 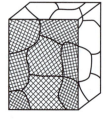

图 2-2-5　金属的多晶体结构

二、钢

以铁为基础的铁碳合金统称为钢铁材料，它是由多种材料组成的复杂合金，但最基本的元素是铁和碳两种元素，因此通常称为铁碳合金。

含碳量小于 2.11% 的铁碳合金称为碳素钢，简称碳钢；含碳量大于 2.11% 的铁碳合金称为铸造生铁。认识铁碳合金的本质，首先从铁开始，然后研究铁和碳的相互作用，以便掌握铁碳合金成分、组织结构与性能之间的关系。

（一）纯铁的同素异晶转变

一般金属冷却结晶后，晶格类型不再变化，一直保持至室温，如铜等金属。但有一些金属，如铁、钴、锰、钛、锡等，在固态因温度变化而发生晶格类型的变化。金属这种在固态时随温度变化而晶格类型发生变化的现象，称为同素异晶转变。研究纯铁的冷却结晶过程，发现纯铁具有典型的同素异晶转变特征。纯铁熔液从高温冷却至1538℃以下，结晶成具有体心立方晶格的δ-Fe；固态的δ-Fe继续冷却至1394℃以下，铁原子重新排列，由体心立方晶格的δ-Fe转变为面心立方的γ-Fe；再继续冷却至912℃以下，面心立方的γ-Fe又转变为体心立方的α-Fe。再继续冷却，晶格类型不再发生变化，一直保持体心立方晶格的α-Fe至室温。如果将室温的纯铁进行加热，上述转变可逆向进行。

纯铁的同素异晶转变是钢铁热处理的主要基础，也是钢铁材料的性能可以调节改善并得到广泛应用的重要原因。其转变过程也可以用冷却曲线表示，如图2-2-6所示。

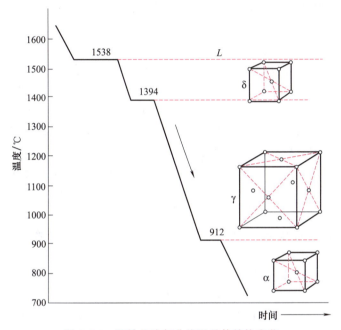

图2-2-6 纯铁的冷却曲线及晶体结构变化

（二）铁碳合金的基本组织

纯铁具有良好的塑性，但强度较低，一般不用其制造机械零件。在纯铁中加入少量的碳，强度和硬度便可得到提高，因为铁和碳互相结合，形成了合金组织。在固态铁碳合金中，铁和碳的结合方式有两种：一种是碳原子溶解到铁的晶格中形成固溶体；另一种是铁和碳原子按一定比例相互化合形成化合物。

因此，铁和碳相互作用而形成的基本组织有：铁素体、奥氏体、渗碳体、珠光体和莱氏体。

1. 铁素体（F）

铁素体是碳溶于α-Fe中形成的间隙固溶体，用F表示。铁素体保持α-Fe的体心立方晶格。碳在α-Fe中的溶解度很小，室温下接近于零，在600℃时$w_C=0.008\%$，至727℃时有最大溶解度$w_C=0.0218\%$。铁素体强度、硬度低，塑性和韧性好，性能近似于工业纯铁，一般很少单独用作工业结构材料。铁素体是单相固溶体，是铁碳合金组织中的重要基本相。

2. 奥氏体（A）

奥氏体是碳溶于γ-Fe中形成的间隙固溶体，用A形示。奥氏体保持γ-Fe的面心立方晶

格。由于面心立方晶格原子间的空隙比体心立方晶格大,所以能溶解较多的碳,即奥氏体的碳溶角度较大,在727℃时$w_C=0.77\%$,在1148℃时达最大值$w_C=2.11\%$。由于γ-Fe通常在高温条件下存在,所以在一般情况下奥氏体也只能在高温下存在。

奥氏体有一定的强度、硬度和良好的塑性、韧性,适于进行锻压加工。奥氏体也是单相固溶体,是铁碳合金组织中存在于727℃以上温度的重要高温相。

3. 渗碳体(Fe_3C)

渗碳体是铁和碳形成的具有复杂晶格的金属化合物,用Fe_3C表示。其碳的质量分数$w_C=6.69\%$,硬度高而塑性、韧性低,熔点为1227℃,是铁碳合金中性能硬脆的重要强化相,能以片状、球状和网状等不同大小形态、不同数量和分布状况存在于铁碳合金组织中,对铁碳合金性能有重大影响。渗碳体是亚稳定金属化合物,在一定条件下可分解为铁和石墨(C),是铸铁石墨化的重要机理。

4. 珠光体(P)

珠光体是由铁素体和渗碳体组成的两相复合组织,用P表示。珠光体是碳的质量分数$w_C=0.77\%$的奥氏体在727℃时固态转变分解的产物,因此珠光体的碳的质量分数也是0.77%,其转变过程是从单相固溶体奥氏体中,同时析出两种互不相溶的组织,即铁素体和渗碳体,组成两相复合组织,这一转变称为共析转变,相应的温度和成分称为共析温度和共析成分,产物(珠光体)称共析体。

珠光体的显微组织为黑白交替的片状组织,组织致密,性能介于铁素体和渗碳体之间,具有较高的强度、硬度和足够的塑性、韧性,是铁碳合金组织中的重要基本组织。

5. 莱氏体(Ld)

莱氏体是由奥氏体和渗碳体组成的复相组织,用Ld表示。莱氏体是碳的质量分数$w_C=4.3\%$的铁碳合金熔液在1148℃时直接由液态结晶转变的产物。其转变过程是从熔液中同时结晶出固态的奥氏体和渗碳体,组成复相组织,这种转变称为共晶转变,相应的成分、温度和产物,称为共晶成分、共晶温度和共晶体。

随着温度下降至727℃(共析温度),莱氏体中的奥氏体将发生共析转变而转变为珠光体。因此,在此温度以下,莱氏体组织转变为珠光体和渗碳体,这种莱氏体称为低温莱氏体或变态莱氏体。

莱氏体和变态莱氏体的渗碳体含量大,性能与渗碳体相近,硬度高、脆性大、塑性差,是铁碳合金组织中的脆性组织。

(三)铁碳合金相图

铁碳合金相图是表示不同成分的铁碳合金在缓慢加热、冷却条件下,不同温度时的组织状态的图形,又称铁碳合金状态图或铁碳合金平衡图。铁碳合金相图是制订热加工工艺和选材的重要依据,也是钢铁热处理的主要理论基础。

铁碳合金中的碳,可以溶入铁的晶格而形成固溶体,也可以与铁形成Fe_3C、Fe_2C和FeC等一系列金属化合物。由于碳的质量分数高的Fe_2C和FeC脆性很大,无实用价值,因此,一般只研究质量分数$w_C<6.69\%$的铁碳合金。所以通常说的铁碳合金相图,实际上只有Fe-Fe_3C这一部分相图。图2-2-7所示为简化后的Fe-Fe_3C相图,为便于研究分析,左上角部分已简化。

1. 铁碳合金相图中主要点、线的意义

相图的纵坐标表示温度,横坐标表示碳的质量分数。横坐标左端(原点)为$w_C=0\%$,

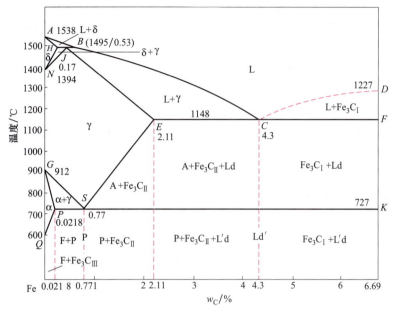

图 2-2-7 Fe-Fe$_3$C 相图

是纯铁，右端为 $w_C=6.69\%$，是 Fe$_3$C。

ACD 线——固相线。合金在此线以下为固态，加热到此线时开始熔解。

ECF 线——共晶线。液态合金冷却至此线时发生共晶反应。

GS 线——也称 A_3 线。奥氏体冷却到此线时，开始析出铁素体。

ES 线——也称 A_{cm} 线。是碳在奥氏体中的溶解度曲线。奥氏体冷却到此线时，碳以渗碳体形式开始析出，称为二次渗碳体（Fe$_3$C$_Ⅱ$）。

S 点——共析点。碳的质量分数奥氏体冷却到此点时，就同时析出铁素体和渗碳体而组成机械混合物，即珠光体 P。

GP 线——奥氏体冷却到此线时，全部转变成铁素体。

PSK 线——也称 A_1 线。各种成分的液态铁碳合金冷却到此线时，其中奥氏体的碳的质量分数都成为 0.77% 而发生共析反应形成珠光体，所以此线也称为共析线。

PQ 线——碳在铁素体中的溶解度曲线。铁素体冷却到此线时析出渗碳体，称为三次渗碳体（Fe$_3$C$_Ⅲ$）。

C 点——共晶点。碳的质量分数 4.3% 的液态合金冷却到此点时发生共晶反应，形成奥氏体和渗碳体的机械混合物，称为高温莱氏体 Ld。继续冷却到 727℃ 时发生共析转变，形成珠光体与渗碳体的机械混合物，称为低温莱氏体 Ld'。

2. 铁碳合金的分类

按照组织和性能不同，铁碳合金可分为三类，即工业纯铁、钢和白口铸铁。

（1）工业纯铁　工业纯铁成分在 *P* 点左面，是碳的质量分数小于 0.02% 的铁碳合金。其组织全部由铁素体构成，工业上应用较少。

（2）钢　钢成分在 *P* 点与 *E* 点之间，是碳的质量分数为 0.02%~2.11% 的铁碳合金。根据室温下组织的不同，可以 *S* 点为分界分为：

共析钢——碳的质量分数为 0.77%，组织全部由珠光体构成；

亚共析钢——碳的质量分数为0.02%～0.77%，组织由铁素体和珠光体构成。

过共析钢——碳的质量分数为0.77%～2.11%，组织由二次渗碳体和珠光体构成。

（3）白口铸铁　白口铸铁成分在E点和F点之间，是碳的质量分数为2.11%～6.69%的铁碳合金。白口铸铁中均为莱氏体组织。

3. 铁碳合金相图的应用

由铁碳合金相图可以明显看出，纯铁、钢和铸铁之所以性能不同，是因为碳的质量分数不同，从而冷却后的组织不同。因此，如需塑性、韧性高的材料，则可选用碳的质量分数较低的钢种；需要强度、塑性及韧性都较好的材料，可选用碳的质量分数适中的钢种；如需要硬度高、耐磨性好的材料，则应选用碳的质量分数高的钢种。纯铁的强度低，不适于制作机械零件，但它的磁导率高，可作为较磁材料使用。白口铸铁硬而脆，但经石墨化后可转变为灰口铸铁，灰口铸铁的流动性好，可用于制造铸件。

需要指出的是，为了发挥材料的性能潜力，还需要进行适当的热处理及采用合理的加工工艺与之相配合。热处理的加热温度都是以铁碳合金相图上的临界点为依据，退火、正火、淬火等加热温度的选择，都需要参照铁碳合金相图。

（四）碳及几种杂质元素对碳素钢的性能影响

碳素钢是工业上用量最多的金属材料。碳素钢的冶炼简便，价格低廉，在一般情况下均能满足使用要求。它广泛应用于建筑、交通运输及机械制造业中。例如，汽车的外壳、车架、车轿、转向系等，其中的零部件材料很多采用的是碳素钢。

实际应用中碳素钢除含有铁、碳两个主要元素外，还含有少量的杂质元素，如硫（S）、磷（P）、硅（Si）、锰（Mn）等，它们对碳素钢的性能有一定的影响，为此对其在钢中的含量均有严格的控制。

1. 碳的影响

碳是决定钢性能的主要元素。当钢中的碳的质量分数低于0.77%时，其碳的质量分数越高，钢的强度和硬度也越高，而塑性和韧性也越低。当超过1.0%以后，钢的硬度仍将升高，但钢的强度、塑性和韧性都将显著下降，脆性也增大。

碳的质量分数对钢的加工工艺性能也有较大的影响。碳的质量分数低的钢的强度低，塑性好，容易锻造和冷却加工成型（如冷弯、冷冲压、冷挤、冷铆）。此外，碳的质量分数低的钢的焊接性能良好，采用一般的焊接方法就能获得良好的焊接质量。反之，碳的质量分数高的钢的塑性变形抗力增加，塑性变形能力差而不易冷压力加工成型，且随着钢中碳的质量分数的增大其可焊接性能逐渐变差。

2. 锰的影响

锰（Mn）是有益元素，在普通碳素钢中，它是一种弱脱氧剂，可提高钢的强度，消除硫对钢的热脆影响，改善钢的冷脆倾向，同时不降低钢的塑性和韧性。

锰还是我国低合金钢的主要合金元素，其含量为0.8%～1.8%。但锰对焊接性能不利，因此，含量不宜过高。

3. 硅的影响

硅（Si）是有益元素，在普通碳素钢中，它是一种强脱氧剂，常与锰共同除氧，适量的硅可以细化晶粒，提高钢的强度。

4. 硫的影响

硫（S）是有害元素，常以硫化铁形式夹杂在钢中。当温度达800～1000℃时，硫化铁会熔化使钢变脆,因而在进行焊接或热加工时,有可能引发热裂纹,称为钢的热脆。此外,硫还会降低钢的冲击韧性、疲劳强度、硬度和焊接性能等。

5. 磷的影响

磷(P)是有害元素,磷可以提高钢的强度和硬度,但严重地降低了钢的塑性、韧性和焊接性能,特别是在温度较低时,会促使钢变脆,称为钢的冷脆。

(五)钢的分类及应用

按照用途不同,钢可分为结构钢、工具钢和特殊性能钢。

1. 结构钢

结构钢是用于各种机器零件及各种工程结构的钢。结构钢是品种最多、用途最广、使用量最大的一类钢。

(1)一般工程结构用钢

① 普通碳素结构钢。普通碳素结构钢含碳量(w_C=0.06%~0.38%)较低,而硫、磷等杂质含量较多(w_S、w_P<0.05%),故强度不够高,但塑性、韧性好,焊接性能优良,冶炼简单,成本低。使用时一般不进行热处理,在热轧状态下直接使用。

普通碳素结构钢的牌号由代表屈服强度的汉语拼音首位字母Q、屈服强度数值、质量等级符号、脱氧方式符号等部分按顺序组成。其中,质量等级用A、B、C、D表示S、P含量不同,脱氧方式用F(沸腾钢)、b(半镇静钢)、Z(镇静钢)、TZ(特殊镇静钢)表示,钢号中"Z""TZ"可以省略。

例如,Q235AF表示屈服强度σ_s=235MPa,质量为A级的沸腾普通碳素结构钢。

普通碳素结构钢的牌号有Q195、Q215、Q235A、Q255B、Q275。

② 优质碳素结构钢。优质碳素结构钢含碳量为0.05%~0.9%,有害杂质含量较小,一般需经过热处理以提高力学性能。由于其性能比普通碳素结构钢好,所以应用广泛,主要用于制造较重要的机械零件,比如汽车中的大部分零件。

优质碳素结构钢的牌号用两位数字表示,这两位数字表示钢中平均含碳量的万分数。

例如45表示钢中平均含碳量为0.35%的优质碳素结构钢。

若后面加"A"表示高级优质钢,加"F"表示沸腾钢。锰含量较高时,则在含碳量后面加锰元素符号"Mn"。

优质碳素结构钢按碳的质量分数又可分为低碳钢(w_C<0.25%)、中碳钢(0.25%<w_C<0.60%)和高碳钢(w_C>0.60%)。

低碳钢强度低,塑性、韧性好,易于冲压加工,主要用于制造受力不大、韧性要求高的汽车驾驶室、车门、散热器罩等冲压件和焊接件。

中碳钢强度较高,塑性和韧性也较好,一般需经正火或调质处理后使用,应用广泛。主要用于制造齿轮、连杆、轴类、套筒、丝杆等零件。

高碳钢经热处理后,可获得较高的弹性极限、足够的韧性和一定的强度,常用来制作弹性零件和易磨损的零件,如转向系接头弹簧、弹簧垫圈和各种卡环、锁片等。

牌号08F、08、10等钢的碳含量较低、塑性好,广泛应用于冲压成型构件,如汽车驾驶室外壳、油箱等。

牌号15、20、25等钢塑性好,有良好的冷冲压性能和焊接性能,用于冷冲压构件和需经过热处理(渗碳、氮化)而尺寸较小但需承受一定载荷的零件,如凸轮、小齿轮、摩擦片、活塞销、变速叉等。

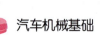

牌号30、35、40、45等钢，经调质处理后具有良好的综合力学性能，广泛应用于制造轴（如曲轴）、齿轮、连杆等零件。

牌号60、65、65Mn等钢属于碳素弹簧钢，经热处理后，可用于制造具有较高韧性和强度的弹性零件或耐磨零件。

③ 低合金高强度结构钢。低合金高强度结构钢是在低碳钢的基础上，加入少量合金元素（合金元素总量一般在3%以下）而得到的。一般含碳量不超过0.2%，并加入以锰为主的合金元素。合金元素的加入，细化了钢的晶粒，提高了钢的综合力学性能和热硬性。低合金高强度结构钢主要用于制造汽车、桥梁、船舶、锅炉、高压容器、输油输气管道、大型钢结构等。

低合金高强度结构钢的牌号含义与普通碳素结构钢相同，低合金高强度结构钢牌号有Q295、Q345、Q390、Q420、Q460。

④ 铸造碳钢。在机械制造中，许多形状复杂、用锻造方法难以生产、力学性能要求比铸铁高的零件，可用铸造碳钢生产。铸造碳钢的铸造性能比铸铁差，铸造工艺复杂。铸造碳钢主要用于重载、强度和韧性要求较高，且形状复杂的铸件，如大型齿轮、水压机机座等。

铸造碳钢的牌号用"ZG"和后面两组数字组成，第一组数字代表最低屈服强度值，第二组数字代表最低抗拉强度值，如ZG200-400、ZG310-570。

(2) 渗碳钢 渗碳钢通常是指经渗碳处理、淬火＋低温回火后使用的钢。渗碳钢的成分特点是低碳，含碳量一般为0.10%～0.25%，低含碳量保证了淬火后零件心部有足够的塑性和韧性。渗碳钢经渗碳处理后，工件表面获得高碳回火马氏体和碳化物，硬度为58～64HRC，心部具有良好的塑性和韧性。

渗碳钢按化学成分可分为碳素渗碳钢和合金渗碳钢。合金渗碳钢主要用于制造承受强烈冲击载荷和摩擦磨损的机械零件，如汽车中的变速器齿轮、内燃机上的凸轮轴、活塞销等。

常用的碳素渗碳钢的牌号有15、18、20、20Cr、20CrMnTi等。20CrMnTi是应用最广泛的合金渗碳钢，渗碳处理＋淬火＋低温回火后，抗拉强度σ_b、σ_s分别可达1080MPa和850MPa，经常用于制造汽车和拖拉机的变速齿轮、轴等零件。为了节约铬（Cr），常用20Mn2B或20MnVB钢代替20CrMnTi钢。

(3) 调质钢 调质钢是指经调质处理后使用的钢。调质钢的成分特点是中碳，含碳量一般为0.30%～0.50%。调质钢调质处理后，具有高强度、高韧性相结合的综合力学性能。

调质钢按化学成分可分为碳素调质钢和合金调质钢。合金调质钢中的主要合金元素是Cr、Ni、Mn、Si、Mo、B等，主要作用是改善热处理性能。合金调质钢主要用于制造在重载作用下，同时又受冲击载荷作用的一些重要零件，如汽车、拖拉机、机床等的齿轮、轴类件、连杆、高强度螺栓等，它是机械结构用钢的主体。

典型的调质钢牌号是40、45、40Cr、40MnB。调质后可获得良好的综合力学性能，常用于制造一般尺寸的重要零件。如40Cr调质后的σ_b、σ_s分别可达980MPa和785MPa，伸长率δ可达9%。

(4) 弹簧钢 弹簧钢是专用结构钢。弹簧钢的成分特点是中高碳，含碳量一般为0.45%～0.70%。弹簧钢热处理一般是淬火后中温回火，获得回火托氏体组织。弹簧类零件在冲击、振动和周期性扭转、弯曲等交变应力下工作，因此，其应具有高的屈服强度和屈强比，还应具有足够的疲劳强度和冲击韧性。弹簧钢按化学成分可分为碳素弹簧钢和合金弹簧钢。合金弹簧钢主要合金元素有Si、Mn、Cr等，其主要作用是提高弹簧钢的淬透性。弹簧钢主要用于制造各种弹簧和弹性元件。

典型的弹簧钢牌号是 65、70、65Mn、55Si2Mn、60Si2Mn。60Si2Mn 经淬火＋低温回火后 σ_b、σ_s 分别可达 1300MPa 和 1200MPa，δ 可达 5%。

(5) 滚动轴承钢　滚动轴承钢的成分特点是高碳，含碳量一般为 0.95%～1.15%。主要合金元素是 Cr，其作用是提高淬透性以及形成合金渗碳体，提高硬度和耐磨性。加入 Si、Mn、V 等元素可进一步提高淬透性，用于制造大型轴承。滚动轴承钢的最终热处理是淬火后低温回火，组织为极细的回火马氏体、均匀分布的细粒状碳化物及微量的残余奥氏体，硬度为 61～655HRC。

滚动轴承钢主要用于制造滚动轴承的内、外圈以及滚动体。此外，还可用于制造某些工具，例如模具、量具等。

滚动轴承钢的牌号由三部分组成，"滚"字汉语拼音首字母"G"、铬元素及平均含铬量的千分数，含碳量不标出。我国目前应用最广的滚动轴承钢是 GCr15、GCr9。

2. 工具钢

工具钢是指用于制造各种工具的钢。工具钢按化学成分不同可分为碳素工具钢、合金工具钢和高速工具钢。

(1) 碳素工具钢　碳素工具钢是含碳量在 0.7% 以上，属于高碳钢。其生产成本较低，加工性能良好。碳素工具钢用于制作低速、手工刀具及常温下使用的工具、模具、量具。

碳素工具钢的牌号用"T＋数字"表示，数字表示平均含碳量的千分数。例如，T8 表示平均含碳量为 0.8% 的碳素工具钢。若后面加"A"，表示高级优质碳素工具钢，如 T10A。碳素工具钢的牌号有 T7、T8、T8Mn、T9、T10、T11、T12 和 T13 等。

(2) 合金工具钢　与碳素工具钢相比，合金工具钢的硬度和耐磨性更高，而且还具有更好的淬透性和热硬性。

合金工具钢的牌号通常用"数字＋元素符号＋数字"表示。首位数字表示平均含碳量的千分数，当其<1%时标出，≥1%时不标出。元素符号及后面的数字表示所含合金元素及其平均含量的百分数。若合金元素平均含量<1.5%，则不标出。例如 9SiCr 表示平均含碳量为 0.9%，硅、铬含量均<1.5%的铬钢；Cr12MoV 则表示平均含碳量≥1%，铬含量为 12%，钼、钒含量<1.5%的铬钼钒钢。

合金工具钢常用来制作各种刃具、量具和模具。

① 刃具钢。刃具钢用来制作各种刀具。9SiCr 是常用的刃具钢，主要用于制作开关较复杂的低速切削工具，如丝锥、板牙、铰刀等。

② 量具钢。量具钢要求有高的硬度和耐磨性，经热处理后不易变形，而且要有良好的加工工艺性能。量具钢常用的牌号有 SiMn 和 CrWMn。

③ 模具钢。模具钢按使用要求可分为热作模具钢和冷作模具钢。热作模具钢是用来制作热态下使金属成形的模具，它具有很好的耐热疲劳性，高的强度和较好的韧性，常用的牌号有 5CrNiMo 和 5CrMnMo。冷作模具钢用来制作冷态下使金属成形的模具，它具有高的硬度，耐磨性和一定的韧性，并要求热处理变形小，常用的有 Cr12、Cr12W、Cr12MoV 和 9Mn2V 等。

(3) 高速工具钢　高速工具钢（简称高速钢）是一种含钨、钼、铬、钒等合金元素较多的钢，它的平均含碳量在 1% 左右。由于高速钢在空气中冷却也能淬硬，故又称风钢。由于它的刀刃可以磨得很锋利、很亮白，故又称为锋钢或白钢。

高速钢的成分特点是含碳量高，加入大量的 W、V、Mo 及较多的 Cr，其中 W、V、Mo 主要是提高热硬性及耐磨性，Cr 主要是提高淬透性。

高速钢的热处理特点主要是淬火加热温度高（1200℃以上），以及回火时温度高（560℃左右）、回火次数多（三次）。三次回火后的硬度可从淬火后的 62HRC 提高到 63～64HRC。

高速钢有较高的热硬性、足够的强度、韧性和耐磨性，是目前制造钻头、铰刀、铣刀、螺纹刀具和齿轮刀具等复杂形状刀具的主要材料，常用的牌号有 W18Cr4V、W6Mo5Cr4V2 和 W9Mo3Cr4V 等。

3. 特殊性能钢

特殊性能钢是指用特殊方法生产，具有特殊物理、化学性能或力学性能的钢。特殊性能钢的牌号表示方法与合金工具钢相同，前面一位数字表示平均含碳量，以千分数计，平均含碳量＜0.1％时用"0"表示，平均含碳量≤0.03％时用"00"表示。如 0Cr13 和 00Cr18Ni10 分别表示平均含碳量＜0.1％和≤0.03％。工业上的特殊钢主要包括不锈钢、耐热钢和耐磨钢。

（1）不锈钢　不锈钢中的主要合金元素是铬和镍。铬与氧化合，可以在钢表面形成一层致密的氧化膜，保护钢免受进一步氧化。含铬量不低于12％时，才能使不锈钢具有良好的耐磨蚀性能。不锈钢适用于制造化工设备、医疗器械等。常用的牌号有 1Cr13、2Cr13、3Cr13、4Cr13 等铬不锈钢，以及 1Cr18Ni9Ti、1Cr18Ni9Nb 等铬镍不锈钢。

（2）耐热钢　耐热钢是在高温下抗氧化并具有较高强度的钢。其中常含有较多铬和硅，以保证钢具有高的抗氧化性和高温下的力学性能。耐热钢适用于制造在高温条件下工作的零件，如内燃机气阀、加热炉管道等。常用的牌号有 15CrMo、4Cr9Si2、4Cr10Si2Mo 等。

（3）耐磨钢　耐磨钢主要是指高锰钢。其平均含碳量高于1％，平均含锰量为13％左右。耐磨钢具有在强烈冲击下抵抗磨损的性能。其机械加工困难，大多铸造成形。耐磨钢主要用来制作坦克和拖拉机履带、推土机挡板、挖掘机齿轮等。常用的牌号是 ZGMn13。

三、铸铁

铸铁是指碳的质量分数大于2.11％，并含有较多硅、锰、磷、硫等杂质元素的铁碳合金。铸铁中的碳主要以石墨形式存在。

铸铁的抗拉强度、塑性和韧性要比碳钢低。但有良好的耐磨性、吸振性、低的缺口敏感性以及优良的切削加工性能。另外，铸铁熔点低，铁水流动性好，收缩率小，铸造性能好，因而通常采用铸造方法制成铸件使用，故称之为铸铁。

按照碳在铸铁当中存在的形式和形态不同，铸铁主要分为以下几种。

1. 白口铸铁

白口铸铁中的碳主要以渗碳体（Fe_3C）形式存在，断口呈亮白色。其性能硬而脆，切削加工困难，除少数用来制造硬度高、耐磨、不需要加工的零件或表面要求硬度高、耐磨的冷硬铸件外（如破碎机的压板、轧辊、火车轮等），还可作为炼钢原料和可锻铸铁的毛坯。

2. 灰口铸铁

灰铸铁中的碳主要以片状石墨形态存在，其断面呈暗灰色，它在工业生产中应用最为广泛。

灰口铸铁的牌号用两个汉语拼音字母"HT"和一组力学性能数字表示，数字表示最低抗拉强度。灰口铸铁有 HT100、HT150、HT200、HT250、HT300 和 HT350 六个牌号。

例如，HT150表示最低抗拉强度为150MPa的灰口铸铁。

灰口铸铁具有良好的切削加工性能、较高的耐磨性、减振性、低的缺口敏感性，且价格低廉，广泛应用于制造形状复杂，但力学性能要求不高的箱体、壳体类零件。例如，发动机的气缸体、气缸盖、排气管、离合器外壳、变速器外壳、制动鼓、制动盘、机床床身等。

3. 可锻铸铁

可锻铸铁中的碳主要以团絮状石墨形式存在，它是由白口铸铁经长时间高温石墨化退火而得到的一种铸铁。

可锻铸铁的牌号由三个汉语拼音字母（KTH或KTZ或KTB，其中，KT是可锻铸铁的代号，H表示黑心可锻铸铁，Z表示珠光体可锻铸铁，B表示白心可锻铸铁）和两组力学性能数字来表示。例如，KTH370-12表示黑心可锻铸铁，最低抗拉强度为370MPa，最低断后伸长率为12%。

可锻铸铁实际上并不能锻造，"可锻"仅表示它具有一定的塑性，其强度比灰口铸铁高，但铸造性能比灰口铸铁差。近年来，大多数可锻铸铁件已被球墨铸铁件代替。

4. 球墨铸铁

球墨铸铁中的全部或大部分碳以球状石墨形式存在。球墨铸铁是在灰口铸铁成分的铁水浇注前加入球化剂，进行球化处理得到的。

球墨铸铁的牌号用两个汉语拼音字母"QT"和两组力学性能数字表示。例如，QT400-17，表示球墨铸铁，最低抗拉强度为400MPa，最低断后伸长率为17%。

球墨铸铁是一种性能优良的铸铁，其强度、塑性和韧性等力学性能远远超过灰口铸铁而接近于普通碳素钢，同时又具有一系列灰口铸铁的优良性能，如良好的铸造性能、耐磨性、切削加工性能和低缺口敏感性等。

强度低的球墨铸铁，由于塑性、韧性较好，经常用于铸造承受冲击、振动的零件，如汽车底盘类零件等。强度高的球墨铸铁，由于其耐磨性较好，经常用于铸造载荷大、受力复杂的零件，如内燃机曲轴、气缸套、连杆、凸轮轴、后桥壳、差速器壳、机床主轴等。

5. 蠕墨铸铁

蠕墨铸铁中的碳主要以蠕虫状石墨形式存在。在灰口铸铁浇注时，向铁水中加入蠕化剂即可获得蠕墨铸铁。

蠕墨铸铁的牌号用汉语拼音字母"RuT"与一组力学性能数字表示。例如，RuT300表示蠕墨铸铁，最低抗拉强度为300MPa。

蠕墨铸铁的性能介于灰口铸铁和球墨铸铁之间，其强度和韧性优于灰口铸铁，铸造性能和热传导性、耐疲劳性及减振性与灰口铸铁相近；减振性、铸造性能优于球墨铸铁。

目前，蠕墨铸铁在欧美等汽车工业发达国家已得到广泛应用，主要用来制造柴油机气缸体、气缸盖、气缸套、排气管、制动盘、制动鼓等汽车铸件。

为了满足工业生产的各种特殊性能要求，向上述铸铁中加入某些合金元素，可得到具有多种性能的合金铸铁。

单缸内燃机典型零件材料选择

1. 实施场地

发动机拆装实训室。

2. 实施仪器与用具

单缸内燃机，结构如图 2-2-8 所示。

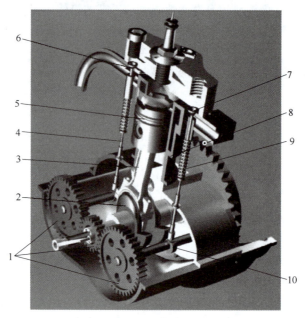

图 2-2-8　单缸内燃机结构

1—齿轮；2—曲轴；3—连杆；4—气门顶杆；5—活塞；6—进气门；7—排气门；8—气缸体；9—气门弹簧；10—凸轮轴

3. 计划与实施

观察单缸内燃机各组成部分，结合钢、铸铁的相关知识，为单缸内燃机各典型零件选择合适的材料。

（1）分组讨论，思考下列问题

① 单缸内燃机由哪些典型零件组成？

② 结合各典型零件的工作情况，为其选择合适的材料。

（2）结合"汽车典型零件的选材"知识，完成下列表格。

序号	零件名称	零件使用性能要求	合适选材
1	正时齿轮	表面硬度高、耐磨性能好；一定的冲击韧性	
2	发动机曲轴	较高的强度、一定的冲击韧性、足够的疲劳强度、足够的刚度、足够的硬度和耐磨性	
3	连杆	较高的强度、一定的冲击韧性和足够的疲劳强度	
4	进气门	耐热、耐腐蚀、耐磨	
	排气门		
5	凸轮轴	表面硬度高、耐磨性能好；一定的冲击韧性	
6	气门弹簧	足够的疲劳强度、高弹性和足够的韧性	

4. 技能考核

请完成"单缸内燃机各典型零件选材"项目任务后，填写下表。

项目二 汽车工程材料

班级		项目名称	
姓名		项目任务名称	
学号		完成时间	
实践项目		实践设备	
单缸内燃机各典型零件选材	完成任务计划与实施表格		
自我评价	良好□　合格□　不合格□		
小组评价	良好□　合格□　不合格□		组长签名：
教师评价	良好□　合格□　不合格□		教师签名：

小结

1. 金属材料是汽车工业应用的主要材料。一辆汽车由三万余个零件组成，这些零件80％都是金属材料制成的，而金属材料中又以钢铁材料（即黑色金属）的用量最多。

2. 钢是含碳量为2.11％以下的铁碳合金。按用途，可分为结构钢、工具钢和特殊性能钢。按含碳量，可分为低碳钢、中碳钢和高碳钢。按质量，可分为普通碳素钢、优质碳素钢和高级优质碳素钢。

3. 铸铁是含碳量为2.11％以上的铁碳合金。按铸铁中碳的存在形态和形式不同，铸铁可分为白口铸铁、灰口铸铁、可锻铸铁、球墨铸铁和蠕墨铸铁。

拓展训练

一、填空题

1. 钢和铁都是主要由铁和碳两种元素组成的合金。理论上是将含碳量在_____以下的称为钢，_____以上的称为铁。

2. 碳素钢按钢的碳含量可分为_____、_____和_____三类。

3. 碳素钢按质量可分为_____、_____和_____三类。

4. 碳素钢按用途分为_____和_____两类。

5. Q235AF是_____钢，A表示_____，F表示_____。

6. T12A钢按碳含量分属于_____钢，按质量分属于_____钢，按用途分属于_____钢。

7. 45钢按碳含量分属于_____钢，按质量分属于_____钢，按用途分属于_____钢。

8. 碳素钢中除铁与碳外，还常有_____、_____、_____、_____等杂质元素，其中_____、_____是有益元素，_____、_____是有害元素。

二、选择题

1. 40Cr 牌号中，40 表示其平均含碳量为（   ）。
   A. 0.04%　　　　　B. 0.4%　　　　　C. 4%　　　　　D. 40%

2. 在下列三种钢中，（   ）钢的硬度最高；（   ）钢的弹性最好；（   ）钢的塑性最好；（   ）钢的综合机械性能最好。
   A. 20 钢　　　　　B. T10　　　　　C. 65Mn　　　　　D. 45 钢

3. 齿轮零件最适合的材料是（   ）。
   A. 08F　　　　　B. T10　　　　　C. 65Mn　　　　　D. 45 钢

4. 汽车发动机曲轴最常用的材料可以选择（   ）。
   A. 45 钢或 40Cr　　　B. HT200　　　　　C. 65Mn　　　　　D. 铝合金

5. 汽车变速箱传动轴应采用（   ）制造。
   A. 20　　　　　B. 45　　　　　C. 65Mn　　　　　D. HT200

6. 目前，汽车发动机缸体最常用的材料是（   ）。
   A. 球墨铸铁　　　B. 铸钢　　　　　C. 灰口铸铁　　　D. 白口铸铁

7. 球墨铸铁牌号中的数字表示（   ）。
   A. 抗拉强度和屈服点　　　　　　　B. 屈服点和抗拉强度
   C. 抗拉强度和韧性　　　　　　　　D. 抗拉强度和塑性

8. 下列铸铁材料中，力学性能高，甚至接近钢的是（   ）。
   A. 灰口铸铁　　　B. 可锻铸铁　　　C. 球墨铸铁　　　D. 白口铸铁

三、说明下列金属材料的牌号的含义

Q195；Q420；45；20Cr；38CrMoAl；T12A；9SiCr；W18Cr4V；HT200；QT450-10

四、结合汽车常用金属材料，完成下表。

零　　件	使用性能要求	材料种类或牌号
缸体、缸盖	强度、刚度、尺寸稳定性	
活塞销	强度、冲击韧性、耐磨性	
气门弹簧	疲劳强度	
传动轴	强度、刚度、韧性	

任务三　汽车典型零件的热处理

汽车发动机曲轴轴颈处要求有高的硬度和耐磨性；汽车齿轮要求齿面具有足够的硬度，

同时心部具有较好的韧性。为达到使用要求，曲轴、齿轮必须进行热处理。热处理是汽车零部件在制造过程中的重要工序，对发挥金属材料的潜力、改善零件的使用性能、提高产品质量、延长使用寿命具有重要的意义。

任务目标

1. 掌握钢的热处理概念。
2. 掌握热处理的类型、特点及应用。
3. 掌握汽车典型零件热处理选用。

相关知识

钢的热处理是将钢在固态下，采用适当的方式进行加热、保温和冷却，使其内部组织发生改变，从而得到所需要性能的一种工艺方法。

热处理是汽车零部件在制造过程中的重要工序，对发挥金属材料的潜力、改善零件的使用性能、提高产品质量、延长使用寿命具有极其重要的意义。例如，汽车后桥的主动齿轮经过热处理后使用寿命可达6000h以上，而未经热处理的齿轮的使用寿命仅为1500h。此外，热处理还能改善毛坯的工艺性能，为后续工序做准备，以利于各种冷、热加工。

热处理只改变材料的组织和性能，而不改变其形状和尺寸，是提高金属使用性能和改善工艺性能的重要加工工艺方法。因此，在机械制造中，绝大多数零件都要进行热处理。在汽车制造业中，80%左右的汽车零件需进行热处理，所有的刀具、模具、量具、滚动轴承等均需要进行热处理。因此，热处理在机械制造中占据十分重要的地位。

根据热处理加热和冷却方式的不同，热处理分为普通热处理和表面热处理。其中普通热处理包括退火、正火、淬火、回火，表面热处理包括表面淬火、化学热处理。热处理的种类很多，但各种热处理工艺都是由加热、保温和冷却三个阶段组成的。

一、普通热处理

1. 退火

退火是将工件加热到一定温度，保温一定时间后再随炉缓慢冷却的一种热处理工艺。根据钢的成分和退火的目的不同，退火可以分为：完全退火、球化退火、去应力退火等。

(1) 完全退火 完全退火是将钢加热到组织转变为奥氏体的临界温度以上30~50℃，保温足够时间，随炉缓慢冷却到500℃以下出炉，在空气中冷却的方法。

完全退火可以达到细化晶粒的目的。在退火的加热和保温过程中，还可以消除加工造成的内应力，而缓慢冷却又可以避免产生新的内应力。由于冷却缓慢，能得到接近平衡状态的组织，故钢的硬度较低。完全退火一般适用于中碳钢和低碳钢的锻件、铸件。

(2) 球化退火 球化退火是将钢加热到组织转变为奥氏体的临界温度以上20~30℃，保温足够时间，随炉缓慢冷却到600℃，然后取出工件放置在空气中冷却到室温。其目的是降低硬度，提高韧性，改善切削加工性能，为后续热处理做组织准备。球化退火主要用于共析钢和过共析钢。

(3) 去应力退火 去应力退火是将钢加热到500~650℃保温后，随炉冷却至200~300℃，出炉在空气中冷却的退火方法。主要用于消除铸件、焊件及切削加工件的应力。

2. 正火

正火是将钢加热到组织转变为奥氏体的临界温度以上30～50℃，保温后，从炉中取出在空气中冷却的热处理方法。正火工艺的冷却速度比退火快，所以正火后材料的硬度、强度、韧性都高于退火的材料，而且操作简单，生产周期短，所以比较经济，生产效率高。因此，在实际生产中，大多数低碳钢不做退火而采用正火处理。对于力学性能要求不高的中碳钢零件常采用正火作为最终热处理。高碳钢经正火处理后可消除网状渗碳体，为球化退火做准备。

3. 淬火

淬火是将钢加热到组织转变为奥氏体的临界温度以上的某一温度范围，保温一定时间，使之全部或部分奥氏体化，然后以大于临界冷却速度的冷速，在水、盐水或者油中冷却，获得马氏体或贝氏体的热处理工艺。淬火是钢最经济、最有效的强化手段之一。淬火的目的是获得马氏体组织，使钢具有高硬度和高耐磨性。

淬火中对于尺寸稍大的工件，很可能其外部的冷却速度已经大于临界冷却速度而内部冷却速度小于临界冷却速度。因此，淬火后其内部并没有全部转变为马氏体。钢在淬火时获得淬硬层深度的能力称为淬透性。淬透性越好，淬硬层越深。淬透性对钢的力学性能影响很大。淬透性好的钢，经淬火回火后，组织均匀一致，具有良好的综合力学性能。

4. 回火

回火是把淬火后的钢重新加热到组织转变为奥氏体的临界温度以下的某一温度，保持一定时间，再以适当的冷却速度冷却到室温的热处理工艺。

由于淬火时冷却速度较快，工件内部产生很大的内应力，而且淬火后的组织不稳定，故淬火后必须回火。回火的目的就是稳定淬火后的组织，消除内应力，调整速度、强度，提高塑性，使工件获得较好的综合力学性能。回火通常是热处理的最后工序。

常用的回火方法主要有以下三种。

（1）低温回火　低温回火的回火温度150～250℃，主要是为了降低淬火内应力和脆性，并保持高硬度。用于处理要求硬度高、耐磨性好的零件，如各种工具（刀具、量具、模具）、滚动轴承等。

为了提高精密零件与量具的尺寸稳定性，可在100～150℃以下进行长时间的低温回火。这种处理方法称为时效或尺寸稳定化处理。

（2）中温回火　中温回火（加热温度350～500℃）可显著减小淬火应力，提高淬火件的弹性和强度。中温回火主要用于处理各种弹簧、发条及锻模等。

（3）高温回火（加热温度500～650℃）可以消除淬火应力，使零件获得优良的综合力学性能。通常把淬火后再进行高温回火的热处理方法称为调质。调质广泛用于处理各种重要的、受力复杂的中碳钢零件，如曲轴、齿轮、轴及连杆等。

二、表面淬火

某些在冲击载荷、交变载荷及摩擦条件下工作的零件，如曲轴、凸轮及齿轮等，其表面承受较高的应力，因此要求工件表面具有高强度、高硬度、高耐磨性及高疲劳强度，而心部却要具有足够的塑性和韧性。为了达到上述的性能要求，生产中广泛应用表面淬火。

表面淬火是将钢的表层快速加热至淬火温度后，快速冷却的一种局部淬火工艺。表面淬火的快速加热方法很多，常用的有火焰加热和感应加热。由于感应加热速度快，生产效率高,产品质量好,易于实现机械化和自动化,所以感应加热表面淬火应用广泛,但是设备昂贵,多用于大批量生产形状较简单的零件。对于表面淬火的钢,碳的质量分数多在0.4%~0.5%,原因是碳的质量分数低导致表面硬度不够,碳的质量分数高则心部韧性不好。为了使心部韧性好,表面淬火前零件一般进行正火或调质处理,表面淬火后要进行低温回火。

三、化学热处理

化学热处理是将钢件放在某种化学介质中,通过加热和保温,使介质中的一种或几种元素渗入钢的表层,以改变表层的化学成分、组织和性能的热处理工艺。

化学热处理的种类很多,一般都以渗入元素来命名。表面渗层的性能取决于渗入元素与基体金属所形成合金的性质及渗层的组织结构。常见的化学热处理有渗碳、氮化、碳氮共渗、渗金属和多元共渗等。渗碳、氮化、碳氮共渗用来提高工件表层的硬度与耐磨性;渗铬、渗铝能使工件表面获得某些特殊的物理、化学性能,如抗氧化性、耐高温性、耐腐蚀性等。

单缸内燃机典型零件热处理分析

1. 实施场地

理实一体化教室。

2. 实施仪器与用具

单缸内燃机实物或图片(如图2-2-8所示)。

3. 计划与实施

根据单缸内燃机各组成部分的工作使用性能要求,结合钢的热处理相关知识,为单缸内燃机典型零件选择合适的热处理方式,以满足其性能要求,完成下列表格。

序号	零件名称	零件使用性能要求	合适选材	热处理分析
1	正时齿轮	表面硬度高、耐磨性能好;一定的冲击韧性	中碳钢,如45钢;合金调质钢,如40Cr	
2	发动机曲轴	较高的强度、一定的冲击韧性、足够的疲劳强度、足够的刚度、足够的硬度和耐磨性	中碳钢,如45钢;合金调质钢,如40Cr;球墨铸铁:QT600-3、QT700-2	
3	连杆	较高的强度、一定的冲击韧性和足够的疲劳强度	中碳钢,如45钢;合金调质钢,如40Cr	
4	进气门	耐热、耐腐蚀、耐磨	合金钢,如:40Cr;4Cr9Si3	
	排气门		合金钢,如:21-4N	
5	凸轮轴	表面硬度高、耐磨性能好;一定的冲击韧性	中碳钢和中碳低合金钢;如45钢、35CrMo、40Cr	
6	气门弹簧	足够的疲劳强度、高弹性和足够的韧性	合金弹簧钢,如60Si2Mn	

4. 技能考核

请完成单缸内燃机各典型零件选材后,填写下表。

汽车机械基础

班级		项目名称	
姓名		项目任务名称	
学号		完成时间	
实践项目		实践设备	
单缸内燃机各典型零件热处理分析		完成任务计划与实施表格	
自我评价	良好□ 合格□ 不合格□		
小组评价	良好□ 合格□ 不合格□		组长签名：
教师评价	良好□ 合格□ 不合格□		教师签名：

 小结

1. 汽车零件的形状和尺寸、性能要求以及所用的钢材的不同，决定了钢的热处理工艺方法多样化。通常适当的热处理，可以充分发挥钢的潜力，提高钢的力学性能，延长零件的使用寿命，消除铸、锻、焊等加工所引起的内应力和各种缺陷，为以后工序做准备。

2. 根据热处理的作用不同，热处理可分为预备热处理和最终热处理。预备热处理的作用是消除加工所造成的某些缺陷，或为以后的切削加工和最终热处理做准备。最终热处理的作用是使钢件得到使用要求的性能。

3. 根据热处理目的和工艺方法的不同，热处理可分为普通热处理和表面热处理。

 拓展训练

一、选择题

1. 对钢进行热处理的目的是为了____。
   A. 获得所需的性能　　B. 改变化学成分　　C. 改善工艺性能

2. 钢的硬度较高时，为了降低硬度可采用的热处理方法是____。
   A. 正火　　　　B. 退火　　　　C. 淬火　　　　D. 回火

3. 钢的化学热处理的目的是为了____。
   A. 改善力学性能
   B. 改善化学性能
   C. 通过改变化学成分从而提高力学性能或改善热处理性能

4. 钢进行淬火回火的目的是____。

A. 稳定零件尺寸　　　　　　　　　　B. 稳定力学性能
C. 消除应力，获得需要的性能　　　　D. 防止产生裂纹
5. 渗碳钢主要用于承受____的汽车齿轮。
A. 较大的冲击载荷　　B. 较小的冲击载荷　　C. 中等冲击载荷
6. 调质钢调质处理后的性能具有____。
A. 较高的强度　　B. 较高的硬度　　C. 较高的冲击韧性　　D. 以上都是
7. 普通热处理通过加热、保温和冷却实现组织和性能改变的工艺过程，此时钢处于____。
A. 液态　　　　　　B. 固态　　　　　　C. 过冷态　　　　　　D. 饱和态
8. 普通热处理通过加热、保温和冷却来改变钢的____。
A. 成分　　　　　　B. 温度　　　　　　C. 性能　　　　　　D. 组织
9. 将钢加热到某一温度，保温一定时间后缓慢冷却，这种工艺过程称为____。
A. 退火　　　　　　B. 正火　　　　　　C. 回火　　　　　　D. 淬火
10. 钢经退火处理后，可使其硬度____，塑性____。
A. 降低/降低　　　　B. 升高/降低　　　　C. 降低/升高　　　　D. 升高/升高
11. 正火是把钢加热到一定温度，保温后在____中冷却的一种热处理工艺。
A. 空气　　　　　　B. 油中　　　　　　C. 水中　　　　　　D. 随炉
12. 钢经过淬火后，为消除脆性应进行____。
A. 退火　　　　　　B. 回火　　　　　　C. 正火　　　　　　D. 调质
13. 淬火与高温回火结合起来称为____。
A. 球化退火　　　　B. 冷处理　　　　　C. 孕育处理　　　　D. 调质处理
14. 淬火钢中温回火的目的是为了提高钢的____。
A. 强度　　　　　　B. 塑性　　　　　　C. 弹性　　　　　　D. 硬度
15. 淬火后再进行低温回火的热处理工艺可提高钢的____。
A. 强度　　　　　　B. 塑性　　　　　　C. 弹性　　　　　　D. 硬度
16. 汽车发动机上的活塞销、凸轮等零件为了获得较好的韧性，常采用____。
A. 渗碳　　　　　　B. 渗硼　　　　　　C. 渗氮　　　　　　D. 碳氮共渗
17. 汽车发动机上的活塞销、凸轮等零件渗碳后应立即进行____。
A. 淬火　　　　　　B. 低温回火　　　　C. 淬火＋低温回火　　D. 调质
18. 表面淬火可使零件表面获得的性能是____。
A. 硬度高、耐磨性好　　B. 耐腐蚀性好　　C. 强度高　　D. 耐热性好

二、判断题

1. 高频表面淬火适用于汽车齿轮的热处理。　　　　　　　　　　　（　　）
2. 调质处理是淬火＋回火热处理的总称。　　　　　　　　　　　　（　　）
3. 淬火后的钢件通常可以直接使用。　　　　　　　　　　　　　　（　　）
4. 球化退火主要用于改善过共析钢的切削加工性能。　　　　　　　（　　）
5. 金属都可以通过热处理来改善性能。　　　　　　　　　　　　　（　　）
6. 同样的钢正火与退火后的硬度相同。　　　　　　　　　　　　　（　　）
7. 工具应采用的热处理为淬火后低温回火。　　　　　　　　　　　（　　）

8. 汽车齿轮高频淬火后直接可以使用。　　　　　　　　　　　　　　　　　（　　）

三、简答题

1. 什么叫钢的热处理？热处理为何能改变钢的性能？
2. 退火、正火、调质处理和淬火有何区别？
3. 淬火后的回火处理分几类？它们分别适用于哪种工件？
4. 什么是化学热处理？渗碳的目的是什么？汽车中哪些零件采用渗碳处理？

任务四　有色金属与非金属材料在汽车上的应用

任务导入

随着科学技术的飞速发展，现代汽车制造材料的构成发生了较大的变化，目前正向轻量化、节能化和环保化方向发展。用来制造汽车零件的材料除了黑色金属材料以外，还有有色金属和非金属材料。

任务目标

1. 掌握有色金属材料的类型、特点及应用。
2. 了解非金属材料的类型、特点及应用。
3. 掌握有色金属和非金属材料在汽车上的应用。

相关知识

一、有色金属材料

工业生产中通常把钢铁称为黑色金属，而黑色金属以外的金属材料统称为有色金属。有色金属产量低、价格高，但具有许多特殊的物理、化学和力学性能，能够满足汽车上某些零件的特殊要求，故成为汽车工业中不可缺少的金属材料。

有色金属材料种类繁多，在工业中应用比较广泛的是铝、铜及其合金。

1. 铝及铝合金

（1）纯铝　铝是目前工业中用量最大的有色金属。铝的密度小（约 $2.7g/cm^3$），熔点为 660℃，导电、导热性良好（仅次于金、银和铜），强度低（$\sigma_b=80\sim100MPa$），硬度低（$25\sim30HBW$），塑性好（$\delta=35\%\sim40\%$）。由于铝表面能生成一层极致密的氧化铝膜，能阻止铝的继续氧化，所以铝在空气中有良好的抗腐蚀能力。因为铝具有上述特点，所以工业纯铝主要用于导电、导热或者耐腐蚀的零件。例如汽车加热器、散热器、蒸发器及油冷器等；此外，纯铝还可以做装饰件和铭牌等。

（2）铝合金　铝中加入适当的铜、镁、硅、锰等元素构成了铝合金。铝合金不仅强度提高，还可以通过变形、热处理等方法进一步强化，同时还保留了塑性好和耐腐蚀的优点，所以铝合金被用于制造要求质量轻、强度高的零件。

铝合金依据其成分和工艺性能，可分为变形铝合金和铸造铝合金。

① 变形铝合金　变形铝合金具有较高的强度和良好的塑性，可能通过压力加工制成各种半成品，也可以焊接，主要用于各种类型的型材和结构件。例如发动机机架、飞机大梁等。变形铝合金又可分为防锈铝合金、硬铝合金、超硬铝合金和锻造铝合金。

② 铸造铝合金　铸造铝合金包括铝镁、铝锌、铝铜等合金。它们具有良好的铸造性能，可以铸造各种形状复杂的零件。铸造铝合金塑性低，不宜进行压力加工。轿车上应用的铝合金以铸铝为主。部分发动机的气缸体采用了大尺寸的铝铸件，采用铝铸件的还有曲轴箱、气缸盖、活塞及发动机机架等。此外汽车的离合器壳体以及车轮的轮毂大量采用铝合金铸造。

2. 铜及铜合金

（1）纯铜　纯铜外观呈紫红色，又称紫铜。它的密度约为 $8.9g/cm^3$，熔点为 $1083℃$，具有良好的导电性和导热性、极好的塑性以及较高的耐腐蚀性，但力学性能较差，不宜用来制造结构零件，常用来制造电线、电缆等导电材料。

（2）铜合金　铜合金比纯铜的强度高，而且具有许多优良的物理、化学性能。铜合金按照化学成分不同分为黄铜、青铜、白铜等。

① 黄铜　黄铜是铜与锌的合金。具有良好的耐腐蚀性及机械加工性能。黄铜中锌的质量分数在20％～40％，随着锌含量的增加，黄铜强度增加而塑性下降。黄铜可以铸造也可以进行压力加工。在黄铜的基础上，再加入少量其他元素的铜合金 称为特殊黄铜，如锡黄铜、铅黄铜等。黄铜一般用于制造耐腐蚀和耐磨的零件，如闸门、管件等。

② 青铜　除黄铜和白铜（铜-镍合金）以外的其他铜合金称为青铜，铜锡合金称为锡青铜，其他青铜称为无锡青铜。锡青铜具有良好的塑性、铸造性和耐蚀性，是一种很重要的减摩材料，主要用于制造摩擦零件和耐腐蚀零件，如涡轮、轴瓦、衬套等；常用的无锡青铜有铝青铜、铍青铜、铅青铜及硅青铜，它们一般作为锡青铜的代用材料。

3. 轴承合金

轴承合金是用来制造滑动轴承的特定材料。当轴在轴承中运转工作时，轴承表面承受一定的交变载荷，并与轴发生强烈的摩擦。为了减少轴承对轴的磨损，保证轴的运转精度和机器的正常工作，轴承合金应满足以下要求：摩擦系数小、耐磨性好、抗压强度高、导热性好。

目前汽车上应用较多的轴承合金是铜基合金（铜铅合金和铅青铜）和铝基合金（铝锡合金、铝合金和铝硅合金）。

二、非金属材料

非金属材料包括除金属材料以外几乎所有的材料，主要有各类高分子材料、陶瓷材料和各种复合材料等。

工程材料仍然以金属材料为主，这大概在相当长的时间内不会改变。但近年来高分子材料、陶瓷等非金属材料急剧发展，在材料的生产和使用方面均有重大的进展，正在越来越多地应用于各类工程中。非金属材料已经不是金属材料的代用品，而是一类独立使用的材料，有时甚至是一种不可取代的材料。

1. 高分子材料

高分子材料又称为高聚物，通常高聚物根据力学性能和使用状态可分为橡胶、塑料、合成纤维、胶黏剂和涂料五类。各类高聚物之间并无严格的界限，同一高聚物采用不同的合成方法和成型工艺，可以制成塑料，也可制成纤维，比如尼龙就是如此。而像聚氨酯一类的高聚物，在室温下既有玻璃态性质，又有很好的弹性。

（1）塑料　按照应用范围，塑料分为通用塑料、工程塑料和特种塑料三种。下面主要介绍前两种塑料。

① 通用塑料　通用塑料主要包括聚乙烯、聚氯乙烯、聚苯乙烯、聚丙烯、酚醛塑料和氨基塑料六大品种。这一类塑料的特点是产量大、用途广、价格低，它们占塑料总产量的 3/4 以上，大多数用于日常生活用品。其中，以聚乙烯、聚氯乙烯、聚苯乙烯、聚丙烯这四大品种用途最广泛。

聚乙烯（PE），生产聚乙烯的原料均来自石油、天然气等，它是塑料工业产量最大的品种。聚乙烯的相对密度小（0.91～0.97），耐低温，电绝缘性能好，耐蚀性好。高压聚乙烯质地柔软，适于制造薄膜；低压聚乙烯质地较硬，可作一些结构零件。聚乙烯的缺点是强度、刚度、表面硬度都低，蠕变大，热膨胀系数大，耐热性低，且容易老化。

聚氯乙烯（PVC），是最早用于工业生产的塑料产品之一，产量仅次于聚乙烯，广泛用于工业、农业和日用制品。聚氯乙烯耐化学腐蚀、不燃烧、成本低、加工容易，但它耐热性差，冲击强度较低，还有一定的毒性。聚氯乙烯要用于制作食品和药品的包装，必须采用共聚和混合的方法改进，制成无毒聚氯乙烯新产品。

聚苯乙烯（PS），目前是产量仅次于前两者的塑料品种。它有很好的加工性能，其薄膜具有电绝缘性，常用于电器零件；它的发泡材料相对密度小（0.33），有良好的隔音、隔热、防振性能，广泛应用于食品的包装和隔音材料。聚苯乙烯易加入各种颜料制成色彩鲜艳的制品，常用来制造玩具和各种日用器皿。

聚丙烯（PP），聚丙烯工业化生产较晚，但因其原料易得、价格便宜、用途广泛，所以产量剧增。它的优点是相对密度小，是塑料中最轻的，而它的强度、刚度、表面硬度都比 PE 塑料大；它无毒，耐热性也好，是常用塑料中唯一能在水中煮沸、经受消毒温度（130℃）的品种。但聚丙烯的黏合性、染色性、印刷性均差，低温易脆化，易受热、光作用而变质，且易燃，收缩大。聚丙烯有优良的综合性能，目前主要用于制造各种机械零件。如法兰、齿轮、接头、把手、各种化工管道、容器等，它还被广泛用于制造各种家用电器外壳和药品、食品的包装等。

② 工程塑料　工程塑料是指能作为结构材料在机械设备和工程结构中使用的塑料。它们的力学性能较好，耐热性和耐腐蚀性也比较好，是当前大力发展的塑料品种。这类塑料主要有聚酰胺、聚甲醛、聚碳酸酯、ABS 塑料、聚苯醚、聚砜、氟塑料、有机玻璃等。

聚酰胺（PA），又叫尼龙或绵纶，是最先发现能承受载荷的热塑性塑料，在机械工业中应用比较广泛。它的机械强度较高，耐磨，自润滑性好，而且耐油、耐蚀、消音、减振，大量用于制造小型零件，代替有色金属及其合金。

聚甲醛（POM），是没有侧链、高密度、高结晶性的线型聚合物，性能比尼龙好，但耐热性较差。聚甲醛按分子链化学结构不同分为均聚甲醛和共聚甲醛。聚甲醛广泛应用于汽车、机床、化工、电器仪表、农机等。

聚碳酸酯（PC），是新型热塑性工程塑料，品种很多，工程上常用的是芳香族聚碳酸酯，其综合性能很好，近年来发展很快，产量仅次于尼龙。聚碳酸酯的化学稳定性也很好，能抵抗日光、雨水和气温变化的影响，它的透明度高，成型收缩率小，制件尺寸精度高，广泛应用于机械、仪表、电信、交通、航空、光学照明、医疗器械等方面。如波音 747 飞机上就有 2500 个零件用聚碳酸酯制造，其总重量达 2 吨。

ABS 塑料，是由丙烯腈、丁二烯、苯乙烯三种组元所组成，三个单体量可以任意变化，制成各种品级的树脂。ABS 具有三种组元的共同性能，丙烯腈使其耐化学腐蚀，有一定的表面硬度，丁二烯使其具有韧性，苯乙烯使其具有热塑性的加工特点，因此，ABS 是具有"坚韧、质硬、刚性"的材料。ABS 塑料性能好，而且原料易得，价格便宜，所以在机械加工、电器制造、纺织、汽车、飞机、轮船、化工等工业中得到广泛应用。

聚苯醚（PPO），是线型、非结晶的工程塑料，具有很好的综合性能。它的最大特点是使用温度宽（−190～190℃），达到热固性塑料的水平；它的耐摩擦磨损性能和电性能也很好，还具有卓越的耐水、蒸汽性能。所以聚苯醚主要用作较高温度下工作的齿轮、轴承、凸轮、泵叶轮、鼓风机叶片、水泵零件、化工用管道、阀门以及外科医疗器械等。

聚砜（PSF），是一种热塑性树脂，具有良好的综合性能，它耐热性、抗蠕变性好，长期使用温度为 150～174℃，脆化温度为 −100℃。广泛应用于电器、机械设备、医疗器械、交通运输等。

聚四氟乙烯是氟塑料中的一种，具有很好的耐高、低温，耐腐蚀等性能。聚四氟乙烯几乎不受任何化学药品的腐蚀，它的化学稳定性超过了玻璃、陶瓷、不锈钢，甚至金、铂，俗称"塑料王"。由于聚四氟乙烯的使用范围广，化学稳定性好，自润滑和防黏性好，所以在国防、科研和工业中占用重要地位。

有机玻璃，化学名称是聚甲基丙烯酸甲酯，透光率达到 92% 以上，比普通玻璃好，且相对密度小（1.18），仅为玻璃的一半。有机玻璃有很好的加工性能，常用来制作飞机的座舱、弦舱、电视和雷达标图的屏幕、汽车风挡，仪器和设备防护罩，仪表外壳，光学镜片等。有机玻璃的缺点是耐磨性差，也不耐某些有机溶剂。

（2）橡胶 橡胶是具有高弹性的轻度交联的线型高聚物，在很宽的温度范围内处于高弹态。一般橡胶在 −40～80℃ 范围内具有高弹性，某些特种橡胶在 −100℃ 的低温和 200℃ 高温下都能保持高弹性。橡胶的弹性模数很低，只有 $1MN/m^2$，在外力作用下变形量可达 100%～1000%，外力去除又能很快恢复原状。橡胶有优良的伸缩性，良好的储能能力和耐磨、隔音、绝缘等性能，广泛用于制作密封件、减振件、传动件、轮胎和电线等制品。

2. 陶瓷材料

陶瓷材料是由成型矿物质高温烧制（烧结）的无机物材料。陶瓷材料可分为传统陶瓷、特种陶瓷和金属陶瓷三种。

（1）传统陶瓷 传统陶瓷是以黏土、长石和石英等天然原料，经过粉碎、成型和烧结制成，主要用于日用、建筑、卫生以及工业上作绝缘、耐酸、过滤陶瓷等。

（2）特种陶瓷 特种陶瓷是以人工化合物为原料制成，如氧化物、氮化物、碳化物、硅化物、硼化物和氟化物陶瓷以及石英质、刚玉质、碳化硅质过滤陶瓷等，这类陶瓷具有独特的力学、物理、化学、电、磁、光学等性能，能满足工程技术的特殊需要，主要用于化工、冶金、机械、电子、能源和一些新技术中。在特种陶瓷中，按性能可分为高强度陶瓷、高温陶瓷、耐磨陶瓷、耐酸陶瓷、压电陶瓷、电介质陶瓷、光学陶瓷、半导体陶瓷、磁性陶瓷和生物陶瓷。按照化学组成分类，特种陶瓷可分为氧化物陶瓷、氮化物陶瓷、碳化物陶瓷、复合瓷和纤维增强陶瓷。

3. 复合材料

复合材料是两种或两种以上化学本质不同的材料人工合成的材料。其结构为多相，一类组成（或相）为基体，起黏结作用，另一类为增强相，复合材料具有各个组成材料的优点，而且还可以获得单一材料不具备的优越的综合性能。

复合材料按增强相的种类和形状可分为纤维增强复合材料和层状增强复合材料。其中，发展最快、应用最广的是各种纤维（玻璃纤维、碳纤维、硼纤维、SiC 纤维等）增强的复合材料。

（1）颗粒增强复合材料　颗粒增强复合材料承受载荷的主要是基体材料。在颗粒增强复合材料中的粒子高度弥散地分布在基体中，使其阻碍导致塑性变形的错位运动（金属基体）或分子链运动（高聚物基体）。常见的颗粒复合材料有颗粒与树脂复合、陶瓷粒与金属复合等。

（2）纤维增强复合材料

① 玻璃纤维增强复合材料是以玻璃纤维及制品为增强剂，以树脂为黏结剂而制成的，俗称玻璃钢。以尼龙、聚烯烃类、聚丙乙烯类等热塑性树脂为黏结剂制成的热塑性玻璃钢，具有较强的力学、耐热和抗老化性能，工艺性能也好。此类复合材料达到或超过了某些金属的强度，可以用来制造轴承、齿轮、仪表盘、壳体、叶片等零部件。

② 碳纤维增强复合材料是以碳纤维或其织物为增强剂，以树脂、金属、陶瓷等为黏结剂而制成的。有碳纤维树脂、碳纤维碳、碳纤维金属、碳纤维陶瓷复合材料等，其中以碳纤维树脂复合材料应用最广泛。

（3）层状增强复合材料　层状增强复合材料是由两层或者两层上达到增强的不同性质的材料结合而成，达到增强的目的。层状增强复合材料的承载能力比单一塑料提高了 20 倍，导热系数提高了 50 倍，线膨胀系数降低了 75%，从而改善了尺寸稳定性。层状增强复合材料可用来制造机床导轨、衬套、垫片等。

任务实施

有色金属与非金属材料在汽车上的应用分析

1. 实施场地

汽车整车实训室。

2. 实施仪器与用具

汽车整车或图片，如图 2-4-1 所示。

图 2-4-1　汽车整车

3. 计划与实施

根据汽车整车各组成部分，结合有色金属和非金属的相关知识，为汽车典型零部件选择合适的材料，完成下面表格。

序号	零件名称	零件使用性能要求	合适选材
1	活塞销衬套	强度高,耐磨性好,耐腐蚀性好	
2	车身塑料覆盖件	质轻,尺寸稳定性好,较高的强度,耐候性好,耐腐蚀	
3	发动机气缸盖	耐高温、耐腐蚀、散热性能好、强度高等	
4	发动机气缸体	耐高温、耐腐蚀、散热性能好、强度高,铸造性能好	
5	变速箱壳体	耐高温、耐腐蚀、散热性能好、强度高,铸造性能好	
6	轮毂	强度较高,铸造性能好,耐磨性、耐腐蚀性好	

4. 技能考核

请完成汽车典型零件选材后，填写下表。

班级		项目名称	
姓名		项目任务名称	
学号		完成时间	
实践项目		实践设备	
有色金属与非金属材料在汽车上的应用分析	完成任务计划与实施表格		
自我评价	良好□　合格□　不合格□		
小组评价	良好□　合格□　不合格□		组长签名：
教师评价	良好□　合格□　不合格□		教师签名：

小结

1. 为了使汽车轻量化，同时满足某些零件特殊的物理、化学和力学性能要求，有色金属材料已经在汽车上得到了广泛的应用，如铝、铜、锌、钛、镁等及其合金。

2. 为了满足汽车工业节能化、环保化，以及降低油耗的发展要求，非金属材料在汽车上得到了越来越广泛的应用。汽车常用的非金属材料有塑料、橡胶、玻璃、摩擦材料以及陶瓷材料等。

拓展训练

一、选择题

1. 关于黄铜的叙述，不正确的是（　　）。

A. 黄铜是铜锌合金

B. 黄铜零件在大气、海水或有氨的介质中易发生龟裂

C. 黄铜易发生脱锌

D. 单相黄铜强度高

2. 白铜是（　　）。

A. 铜锌合金　　　　B. 铜镍合金　　　　C. 铜铝合金　　　　D. 铜铅合金

3. 不属于青铜的是（　　）。

A. 铜锌合金　　　　B. 铜锡合金　　　　C. 铜铝合金　　　　D. 铜铅合金

4. 汽车发动机活塞可用（　　）材料制造。

A. 铝　　　　　　　B. 铜　　　　　　　C. 铝合金　　　　　D. 塑料

5. 汽车发动机的冷却系统的散热器可采用（　　）材料制作。

A. 黄铜　　　　　　B. 青铜　　　　　　C. 锌　　　　　　　D. 铝

6. 塑料是以（　　）为主要成分，再加入一些用来改善其使用性能和工艺性能的添加剂，在一定温度、压力下加工塑制而成的材料。

A. 合成树脂　　　　B. 合成橡胶　　　　C. 合成纤维　　　　D. 乙烯

7. 工程塑性由于（　　）可作为制作工程结构、机械零件的材料。

A. 具有较好的力学性能、耐腐蚀耐热性及尺寸稳定性

B. 较高的尺寸稳定性和不吸水性能

C. 较高的强度

8. 复合材料的最大优点是（　　）。

A. 减振性能较差　　　　　　　　　　B. 安全性好

C. 抗疲劳性能较差　　　　　　　　　D. 成型工艺复杂

二、判断题

1. 锡青铜具有良好塑性、铸造性和耐蚀性，是一种很重要的减摩材料。（　　）

2. 汽车中应用较多的铝合金通常是铸造铝合金。（　　）

3. 采用铝合金制造汽车零件的主要目的不是实现汽车的轻量化。（　　）

4. 铜的力学性能较好，通常用来制造结构零件。（　　）

5. 目前，汽车上应用较多的轴承合金是铜基合金和铝基合金。（　　）

6. ABS塑料性能好，在机械加工、电器制造、汽车、飞机、轮船、化工等工业中得到广泛应用。（　　）

7. 橡胶广泛用于制作密封件、减振件、传动件、轮胎和电线等制品。（　　）

8. 复合材料是两种或两种以上化学本质不同的材料人工合成的材料。（　　）

项目三 汽车常用机构

任务一 汽车机械常识认知

任务导入

在现代生产和日常生活中，机械起着非常重要的作用。回顾机械发展的历史，从杠杆、斜面、滑轮到汽车、飞机、自动化生产线、机器人等，都说明机械的进步推动着生产力不断向前发展。因此，机械的发展程度无疑是国家工业水平和汽车制造水平的重要标志之一，对于现代从事汽车行业的工程技术人员，认知汽车机械常识是极为必需的。

任务目标

1. 了解机器的组成及其特征。
2. 掌握机器、机构、构件、零件的概念。
3. 掌握汽车发动机的机构组成。
4. 认识曲柄连杆机构的组成及其运动。

相关知识

从古猿到原始人类，石器一直是主要的工具，即石器时代。之后，古人类为了更好地生存与发展，开始创造了一些原始的简单机械，并开始研究一些简单的力学问题，在古希腊、古罗马、古埃及时期，人们就已经知道应用杠杆、斜面、绞盘（如图 3-1-1 所示）等简单的机械来从事运输和建筑。古希腊哲学家亚里士多德还研究过杠杆平衡问题。古希腊科学家阿基米德总结了前任一千多年间积累起来的静力学知识，建立了有关杠杆平衡、重心、流体中浮体的平衡等问题，奠定了静力学基础。

早在西周时期（约公元前 1066～前 771 年）我国就已应用绳索来带动纺车，如图 3-1-2 所示，这是最早的带传动，西安秦陵出土的青铜马车，零件多达 3000 多个，并已有变截面的辐条、车轴和加强筋等结构，说明早在秦代（公元前 221 年～前 207 年），对零件的受力、强度、刚度、结构及制造工艺等问题的研究及金属冶炼技术，已经达到相当水平，我国还出土了秦代的金属铸造的人字齿轮，而西方采用人字齿轮还是近百余年的事。三国时期，诸葛亮根据战争需要发明了诸葛连弩。我国直到 17 世纪（明朝），生产力的发达程度一直处于世界领先地位。

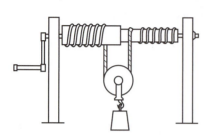

图 3-1-1 绞盘

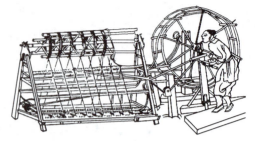

图 3-1-2 纺车

欧洲从 15 世纪文艺复兴后，手工业、航海业和军事工业都得到了空前的发展，意大利科学家达·芬奇在数学、刚体力学、机械学、建筑工程、水利工程等方面做了许多研究，并有不少创造与发明。伽利略对刚体力学进行了深入研究，开始建立动力学基本定律，英国科学家牛顿总结了前辈的成就，于 1687 年提出了动力学三大基本定律，从而奠定了古典力学的基础。英国大发明家瓦特发明的蒸汽机，如图 3-1-3 所示，促使欧洲发生了产业革命，大大推动了机械科学的发展，1886 年卡尔奔驰发明了第一辆三轮汽车，如图 3-1-4 所示，标志着汽车工业的开始。

图 3-1-3 蒸汽机

图 3-1-4 卡尔奔驰和他发明第一辆三轮汽车

在当今全球信息化的时代，机械工程提升到一个崭新的阶段。新的发明创造层出不穷，如图 3-1-5 所示为新型电动汽车特斯拉。

图 3-1-5 新型电动汽车特斯拉

一、机器的组成

任何机器都是为了实现某种功能而设计制作的。它们虽然用途、功能要求、工作原理与构造各不相同，但一般都由原动部分、执行部分和传动部分所组成。而对于自动化程度较高的机械，还包括自动控制部分，完成各种功能的操纵控制和信息处理与传递。

如图 3-1-6 所示为单缸内燃机，其基本功能是使燃气在气缸内经过进气—压缩—爆发—排气的循环过程，将燃气燃烧的热能不断地转换为机械能，从而使活塞的往复运动转换为曲轴的连续转动。

综上所述，机器是执行机械运动的装置，用来转化或传递能量、物料与信息，以代替或减轻人的体力和脑力劳动。

二、机器与机构

只能传递运动和力的具有一定约束的物体系统，称为机构。从功能上看，机构和机器的根本区别在于机构的主要功能是传递运动和力，而机器的主要功能除传递运动和力外，还能完成能量、物料和信息的变换与传递。因此，一般来说，机构是机器的重要组成部分。机器包括一个或若干个机构。

单缸内燃机由多种机构组成，如曲柄连杆机构［图 3-1-7（a）］、齿轮机构［图 3-1-7（b）］以及凸轮机构［图 3-1-7（c）］等。

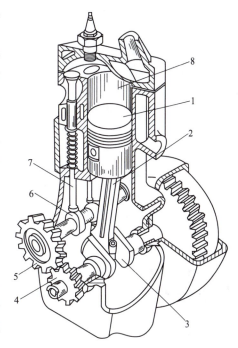

图 3-1-6 单缸内燃机
1—活塞；2—连杆；3—曲柄；4,5—齿轮；
6—凸轮；7—顶杆；8—气缸体

  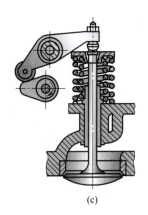

(a)   (b)   (c)

图 3-1-7 单缸内燃机机构组成

从构成和运动的观点看，机器与机构并无区别。在工程上，通常把机器和机构统称为机械。

三、构件与零件

机构中运动的单元称为构件。所以，构件具有独立的运动特性。组成机器的不可拆卸的基本单元称为零件，零件则是制造的单元，构件可以是一个零件，也可由若干个相互无相对运动的零件所组成。

对于机器中的零件，按其功能和结构特点又可分为通用零件和专用零件。各种机械中普遍使用的零件，称为通用零件，如图 3-1-8 所示，汽车上使用的齿轮、轴承、轴、弹簧、螺栓、键等。仅在某些专门行业中才用到的零件称为专用零件，如发动机中的曲轴、活塞、顶杆等。

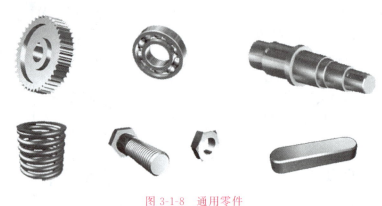

图 3-1-8　通用零件

发动机曲柄连杆机构认识

1. 实施场地

发动机拆装实训室。

2. 实施仪器与用具

（1）昂科威 1.5t 发动机，如图 3-1-9 所示；

（2）发动机专用拆卸工具。

图 3-1-9　昂科威 1.5t 发动机

3. 计划与实施

组织学生按照要求对发动机进行拆卸并按要求放置拆卸好的各部分零部件，进行机构、构件、零件的认知,重点了解发动机曲柄连杆机构,如图 3-1-10 所示为发动机曲轴(曲柄),图 3-1-11 所示为发动机连杆。

图 3-1-10　发动机曲轴

图 3-1-11　发动机连杆

(1) 分组讨论,思考下列问题。
① 发动机中哪些是机构、构件和零件?
② 发动机曲柄连杆机构的运动形式?
(2) 结合汽车机械常识,认知昂科威 1.5 长发动机曲柄连杆机构,完成下面表格。

序号	问题	结论
1	发动机的主要机构组成	
2	曲柄连杆机构的主要构件组成	
3	发动机的通用零件组成	
4	发动机的专用零件组成	
5	发动机曲柄连杆机构工作时的运动传递	

4. 技能考核

请完成"汽车发动机曲柄连杆机构认识"项目实施后,填写下表。

班级		项目名称	
姓名		项目任务名称	
学号		完成时间	
实验项目		实验设备	
汽车发动机曲柄连杆机构认识	完成任务计划与实施表格		
自我评价	良好□　合格□　不合格□		
小组评价	良好□　合格□　不合格□		组长签名:
教师评价	良好□　合格□　不合格□		教师签名:

小结

1. 机器、机构、零件、构件与机械的概念。
2. 机器与机构、构件与零件的区别。
3. 汽车发动机曲柄连杆机构的认识。

拓展训练

一、填空题

1. 一般汽车的机器主要由＿＿＿＿、＿＿＿＿、＿＿＿＿和＿＿＿＿四个基本部分组成。
2. 汽车多数采用＿＿＿＿作为动力源。
3. 汽车车轮属于机器四大部分中的＿＿＿＿。
4. 由一个或多个实体组成，用以执行机械运动以及变换或传递能量、燃料和信息的装置，称为＿＿＿＿。
5. 机构是具有确定＿＿＿＿的一种实物组合。机器和机构总称为＿＿＿＿。
6. 机械零件可分为＿＿＿＿和＿＿＿＿。汽车发动机曲轴和凸轮轴属于＿＿＿＿零件。零件是＿＿＿＿单元，构件是＿＿＿＿单元。
7. 机器与机构的区别主要在于功用不同：机器的主要功用是＿＿＿＿。机构的主要功用在于＿＿＿＿。单缸内燃机由多个机构组成，它们分别是＿＿＿＿、＿＿＿＿和＿＿＿＿。

二、判断题

1. 构件是组成机器的运动单元。（   ）
2. 汽车发动机的曲柄、活塞和气门等都属于通用零件。（   ）
3. 零件是组成机器最小的制造单元。（   ）
4. 机构和机器的区别在于机器能做功、实现能量转换和信息传递等，但机构不能。（   ）
5. 具有确定的相对运动的构件组合称为机构。（   ）
6. 汽车发动机是机器。（   ）
7. 汽车的点火开关是属于控制部分，离合器踏板是属于传动部分。（   ）
8. 一个机器可以只含有一个机构，也可以由多个机构组成。（   ）
9. 发动机是一台机器，放在汽车上则是汽车的动力装置。（   ）
10. 发动机曲柄连杆机构在正常工作时是将曲柄的转动转换为活塞的直线往返移动。（   ）

三、选择题

1. 汽车发动机的曲轴飞轮组，其中（   ）是主动构件。
   A. 曲轴　　　　B. 连杆　　　　C. 飞轮　　　　D. 曲轴轴瓦
2. 下列不属于通用零件的是（   ）。

A. 螺栓　　　　　　B. 螺母　　　　　　C. 垫片　　　　　　D. 活塞
3. 下列不属于专用零件的是（　　）。
　A. 凸轮轴　　　　　B. 曲轴　　　　　　C. 凸轮摇臂　　　　D. 45 螺栓
4. （　　）是机器工作的动力源。
　A. 工作部分　　　　B. 动力部分　　　　C. 传动部分　　　　D. 控制部分
5. 汽车中的车轮属于（　　）。
　A. 工作部分　　　　B. 动力部分　　　　C. 传动部分　　　　D. 控制部分
6. 下列构件概念表述正确的是（　　）。
　A. 构件是机器零件的组合体　　　　　　B. 构件是机器的装配单元
　C. 构件是机器的运动单元　　　　　　　D. 构件是机器的制造单元
7. 汽车发动机对于汽车而言是汽车（　　）。
　A. 工作部分　　　　B. 动力部分　　　　C. 传动部分　　　　D. 控制部分

四、问答题

1. 汽车机器通常都具有哪三个特征？
2. 汽车发动机中有哪些主要的机构、构件、零件？

任务二　单缸内燃机机构运动简图的绘制

单缸内燃机

任务导入

如图 3-1-6 所示为单缸内燃机结构简图，虽然较清晰地显示了其内部结构组成，但是在反映机构的运动情况时，显得较为复杂，不利于分析机构的运动规律。因此，为了便于分析理解，可以把内燃机结构简图绘制成内燃机的机构运动简图。

任务目标

1. 掌握运动副的定义、分类及表示方法。
2. 掌握机构运动简图的常用符号。
3. 学会分析机构运动，掌握绘制机构运动简图的方法。

相关知识

一、运动副

在机构中，每个构件还必须与另一构件相连接，并使构件间保持一定的相对运动。这种使两构件直接接触并能产生一定相对运动的连接称为运动副。图 3-2-1 所示为常见的运动副。

组成运动副的两构件以点、线或面的形式接触。根据两构件的接触情况，平面运动副可分为低副和高副两类。

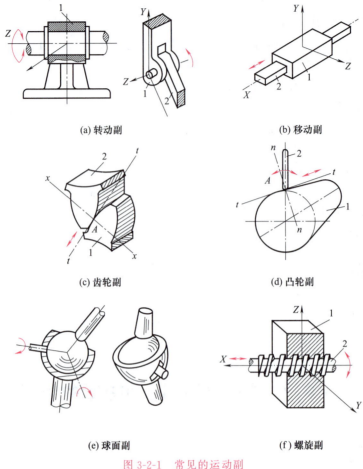

图 3-2-1 常见的运动副

1. 低副

两构件以面接触组成的运动副称为低副。低副受载时,单位面积上的压力较小。根据构件相对运动形式的不同,低副又可分为转动副和移动副。

(1) 转动副　两构件只能在一个平面内作相对转动的运动副称为转动副,又称为铰链。如图 3-2-1 (a) 所示。其左图中因一个构件固定,称为固定铰链;右图的两个构件均可活动,称为活动铰链。图 3-1-6 所示的单缸内燃机中,曲轴轴颈与缸体轴承座组成固定铰链;活塞与连杆组成活动铰链。

(2) 移动副　两构件只能沿轴线作相对移动的运动副称为移动副。如图 3-2-1 (b) 所示。图 3-1-6 所示的单缸内燃机中,活塞与缸体组成移动副。

2. 高副

两构件以点或线的形式接触的运动副称为高副。由于构件以点、线接触,接触处的压力较大。齿轮副如图 3-2-1 (c) 和凸轮副如图 3-2-1 (d) 都属于高副。图 3-1-6 所示的单缸内燃机中,曲轴与凸轮轴之间的齿轮传动组成齿轮副,凸轮与顶杆之间的传动组成凸轮副。

此外,常见运动副还有球面副 [图 3-2-1 (e)] 和螺旋副 [图 3-2-1 (f)],它们均属于空间运动副。

二、机构运动简图

由于机构的特性只与构件的数目、运动副的类型和数目以及它们之间相对位置的尺寸有关,而与构件的形状、截面尺寸及运动副的具体结构等因素无关。因此,可以按照一定的长度比例尺确定运动副的位置,并用特定的构件和运动副符号及线条绘制出图形,这种表示机构运动特征的简单图形称为机构运动简图。

需要指出的是,机构是在不停地运行的,各构件之间和各运动副之间的相对位置关系也在不断地变化。因此,机构运动简图只能是表达机构某一瞬时各构件和运动副之间的相对位置关系。此外,还可以通过机构运动简图进行运动和动力分析。

1. 机构的组成

根据运动副性质不同,组成机构的构件可分为三类:

(1) 机架　机构中固定不动的构件称为机架,它是用来支撑机构中其他活动构件的。

(2) 主动件　又称原动件。机构中作用了驱动力或力矩的构件,或运动规律已知的构件。

(3) 从动件　机构中随着主动件而运动的其他全部活动构件。

2. 机构运动简图的符号

由于两构件间的相对运动仅与其直接接触部分的几何形状有关,而与构件本身的实际结构无关,为突出运动关系,便于分析、研究,常将运动副和构件用规定的符号来表示。机构运动简图的常用符号,如表 3-2-1 所示。

表 3-2-1　机构运动简图符号

名称	符号	名称	符号
固定构件		外啮合圆柱齿轮机构	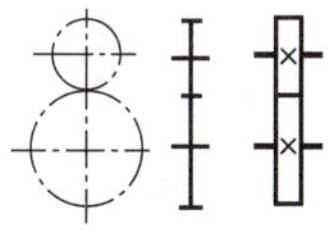
两副元素构件	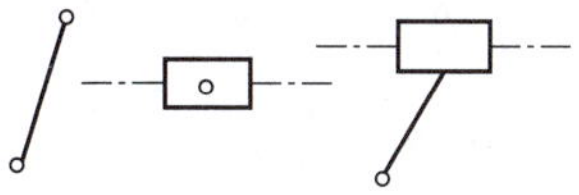	内啮合圆柱齿轮机构	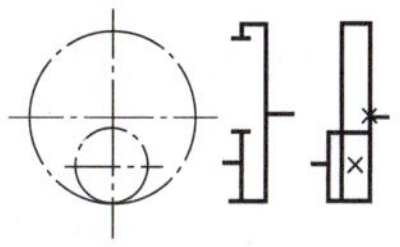
三副元素构件	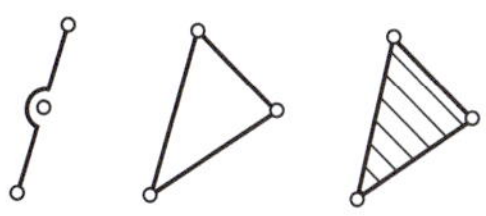	齿轮齿条机构	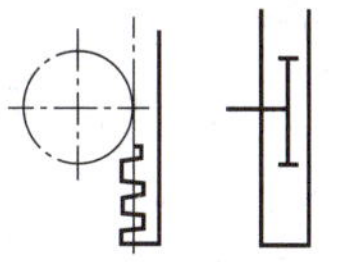
转动副	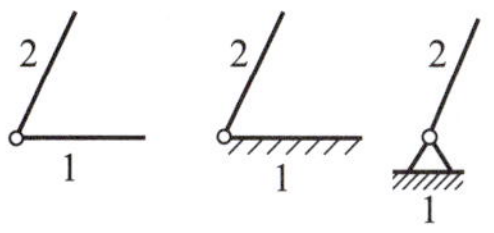	圆锥齿轮机构	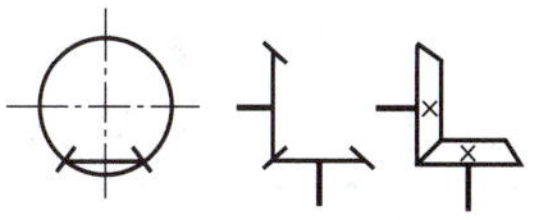
移动副	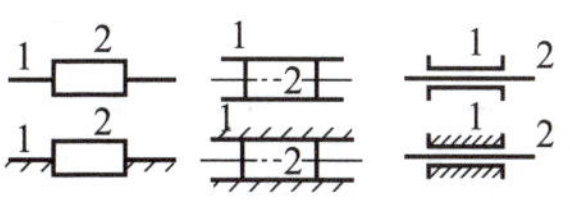	蜗杆蜗轮机构	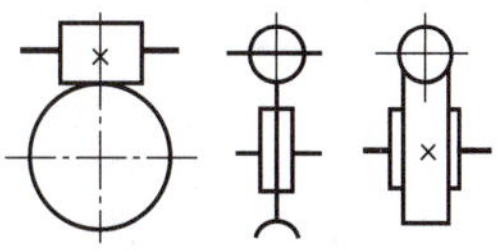

续表

名称	符号	名称	符号
平面高副	C_2 ρ_2 C_1 ρ_1	带传动	类型符号，标注在带的上方。 V带（▽） 圆带（○） 平带（—）
凸轮机构		链传动	

3. 机构运动简图的绘制

绘制平面机构运动简图的步骤如下。

(1) 分析机构的组成和运动情况，找出机构的固定件（机架）、主动构件和从动件。

(2) 从主动件开始，按照运动传递路线，分清构件间相对运动的性质，确定运动副的类型和数目。

(3) 以与机构运动平面相平行的平面作为绘制运动简图的平面，用规定的符号和线条按照比例绘制在此平面上，得到的图形即为机构运动简图。

任务实施

单缸内燃机机构运动简图的绘制

1. 实施场地

理实一体化教室。

2. 实施仪器与用具

单缸内燃机实物或图片（如图3-1-6所示）以及相关制图工具。

3. 计划与实施

观察单缸内燃机机构组成，结合机构运动简图的相关知识，解决下列问题。

(1) 分级讨论，思考下列问题。

① 单缸内燃机有哪几个机构类型？

② 分析机构结构，确定机架、原动件和从动件。

③ 根据各构件之间的相对运动性质，确定运动副的类型和数目。

④ 绘制单缸内燃机构运动简图。

(2) 根据单缸内燃机机构组成情况，完成下列表格。

序号	问题	结 论	
1	单缸内燃机的机构类型		
2	确定机构组成	机架	
		原动件	
		从动件	

项目三 汽车常用机构

续表

序号	问题	结　论		
3	确定运动副的类型和数目	活塞现缸体	运动副类型:(　　)	运动副数目:(　　)个
		活塞与连杆	运动副类型:(　　)	运动副数目:(　　)个
		连杆与曲轴	运动副类型:(　　)	运动副数目:(　　)个
		曲轴小齿轮与缸体	运动副类型:(　　)	运动副数目:(　　)个
		小齿轮与大齿轮	运动副类型:(　　)	运动副数目:(　　)个
		凸轮与顶杆	运动副类型:(　　)	运动副数目:(　　)个
		顶杆	运动副类型:(　　)	运动副数目:(　　)个
4	绘制单缸内燃机机构运动简图			

4．技能考核

请完成"单缸内燃机机构运动简图的绘制"项目实施后，填写下表。

班级		项目名称	
姓名		项目任务名称	
学号		完成时间	
实验项目		实验设备	
单缸内燃机机构运动简图的绘制	完成任务计划与实施表格		
自我评价	良好□　　合格□　　不合格□		
小组评价	良好□　　合格□　　不合格□		组长签名：
教师评价	良好□　　合格□　　不合格□		教师签名：

 小结

1．运动副的概念、基本类型及符号表示。
2．机构的组成及机构运动简图的符号。
3．机构运动简图的绘制方法与步骤。

 拓展训练

一、填空题

1．运动副是指两构件_____并能产生一定_____的连接。

2. 根据组成运动副的两构件的接触形式不同，平面运动副又可分为_____和_____
_____。

3. 汽车车门的铰链连接是属于_____副。

4. 移动副是指两构件在接触处只能相对的_____运动副。

5. 高副是指两构件以_____接触的运动副，汽车中常见的高副接触形式有_____和
_____。

6. 根据运动副性质不同，组成机构的构件可分为三类，即：_____、_____和__
_____。

二、判断题

1. 两构件直接接触而组成的连接就是运动副。（　　）
2. 汽车的车门铰链是属于移动副。（　　）
3. 根据运动副中两构件之间的接触形式不同，运动副可分为低副和高副。（　　）
4. 齿轮机构中啮合的齿轮组成高副。（　　）
5. 高副是点或线接触的运动副，所以承受载荷时单位面积压力较小。（　　）
6. 齿轮传动属于摩擦传动，汽车的车轮运转属于摩擦传动。（　　）
7. 家中连接门和门框的合页采用的是转动副连接。（　　）
8. 机构运动简图可以与原机构有不相同的运动特性。（　　）

三、选择题

1. 两构件之间为点接触或线接触的运动副是（　　）。
   A. 螺旋副　　　　B. 转动副　　　　C. 移动副　　　　D. 高副

2. 两构件间呈（　　）接触的运动副，称为低副。
   A. 面与面　　　　B. 点或线　　　　C. 面与点　　　　D. 面与线

3. 内燃机中活塞与连杆间的连接属于（　　），活塞与缸壁间的连接属于（　　）。
   A. 移动副　　　　B. 转动副　　　　C. 螺旋副　　　　D. 高副

4. 凸轮机构中，凸轮与从动件间的连接属于（　　）。
   A. 移动副　　　　B. 转动副　　　　C. 螺旋副　　　　D. 高副

5. 车轮与钢轨的接触属于（　　）。
   A. 移动副　　　　B. 转动副　　　　C. 螺旋副　　　　D. 高副

6. 如图 3-2-2 所示为电影放映机拉片机构示意图，正确的机构运动简图是（　　）。

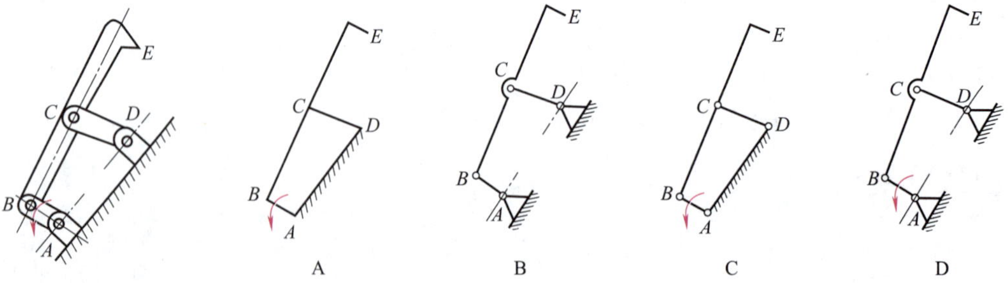

图 3-2-2　电影放映机拉片机构示意图

四、分析与作图题

1. 请画出外啮合圆柱齿轮机构、凸轮机构运动简图符号。
2. 请在图 3-2-3 中指出气缸、活塞、连杆、曲轴、滑动轴承,并指出单缸内燃机中有哪几个运动副。

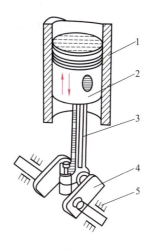

图 3-2-3

任务三　铰链四杆机构在汽车上的应用

任务导入

连杆机构的各构件多呈杆状,常简称为杆。平面连杆机构是由若干个刚性构件,用低副(转动副或移动副)相互连接而组成的在同一平面或相互平行的平面内运动的机构,也称为平面低副机构。平面连杆机构制造简单,易于获得较高的制造精度,在各类汽车和机械中获得广泛使用。但是,低副中存在间隙会引起运动误差,而且低副机构的设计比较复杂,不易精确地实现较复杂的运动规律。平面连杆机构中又以四个构件组成的平面四杆机构用得最多,本任务只介绍铰链四杆机构在汽车上的应用。

任务目标

1. 了解平面四杆机构的类型与应用。
2. 了解铰链四杆机构的组成和特点。
3. 掌握铰链四杆机构的基本特性。
4. 能够正确认识汽车上铰链四杆机构的类型。

> 相关知识

一、平面连杆机构的类型及其应用

平面连杆传动机构是由若干个构件用低副连接并作平面运动的机构。常以它所含的杆数来命名，如四杆机构、五杆机构。最常见的平面连杆机构是平面四杆机构。当四杆机构中运动副都是转动副时，称为铰链四杆机构，它是平面四杆机构中最基本的形式。

铰链四杆机构就是将四个构件用四个转动副组成的机构。如图3-3-1所示，机构中固定不动的构件 AD 称为机架；机构中与机架相连的构件 AB、CD 称为连架杆，连架杆若能绕机架做整周转动则称为曲柄，连架杆只能绕机架在小于360°的范围内做往复摆动则称为摇杆；与两连架杆相连的构件 BC 称为连杆。

铰链四杆
机构组成

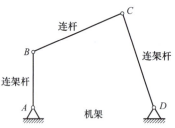

图3-3-1 铰链四杆机构

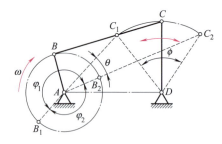

图3-3-2 曲柄摇杆机构

曲柄摇杆
机构

铰链四杆机构有三种基本形式：曲柄摇杆机构、双曲柄机构和双摇杆机构。

1. 曲柄摇杆机构

两个连架杆中一个是曲柄，一个是摇杆的铰链四杆机构称为曲柄摇杆机构，如图3-3-2所示。

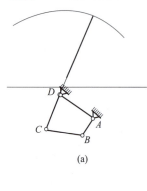

(a)

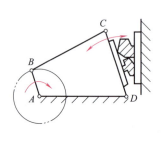

(b)

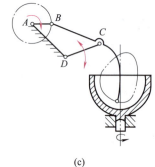

(c)

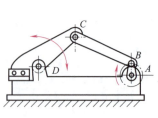

(d)

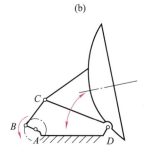

(e)

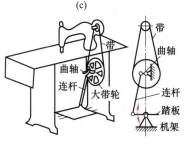

(f)

图3-3-3 曲柄摇杆机构的应用实例

曲柄摇杆机构的作用是将曲柄的整周回转运动转换成摇杆的往复摆动，或者将摇杆的往复摆动转换成曲柄的整周回转运动。如图 3-3-3（a）所示的汽车刮水器，当主动曲柄 AB 转动时，从动摇杆 CD 做往复运动，利用摇杆的延长部分实现刮水功能。

汽车刮水器

此外，如图 3-3-3（b）颚式破碎机，图 3-3-3（c）搅拌机，图 3-3-3（d）剪板机，图 3-3-3（e）雷达天线仰俯角调整机构等，都是曲柄摇杆机构的实际应用。

另外，在曲柄摇杆机构中，当摇杆为主动构件时，可将摇杆的往复摆动，转变成曲柄的连续转动，如图 3-3-3（f）所示的缝纫机脚踏驱动机构就是这种曲柄摇杆机构的实际应用。

2. 双曲柄机构

两个连架杆都是曲柄的铰链四杆机构，称为双曲柄机构，如图 3-3-4 所示。

在双曲柄机构中，当主动曲柄做匀速转动时，从动曲柄做周期性的变速运动，也可以做等速转动。双曲柄机构能将主动曲柄的整周旋转运动，转换为从动曲柄的整周旋转运动。

双曲柄机构

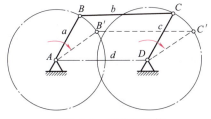

图 3-3-4 双曲柄机构

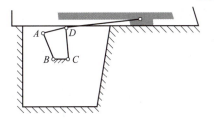

图 3-3-5 惯性筛机构

在双曲柄机构中，若两曲柄的长度不相等，则连杆与机架长度也不相等，此时主动曲柄做匀速转动时，从动曲柄做周期性的变速转动。如图 3-3-5 所示的惯性筛机构就是采用双曲柄机构的这个特点。当主动曲柄 CD 等速回转时，从动曲柄 AB 变速回转，使筛子具有所要求的加速度，筛子中的物料靠惯性达到筛分的目的。

在双曲柄机构中，当两个曲柄的长度相等并且平行时，则四个构件组成了平行四边形，称为平行双曲柄机构，也称为平行四边形机构，如图 3-3-6（a）所示。这种机构两曲柄始终做等速、同向转动，连杆也始终做平动。

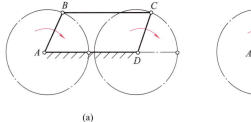
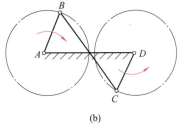

图 3-3-6 平行双曲柄机构与反向双曲柄机构

平行四边形机构在机械中应用广泛。图 3-3-7 所示的天平，它能保证天平盘 1、2 始终处于水平位置。图 3-3-8 所示为机车车轮联动机构，它利用了平行四边形机构两曲柄回转方向相同、角速度相等的特点，使从动车轮与主动车轮具有完全相同的运动，为了防止这种机构在运动过程中变为反向平行双曲柄机构，在机构中增设了一个辅助构件（曲柄 EF）。

若两个曲柄的长度相等但不平行时,则称为反向双曲柄机构,如图 3-3-6(b)所示。如图 3-3-9 所示的公共汽车的车门启闭机构就是反向双曲柄机构的应用。

机车联动机构

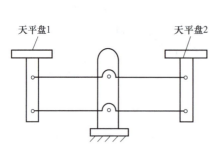
图 3-3-7 天平机构

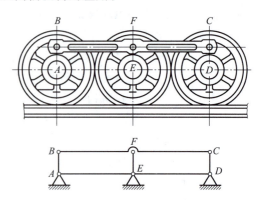
图 3-3-8 机车车轮联动机构

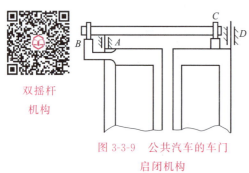
图 3-3-9 公共汽车的车门启闭机构

3. 双摇杆机构

两个连架杆均为摇杆的铰链四杆机构,称为双摇杆机构。图 3-3-10(a)所示为电风扇摇头机构,摇头机构 ABCD 是双摇杆机构。电动机安装在摇杆 4 上,铰链 A 处装有一个与连杆 1 固接成一体的蜗轮,蜗轮与电动机轴上的蜗杆相啮合。电动机转动时,通过蜗杆和蜗轮迫使连杆 1 绕转动副 A 做 360°整圆周运动,此时主动构件是连杆,从而使连架杆(摇杆)2 和 4 做往复摆动,达到摇头的目的。

如图 3-3-10(b)所示为颚式起重机,其中的四杆机构 ABCD 即为双摇杆机构,摇杆 CD 摆动时,连杆 BC 上悬挂的重物在近似水平直线上移动,这样可以避免因重物不必要的提升而消耗能量。

如图 3-3-10(c)所示飞机起落架机构是双摇杆机构的实际应用。连架杆 AB 和 CD 均为摇杆,飞机起飞后,AB 杆逆时转动,CD 杆连接的轮子收起;而飞机降落后,AB 杆顺时针转动,CD 杆连接的轮子放下。

如图 3-3-10(d)所示汽车前轮转向机构是双摇杆机构(又称等腰梯形机构)的实际应用。它能使与摇杆相连的两前轮转过的角度不同,这样就能保证汽车转向时所有车轮的轴线都相交于一点,以此实现转向时所有车轮的纯滚动,从而避免了轮胎由于滑动所引起的磨损,增加了车轮转向的稳定性。

4. 铰链四杆机构的演化

含有一个移动副的四连杆机构是以铰链四杆机构为基础,把一个转动副演变成移动副而成的机构。引导滑块移动的构件称为导杆。含有一个移动副的四连杆机构有曲柄滑块机构、曲柄导杆机构、曲柄摇块机构和移动导杆机构等。

偏置曲柄滑块机构

(1)曲柄滑块机构 在四连杆机构中有一个连架杆为曲柄,另一连架杆相对于机架做往复移动而成为滑块时,该四连杆机构便称为曲柄滑块机构,如图 3-3-11 所示。当曲柄 AB 做圆周运动时,滑块 C 在连杆 BC 的带动下做直线往复运动。图 3-3-11(a)所示为对心曲柄滑块机构,图 3-3-11(b)所示为偏置

项目三　汽车常用机构

曲柄滑块机构。曲柄滑块机构广泛应用于内燃机、空气压缩机、冲床和自动送料机等机械设备中，图 3-3-12 所示是曲柄滑块机构在内燃机上的应用，图 3-3-13 所示是曲柄滑块机构在冲床上的应用。

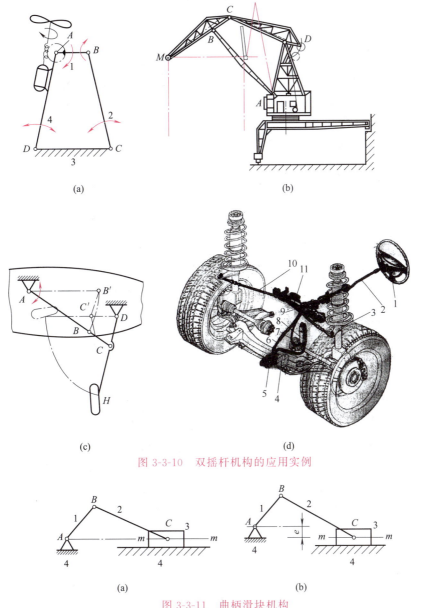

起重机

图 3-3-10　双摇杆机构的应用实例

图 3-3-11　曲柄滑块机构

1—曲柄；2—连杆；3—滑块；4—机架

摆动导杆机构

（2）导杆机构　在图 3-3-14（a）所示的四杆机构中，杆 2 的长度小于机架 1 的长度，杆 2 可以绕机架 1 做整圆周转动，即为曲柄，但导杆 4 则只能做摆动，故该机构称为曲柄摆动导杆机构。3-3-14（b）所示的牛头刨床是该机构的应用实例。在图 3-3-14（b）所示的四杆机构中，曲柄 2 的长度大于机架 1 的长度，曲柄 2 和导杆 4 都可以绕机架 1 做整圆周转动，该机构称为曲柄转动导杆机构，如图 3-3-15（a）所示。图 3-3-15（b）所示简易刨床是该机构的应用实例。

转动导杆机构

（3）曲柄摇块机构　如图3-3-16（a）所示，杆1的长度小于机架4的长度，能够相对于机架4做整圆周运动，即为曲柄；而导杆2只能相对于机架4在一定角度内摆动，导杆2与滑块3组成移动副，滑块3与机架4组成转动副，滑块3只能做定轴转动，所以称为曲柄摇块机构。3-3-16（b）所示自卸卡车的举升机构就是该机构的应用实例。

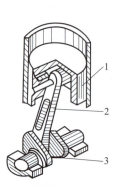

图3-3-12　曲柄滑块机构内燃机上的应用

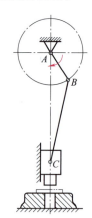

图3-3-13　曲柄滑块机构在冲床上的应用

龙门刨床机构

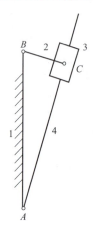

(a) 曲柄摆动导杆机构

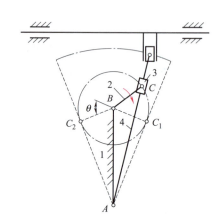

(b) 牛头刨床机构

图3-3-14　曲柄摆动导杆机构及应用

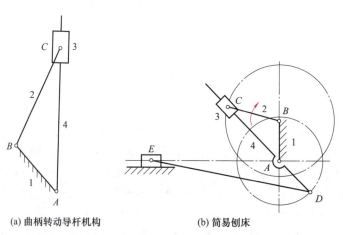

(a) 曲柄转动导杆机构　　(b) 简易刨床

图3-3-15　曲柄转动导杆机构及应用

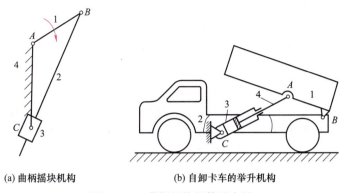

(a) 曲柄摇块机构　　　　(b) 自卸卡车的举升机构

图 3-3-16　曲柄摇块机构及应用

（4）移动导杆机构　在图 3-3-17（a）所示的四杆机构中，曲柄 1 的长度小于连杆 2 的长度，这种机构一般以曲柄 1 为主动构件，连杆 2 绕 C 点摆动，而导杆 4 相对于滑块 3（称为定块）做上下往复移动，故称为固定滑块机构或移动导杆机构。图 3-3-17（b）所示的手动抽水唧筒就是移动导杆机构的应用实例，图 3-3-17（c）所示为手动抽水唧筒的机构运动简图。

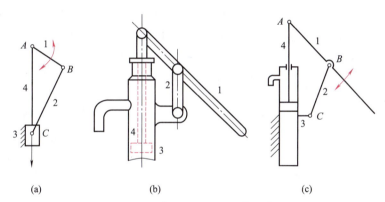

图 3-3-17　曲柄移动导杆机构及应用

二、平面四杆机构的基本特性

1. 铰链四杆机构存在曲柄的条件

铰链四杆机构三种基本形式的区别在于连架杆是否有曲柄。由于用低副连接的两构件无论固定其中哪一个，其相对运动不变，根据四杆机构的演化原理，存在曲柄的充要条件如下：

① 最长杆与最短杆的长度之和小于或等于其余两杆长度之和；

② 最短杆或其相邻杆为机架。

根据曲柄存在的条件可知：

① 当最长杆与最短杆长度之和大于其余两杆之和时，只能得到双摇杆机构；

② 当最长杆与最短杆长度之和小于或等于其余两杆长度之和时，最短杆为机架时，得到双曲柄机构；最短杆的相邻杆为机架时，得到曲柄摇杆机构；最短杆的相对杆为机架时，得到双摇杆机构。

2. 平面四杆机构的运动特性

(1) 平面四杆机构的极位、极位夹角、最大摆角 以图3-3-18所示的曲柄摇杆机构为例,当曲柄为原动件时,摇杆做往复摆动的左、右两个极限位置,称为极位;曲柄在摇杆处于两极位时的对应位置所夹的锐角称为极位夹角,用 θ 表示;摇杆的两个极位所夹的角度称为最大摆角,用 ψ 表示。

(2) 急回特性 图3-3-18中,当主动曲柄顺时针从 AB_1 转到 AB_2 转过角度 $\varphi_1 = 180°+\theta$,摇杆从 C_1D 转到 C_2D,时间为 t_1,C 点的平均速度为 v_1。曲柄继续顺时针从 AB_2 转到 AB_1,转过角度 $180°-\theta$,摇杆从 C_2D 回到 C_1D,时间为 t_2,C 点的平均速度为 v_2,曲柄是等速转动,其转过的角度与时间成正比,因 $\varphi_1 > \varphi_2$,故 $t_1 > t_2$,由于摇杆往返摆动角度相同,而时间不同,$t_1 > t_2$,所以,$v_2 > v_1$,说明当曲柄等速转动时,摇杆来回摆动的速度不同,返回速度较大,机构的这种性质称为机构的急回特性,通常用行程速度变化系数 K 来表示这种特性,即

$$K = \frac{180°+\theta}{180°-\theta} \tag{3-3-1}$$

$$\theta = 180° \frac{K-1}{K+1} \tag{3-3-2}$$

式(3-3-1)表明,机构的急回程度取决于极位夹角的大小,只要 θ 不等于零,即 $K>1$,则机构具有急回特性,θ 越大,K 值越大,机构的急回作用就越显著。

在实际工作中,常利用机构的急回特性来缩短空回行程时间,提高生产效率。如牛头刨床中退刀速度明显高于工作速度,就是利用了摆动导杆机构的急回特性。

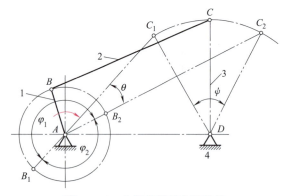

图3-3-18 曲柄摇杆的急回特性

三、平面四杆机构的传力特性

平面四杆机构在生产中需要同时满足机器传递运动和动力的要求,具有良好的传力性能可以使机构运转轻快,提高生产效率。要保证所设计的机构具有良好的传力性能,应从以下几个方面加以注意。

1. 压力角和传动角

衡量机构传力性能的特性参数是压力角。在不计摩擦力、惯性力和杆件的重力时,从动件上受力点的速度方向与所受作用力方向之间所夹的锐角,称为机构的压力角,用 α 表示;它的余角 γ 称为传动角。

图3-3-19所示曲柄摇杆机构中,不考虑构件的重量和摩擦力,则连杆是二力杆,主动曲柄通过连杆传给从动杆的力 F 沿 BC 方向。受力点 C 的速度方向与 F 所夹的锐角即为机构在此位置的压力角 α,F 可分解为:

沿 C 点速度方向的有效分力 $F_t = F\cos\alpha = F\sin\gamma$

沿杆方向的有害分力 $F_n = F\sin\alpha = F\cos\gamma$

显然 α 越小或者 γ 越大,有效分力越大,对机构传动越有利。α 和 γ 是反映机构传动性能的重要指标。由于 γ 角更便于观察和测量,工程上常以传动角来衡量连杆机构的传动性能。

在机构运动过程中，压力角和传动角的大小是随机构位置而变化的，为保证机构的传力性能良好，设计时须限定最小传动角或最大压力角。通常取 $\gamma_{min} \geqslant 40° \sim 50°$。为此，必须确定 $\gamma = \gamma_{min}$ 时机构的位置并检验 γ_{min} 的值是否小于上述的最小允许值。

铰链四杆机构在曲柄与机架共线的两位置处将出现最小传动角。

对于曲柄滑块机构，当主动件为曲柄时，最小传动角出现在曲柄与机架垂直的位置，如图 3-3-20 所示。

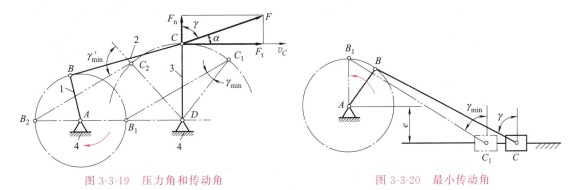

图 3-3-19　压力角和传动角

图 3-3-20　最小传动角

2. 死点

如图 3-3-21 所示的曲柄摇杆机构中，当摇杆为主动件时，在曲柄与连杆共线的位置出现传动角等于零的情况，这时不论连杆 BC 对曲柄 AB 的作用力有多大，都不能使杆 AB 转动，机构的这种位置（图中虚线所示位置）称为死点。机构在死点位置，出现从动件转向不定或者卡死不动的现象，如缝纫机踏板机构采用曲柄摇杆机构，它在死点位置，出现从动件曲柄倒、顺转向不定 [图 3-3-22（a）] 或者从动件卡死不动 [图 3-3-22（b）] 的现象。曲柄滑块机构中，以滑块为主动件、曲柄为从动件时，死点位置是连杆与曲柄共线位置。

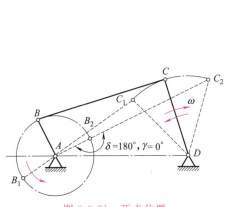

图 3-3-21　死点位置

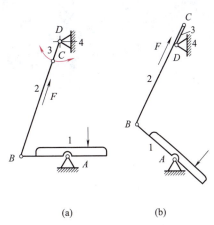

图 3-3-22　缝纫机踏板机构的死点位置

对传动而言，机构设计中应设法避免或通过死点位置，工程上常利用惯性法使机构渡过死点，缝纫机利用皮带轮的惯性使机构渡过死点。对有夹紧或固定要求的机构，则可在设计中利用死点的特点来达到目的。如图 3-3-23 所示的飞机起落架，当机轮放下时，BC 杆与 CD 杆共线，机构处在死点位置，地面对机轮的力会使 CD 杆转动，使飞机降落可靠。

图 3-3-24 所示的夹具，工件夹紧后 BCD 成一条线，工作时工件的反力再大，也不能使机构反转，使夹紧牢固可靠。

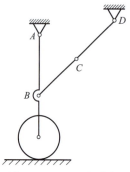

图 3-3-23　飞机起落架

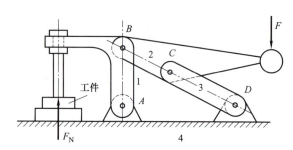

图 3-3-24　夹紧机构

任务实施

铰链四杆机构在汽车上的应用认识

1. 实施场地

汽车综合实训中心。

2. 实施仪器与用具

四轮转向系统试验台，如图 3-3-25 所示，图 3-3-26 为汽车前轮转向系统运动简图。

图 3-3-25　汽车四轮转向系统

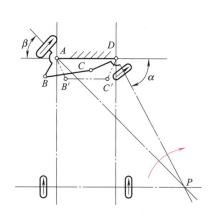

图 3-3-26　汽车前轮转向系统运动简图

3. 计划与实施

观察汽车前轮转向机构实物，如图 3-3-25 所示。结合铰链四杆机构的相关知识，分析铰链四杆机构在汽车上的应用。

（1）分组讨论，思考下列问题。

① 铰链四杆机构曲柄存在的条件。

② 汽车前轮转向机构中是否存在曲柄。

③ 确定汽车前轮转向机构的类型。

④ 在汽车上转动方向盘证实一下，左、右两前轮能整周回转吗？

（2）分析铰链四杆机构在汽车上的应用，完成下列表格。

序号	机构名称	问题	结论
1	汽车前轮转向机构	机构类型	
		机构特点	
		机构运动简图	
2	汽车雨刮器机构	机构类型	
		机构特点	
		机构运动简图	
3	汽车发动机曲柄连杆机构	机构类型	
		机构特点	
		机构运动简图	
4	公共汽车的车门启闭机构	机构类型	
		机构特点	
		机构运动简图	

4. 技能考核

请完成四杆机构在汽车上的应用后，填写下表。

班级		项目名称	
姓名		项目任务名称	
学号		完成时间	
实践项目		实践设备	
铰链四杆机构在汽车上的应用认识	完成任务计划与实施表格		
自我评价	良好□　合格□　不合格□		
小组评价	良好□　合格□　不合格□		组长签名：
教师评价	良好□　合格□　不合格□		教师签名：

小结

1. 铰链四杆机构曲柄存在的条件是：最短杆与最长杆之和小于或等于其他两杆长度之和；连架杆与机架中，必有一个是最短杆。

2. 铰链四杆机构的基本类型有曲柄摇杆机构（连架杆之一为最短杆）、双曲柄机构（机架为最短杆）以及双摇杆机构（连杆为最短杆，或最短杆与最长杆之和大于其他两杆长度之和）。

3. 铰链四杆机构的特性之一，急回特性是指空回行程时的平均速度大于工作行程时的平均运动速度，即，行程速度变化系数 $K>1$，极位夹角 $\theta\neq 0°$ 时，机构具有急回特性。在实际工作中，常利用机构的急回特性来缩短空回行程时间，提高生产效率。对心曲柄滑块机构，因 $\theta=0°$，则 $K=1$，机构无急回特性；而对偏置式曲柄滑块机构和摆动导杆机构，$\theta\neq 0°$，则 $K>1$，机构有急回特性。

4. 铰链四杆机构的特性之二，死点位置。当摇杆为主动件时，在曲柄与连杆共线的位置出现传动角等于零的情况，这时不论连杆对曲柄的作用力有多大，都不能使杆曲柄转动，机构的这种位置称为死点。

5. 铰链四杆机构的演化形式有曲柄滑块机构、导杆机构、曲柄摇块机构以及移动导杆机构等。

拓展训练

一、填空题

1. 平面连杆机构是由一些刚性构件用_____和_____相互连接而组成的，在同一平面或相互平行的平面内运动的机构。

2. 铰链四杆机构是指构件间相连的运动副均为_____的平面连杆机构。其基本类型有_____、_____和_____三种。

3. 两连架杆中，一个为_____，一个为_____的铰链四杆机构称为曲柄摇杆机构；两连架杆均为_____的铰链四杆机构称为双曲柄机构；两连架杆均为_____的机构称为双摇杆机构。

4. 汽车上的双雨刮器采用的是_____机构；飞机的起落架采用的是_____机构；火车的车轮传动机构是_____机构。

5. 四杆机构的急回特性取决于_____的大小，θ 角越大，K 值越大，机构的急回特性越_____，若 $\theta=0°$，则 $K=1$，机构_____。

6. 将飞轮安装在曲轴上，利用飞轮的_____，使机构顺利通过_____，也确保了曲轴的连续工作。

7. 曲柄滑块机构是含有_____的平面四杆机构，是由曲柄摇杆演化而来的。

8. 当车辆转弯时，左右两前轮摆动的角度不相等，这样使车轮做纯滚动，减少了转弯时轮胎相对地面滑动时的磨损，这主要是应用了_____机构。

二、判断题

1. 曲柄摇杆机构中的曲柄和连杆都属于连架杆。（　　）
2. 火车轮传动机构中两曲柄的旋转方向与角速度恒相等。（　　）
3. 在内燃机工作时，应用的曲柄滑块机构，曲柄为主动件。（　　）
4. 双曲柄机构中，通常主动曲柄做匀速运动，从动曲柄做同向匀速运动。（　　）
5. 曲柄滑块机构的上、下止点位置，也是两个"死点"位置。（　　）
6. 曲柄摇杆机构以曲柄为主动件时就一定存在急回特性。（　　）
7. 机构处于死点位置时，从动件和整个机构静止不动或产生运动不确定的现象。（　　）

8. 使机构越过死点位置而连续运动，可采用死点位置互相错开的几个曲柄滑块机构共同控制一个从动曲柄的方法。（ ）

9. 拖拉机在卸货时，主要利用导杆机构可以自动翻转卸货。（ ）

10. 公交车车门上运用的是反向双曲柄机构。（ ）

11. 铰链四杆机构存在曲柄的条件：最短杆与最长杆长度之和大于其余两杆长度之和，并且最短杆为机架或连架杆。（ ）

三、选择题

1. 铰链四杆机构中与机架相连，并能实现360°旋转的构件是（ ）。
   A. 曲柄   B. 摇杆   C. 连杆   D. 机架

2. 铰链四杆机构中与机架相连，只有在一定的角度内进行摆动的构件是（ ）。
   A. 曲柄   B. 摇杆   C. 连杆   D. 机架

3. 汽车前轮转向机构采用了（ ）机构。
   A. 曲柄摇杆   B. 平行双曲柄   C. 反向双曲柄   D. 双摇杆

4. 活塞式内燃机运用了（ ）机构。
   A. 曲柄滑块   B. 平行双曲柄   C. 反向双曲柄   D. 双摇杆

5. 在曲柄摇杆机构中，最短的构件是（ ）。
   A. 曲柄   B. 摇杆   C. 连杆   D. 机架

6. 当行程速度变化系数为（ ）时，曲柄摇杆机构才有急回特性。
   A. $K>1$ B. $K<1$ C. $K=1$ D. $K=0$

7. 下列关于死点位置的描述中，错误的是（ ）。
   A. 死点位置就是连杆与从动件处于共线的位置
   B. 在主动件上加大驱动力可通过死点位置
   C. 驱动力对从动件的回转力矩为零
   D. 机架处于死点位置时，从动件将出现运动方向不确定或卡死现象

8. 下列关于通过死点位置的描述中，错误的是（ ）。
   A. 利用从动件的自重或者添加飞轮   B. 增加辅助机构
   C. 机构错列   D. 在主动件上加大驱动力

9. 将曲柄摇杆机构的（ ）长度取无穷大时，曲柄摇杆机构中的（ ）将转化为沿直线运动的滑块，成为曲柄滑块机构。
   A. 曲柄   B. 摇杆   C. 连杆   D. 机架

10. 铰链四杆机构最短杆与最长杆的长度之和大于其他两杆的长度之和时，机构（ ）。
    A. 有曲柄存在   B. 不存在曲柄
    C. 有时有曲柄有时没曲柄   D. 以上答案均不对

四、简答题

1. 铰链四杆机构存在曲柄的条件是什么？
2. 判别图 3-3-27 所示铰链四杆机构属哪种基本类型。

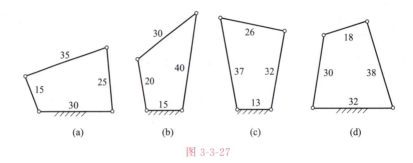

图 3-3-27

任务四 汽车发动机配气机构分析

任务导入

配气机构是发动机的两大机构之一。其按照发动机每一气缸内所进行的工作循环和点火次序的要求,定时开启和关闭各气缸的进、排气门。汽车的配气机构主要采用了凸轮机构,结合凸轮机构的相关知识对配气机构进行分析。

任务目标

1. 了解凸轮机构的组成和类型。
2. 掌握凸轮机构的基本参数及从动件的运动规律。
3. 学会分析汽车凸轮机构的运动。

一、凸轮机构的应用

如图 3-4-1 所示为内燃机气阀启闭的凸轮机构,当凸轮机构连续旋转时,从动杆进行断续的摆动,从而控制气阀的启闭,图 3-4-2 所示为绕线机中用于绕线的凸轮机构。当绕线轴 3 快速转动时,经蜗杆、蜗轮传动带动凸轮 1 缓慢转动,通过凸轮轮廓与尖顶 A 之间的作用,驱使从动杆 2 往复摆动,从而使线均匀地缠绕在线轴上。图 3-4-3 所示为靠模车削机构,工件 1 回转,凸轮 3 作为靠模被固定在床身上,刀架 2 在弹簧作用下做横向移动,从而切削出与靠模板轮廓一致的工件。

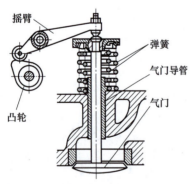

图 3-4-1 内燃机配气机构示意图

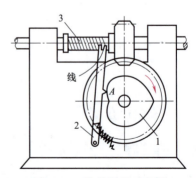

图 3-4-2 绕线机构示意图
1—凸轮;2—从动杆;3—绕线轴

二、凸轮机构的分类

根据凸轮和从动件的不同形状和运动形式,凸轮机构有下面几种分类方式。

1. 按照凸轮的形状分类

(1) 盘形凸轮 盘形凸轮是凸轮的最基本形式。这种凸轮是一种绕固定轴转动并且具有变化向径的盘形构件,机构的从动件在垂直于凸轮轴的平面内运动。这种凸轮机构结构简单,易于加工,应用广泛,但是从动件的行程不能太长,如图3-4-4所示。

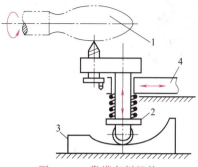

图 3-4-3 靠模车削机构
1—工件;2—刀架;3—凸轮;4—拖板

图 3-4-4 盘形凸轮

图 3-4-5 平板移动凸轮

图 3-4-6 圆柱凸轮

(2) 平板移动凸轮 移动凸轮是相对机架做直线运动的平板状构件。它可看作是当盘形凸轮回转中心趋于无穷大时,凸轮相对机架进行直线运动,如图3-4-5所示。

(3) 圆柱凸轮 凸轮的轮廓曲线位于圆柱面上,可视为将移动凸轮卷成圆柱体而得,圆柱凸轮绕固定轴转动,从动轮的运动平面与凸轮轴平行,如图3-4-6所示。

2. 按照从动件的形状分类

(1) 尖顶从动件 尖顶从动件与凸轮保持点接触,可实现任意的运动规律,结构最为简单,但尖顶易磨损,所以适用于低速、轻载的场合,如图3-4-7所示。

(2) 滚子从动件 滚子从动件与凸轮为滚动摩擦,磨损小,承载能力大,但是运动规律有一定的限制,且滚子与转轴之间有间隙,所以不适用于高速的应用场合,如图3-4-8所示。

(3) 平底从动件 平底从动件凸轮机构结构紧凑,润滑性能和动力性能好,效率高,故适用于高速的场合,但是凸轮轮廓曲线不能呈凹形,因此运动规律受到较大限制,如图3-4-9所示。

图 3-4-7 尖顶从动件

图 3-4-8 滚子从动件

图 3-4-9 平底从动件

尖顶对心凸轮机构

尖顶偏心凸轮机构

滚子对心凸轮机构

滚子偏心凸轮机构

平底对心凸轮机构

平底偏心凸轮机构

平底移动
凸轮

3. 按照从动件运动形式分类

（1）直动从动件　移动从动件相对于机架做往复直线运动，如图 3-4-10 所示。

（2）摆动从动件　摆动从动件相对于机架做往复摆动，如图 3-4-11 所示。

图 3-4-10　直动从动件　　　　　　　图 3-4-11　摆动从动件

三、凸轮机构的基本参数及运动过程

如图 3-4-12（a）所示为一对心直动尖顶从动件盘形凸轮机构。

凸轮轮廓
曲线设计

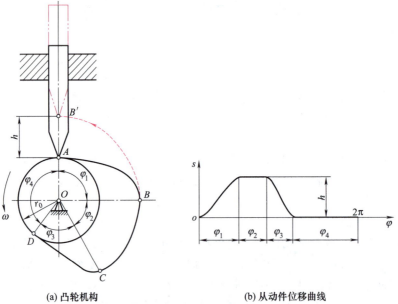

(a) 凸轮机构　　　　　　　　(b) 从动件位移曲线

图 3-4-12　凸轮机构和从动件位移曲线

1. 基圆

以凸轮回转中心为圆心，以轮廓的最小向径为半径所作的圆称为基圆，基圆半径用 r_0 表示。当凸轮处于图示位置时，凸轮转角为零，从动件位移为零，从动件尖顶位于离轴心 O 最近的位置，称为起始位置。

2. 推程及从动件的升程

当凸轮以等角速度 ω 逆时针转过 φ_1 时，凸轮轮廓 AB 段按照一定的运动规律将从动件尖顶由起始位置 A 推到最远位置 B'，这一过程称为推程，而与推程相对的凸轮转角 φ_1 称为推程运动角，从动件移动的距离 h 称为从动件的升程。

3. 远休及远休止角

凸轮继续转过 φ_2 时，由于轮廓 BC 段为一向径不变的圆弧，从动件停留在最远处不动，此过程称为远休，对应的凸轮转角 φ_2 称为远休止角。

4. 回程及回程角

当凸轮继续转过 φ_3 角时，凸轮向径由最大减至 r_0，从动件从最远处回到基圆上的 D 点，此过程称为回程，对应的凸轮转角 φ_3 称为回程角。

5. 近休及近休止角

当凸轮继续转过 φ_4 角时，由于轮廓 DA 段为向径不变的基圆圆弧，从动件继续停在距轴心最近处不动，此过程称为近休，对应的凸轮转角 φ_4 称为近休止角。

此时，凸轮刚好转过一圈，机构完成一个工作循环，从动件则完成一个"升→停→降→停"的运动循环。

6. 位移曲线

当凸轮逆时针转过 φ 时，从动件就产生一个位移 s。横坐标表示凸轮的转角，纵坐标表示从动件的位移，把从动件位移随凸轮转角的变化关系用曲线描绘出来就得到位移曲线，如图 3-4-12（b）所示。

7. 压力角

如图 3-4-13 所示，压力角 α 是在从动件与凸轮的接触点，从动件的受力方向线（凸轮轮廓曲线的法线）与速度方向之间的夹角。凸轮机构的压力角随凸轮的转动不停地变化，凸轮从动件的力 F_n 可以分解成沿从动件运动方向的分力 F_y 和沿接触点处凸轮的速度方向的分力 F_x。F_y 是推动从动件运动的有效分力，而 F_x 只能使从动件与支承处的正压力增大，摩擦阻力增大，是有害分力。压力角 α 越大，则有效分力 F_y 越小，而有害分力 F_x 越大。当 α 增大到一定值时，有效分力 F_y 已不能克服 F_x 所引起的摩擦阻力，从动件将会卡死。为了保证凸轮机构正常工作，并具有较高的传动效率，必须限制凸轮的最大压力角不得超过许用值 $[\alpha]$。对于移动从动件凸轮机构，推杆在推程时 $[\alpha] \leq 30°$，在回程时 $[\alpha] \leq 70°$。

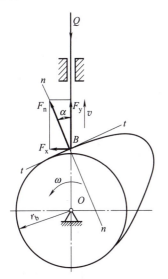

图 3-4-13　凸轮机构的压力角

图 3-4-14　汽车发动机配气机构的凸轮轴

四、凸轮轴

在汽车发动机配气机构中，凸轮尺寸小而且紧凑时，凸轮与轴做成一体，称为凸轮轴，如图 3-4-14 所示。凸轮轴的作用是按照发动机的工作顺序、配气相位及气门开度的变化规律驱动和控制气门的开启和关闭。

从动件在运动过程中，其位移速度 v、加速度 a 随时间 t（或凸轮转角）的变化规律，称为从动件的运动规律。由此可见，从动件的运动规律完全取决于凸轮的轮廓形状。工程中，从动件的运动规律通常是由凸轮的使用要求确定的。因此，根据实际要求的从动件运动规律所设计凸轮的轮廓曲线，完全能实现预期的生产要求。

五、从动件常用的运动规律

常用的从动件运动规律有等速运动规律、等加速-等减速运动规律、余弦加速度运动规律以及正弦运动规律等。

1. 等速运动规律

从动件推程或回程的运动速度为常数的运动规律，称为等速运动规律。其运动线图如图 3-4-15 所示。

由图可知从动件在推程（或回程）开始和终止的瞬间，速度有突变，其加速度和惯性力在理论上为无穷大，致使凸轮机构产生强烈的冲击、噪声和磨损，这种冲击为刚性冲击。因此，等速运动规律只适用于低速、轻载的场合。

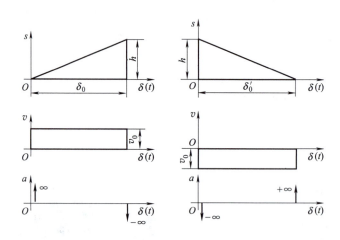

图 3-4-15　等速运动

2. 等加速-等减速运动规律

从动件在一个行程 h 中，前半行程做等加速运动，后半行程做等减速运动，这种规律称为等加速-等减速运动规律。通常加速度和减速度的绝对值相等，其运动线图如图 3-4-16 所示。

由运动线图可知，这种运动规律的加速度在 A、B、C 三处存在有限的突变，因而会在机构中产生有限的冲击，这种冲击称为柔性冲击。与等速运动规律相比，其冲击程度大为减小。因此，等加速-等减速运动规律适用于中速、中载的场合。

以上介绍了2种从动件常用的运动规律，实际生产中还有更多的运动规律，如复杂多项式运动的规律、改进型运动规律等。

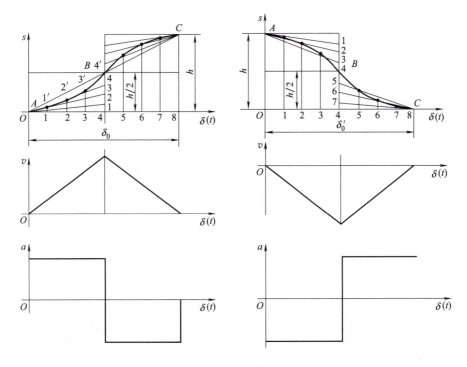

图 3-4-16 等加速-等减速运动

任务实施

汽车发动机配气机构分析

1. 实地场地

汽车发动机拆装实训室。

2. 实施仪器与用具

六缸四冲程发动机,发动机专用拆装工具。

3. 计划与实施

发动机配气机构主要由凸轮轴构成,凸轮轴主要由各缸凸轮和轴颈组成,如图 3-4-17 所示为六缸四冲程汽油机凸轮轴。凸轮分为进气凸轮和排气凸轮两种,分别驱动进气门和排气门,使其按一定的工作顺序和配气相位及时开闭,并具有足够的气门升程。凸轮轴的轴颈一般都大于凸轮的轮廓,并从前向后依次减小,以便拆装。凸轮轴的前端装有正时齿轮或同步齿形带等。

(1) 分组讨论,思考下列问题。

① 配气机构的凸轮是哪种形式?

② 配气机构中从动件属于哪种类型?

③ 凸轮和其支承轴是可分离的吗?

④ 凸轮在机构中是主动件吗?

(2) 根据六缸四冲程汽油机凸轮轴的结构,结合凸轮机构的相关知识,完成下列表格。

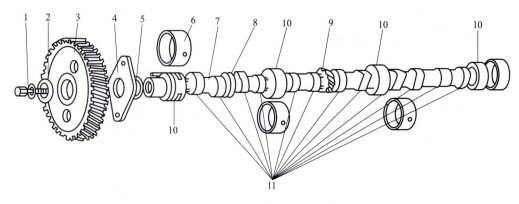

图 3-4-17 六缸四冲程汽油机凸轮轴

1—螺栓；2—垫圈；3—正时齿轮；4—止推片；5—隔圈；6—衬套；7—凸轮轴；8—驱动汽油泵的偏心轮；
9—驱动分电器等的交错轴斜齿轮；10—凸轮轴轴颈；11—凸轮

序号	问题	结 论		
1	按凸轮的形状不同分类	□盘形凸轮	□移动凸轮	□圆柱凸轮
2	按从动件的结构形式分类	□尖顶从动件	□滚子从动件	□平底从动件
3	按从动件的运动形式分类	□直动从动件	□摆动从动件	
4	凸轮和其支承轴的关系	□可分离	□不可分离	
5	凸轮机构中的主动件	□凸轮	□顶杆	

4．技能考核

根据"汽车发动机配气机构分析"情况，填写下表。

班级		项目名称	
姓名		项目任务名称	
学号		完成时间	
实践项目		实践设备	
汽车发动机配气机构分析	完成任务计划与实施表格		
自我评价	良好□　　合格□　　不合格□		
小组评价	良好□　　合格□　　不合格□		组长签名：
教师评价	良好□　　合格□　　不合格□		教师签名：

小结

1．凸轮机构由凸轮、从动件以及机架三个基本构件组成，其作用主要是将凸轮的连续转动转化成从动推杆的往复移动或摆动。

2．凸轮机构中从动件的运动规律常见的有等速运动规律和等加速-等减速运动规律。当从动件的运动改变方向时，等速运动规律的凸轮机构会引起刚性冲击；等加速-等减速运动规律的凸轮机构会引起柔性冲击。

3. 凸轮机构结构简单紧凑，工作可靠，可使从动件获得任意预期的运动规律。凸轮副是点或线接触的高副机构，接触应力较大，不便于润滑，易磨损。所以，凸轮机构通常用于传力不大的调节机构或控制机构中。

拓展训练

一、填空题

1. 凸轮机构是由_____、_____和_____三个基本构件组成。
2. 根据凸轮的形状不同分类，凸轮可分为_____凸轮、_____凸轮和_____凸轮等。
3. 具有径向轮廓尺寸变化并绕其轴线旋转的凸轮，称为_____。
4. 根据从动件的末端形状不同，有_____从动件、_____从动件和_____从动件。
5. 尖顶从动件凸轮机构结构简单，且能与复杂的_____保持点或线接触，因而从动杆可实现复杂的运动规律。
6. 滚子从动件凸轮机构，凸轮与从动件为_____摩擦，不易磨损，因此承载能力_____，但运动规律有一定的限制。

二、判断题

1. 凸轮机构能将主动件的旋转运动转化为从动件的直线往复运动。（　　）
2. 圆柱凸轮可使从动件有较大的运动行程，制造困难。（　　）
3. 具有径向轮廓尺寸变化并绕其轴线旋转的凸轮，称为盘形凸轮。（　　）
4. 发动机配气机构的弹簧作用是使气门组件紧贴凸轮的轮廓曲线。（　　）
5. 凸轮机构在许多自动化或半自动化机械中应用十分广泛。（　　）
6. 轮廓曲线位于圆柱端部并绕其轴线的凸轮，称为移动凸轮。（　　）
7. 尖顶从动件与凸轮接触摩擦力较小，故可用来传递较大动力的高速凸轮机构。（　　）
8. 丰田车的发动机气门结构主要以平底从动件形式。（　　）
9. 凸轮与从动件（杆或滚子）之间以点或线接触，不便于润滑，易磨损。（　　）
10. 凸轮机构由于传力不大，因此广泛运用于自动机械、仪表等。（　　）
11. 滚子从动件的缺点是运动规律有一定的局限性，不宜做高速运动。（　　）

三、选择题

1. 发动机凸轮机构中，主动件通常做（　　）。
   A. 等速转动或移动　　B. 变速运动　　C. 变速移动　　D. 直线运动
2. 内燃机的配气机构采用了（　　）。
   A. 凸轮机构　　B. 铰链四杆机构　　C. 齿轮机构　　D. 蜗杆机构
3. 用于传递动力不大，但用于低速传动的是（　　）。
   A. 平底从动件　　B. 尖顶从动件　　C. 滚子从动件　　D. 曲面从动件

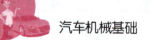

4. 用于传递较大动力,但不宜用于高速传动的是（　　）。
 A. 平底从动件　　　B. 尖顶从动件　　C. 滚子从动件　　D. 曲面从动件
5. 凸轮机构中,从动件构造最简单的是（　　）。
 A. 平底从动件　　　B. 尖顶从动件　　C. 滚子从动件　　D. 曲面从动件
6. 从动件的运动规律决定于凸轮的（　　）。
 A. 轮廓曲线　　　　B. 转速　　　　　C. 形状　　　　　D. 基圆半径
7. 凸轮机构中,（　　）常用于高速传动。
 A. 滚子从动件　　　B. 平底从动件　　C. 尖顶从动件　　D. 曲面从动件
8. 下列关于等加速-等减速运动规律的凸轮机构的特点描述中,错误的是（　　）。
 A. 会出现柔性冲击
 B. 适用于中速、从动件质量不大及轻载的场合
 C. 会出现刚性冲击
 D. 位移曲线为抛物线
9. 下列关于凸轮机构的论述,正确的是（　　）。
 A. 不能用于高速启动
 B. 从动件只能做直线移动
 C. 凸轮机构是高副机构
 D. 从动件只能做摆动
10. 能够实现从动件绕固定点摆动的凸轮机构是（　　）。
 A. 盘形凸轮机构
 B. 圆柱凸轮机构
 C. 移动凸轮机构
 D. 摆动从动件

任务五　棘轮机构在汽车上的应用

任务导入

汽车驻车制动器在车辆停稳后用于稳定车辆,避免车辆在斜坡路面停车时由于溜车造成事故。轿车的驻车制动器手柄采用了棘轮机构作为锁止机构。结合棘轮机构的相关知识对驻车制动器的锁止机构进行分析。

任务目标

1. 熟悉间歇运动机构的类型及特点。
2. 掌握棘轮机构的组成、工作原理及其应用。
3. 掌握槽轮机构的组成、工作原理及其应用。
4. 学会分析汽车棘轮机构运动。

在机械运动中,当机构的主动件连续运动或摆动时,从动件做周期性的时动、时停运动,称为间歇运动。能实现间隙运动的机构,称为间隙运动机构。汽车上较为常用的间歇运动机构是棘轮机构。

一、棘轮机构

棘轮机构主要由棘轮、棘爪和机架组成,是工程上常用的间歇运动机构之一,广泛应用

于自动机械和仪表仪器中。

1. 棘轮机构工作原理

如图3-5-1（a）所示，棘轮固接在轴上，主动构件1空套在轴5上。当主动构件1逆时针方向摆动时，与它相接的棘爪2便借助弹簧6或自重的作用插入棘轮的齿槽内，使棘爪随之转过一定的角度；当主动构件1顺时针方向摆动时，棘爪2便从棘轮齿背上滑过，这时制动棘爪4插入棘轮齿槽中阻止棘轮顺时针方向转动，故棘轮静止不动。当主动件连续往复摆动时，棘轮做单向间歇运动。

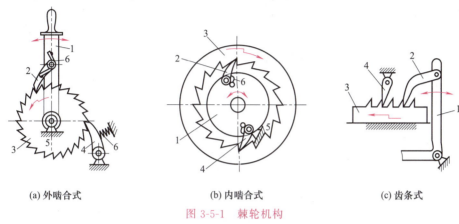

(a) 外啮合式　　(b) 内啮合式　　(c) 齿条式

图 3-5-1　棘轮机构

1—主动构件；2,4—棘爪；3—棘轮（或棘条）；5—轴；6—弹簧

棘轮机构

2. 棘轮机构的类型

根据棘轮机构的结构和工作原理，可以将棘轮机构分为以下两大类：

（1）齿式棘轮机构

① 单动式棘轮机构　如图3-5-1所示，其特点是摆杆向某一方向摆动时带动棘轮沿同一方向转动一定角度，摆杆反向摆动时，棘轮不动。

② 双动式棘轮机构　如图3-5-2所示，其特点是摆杆往复摆动时均可推动棘轮沿单一方向转动一定角度。

③ 双向式棘轮机构　如图3-5-3所示。其特点是当把棘爪放置在不同位置时，图3-5-3（a）中实线和虚线位置，或图3-5-3（b）中实线位置和把棘爪2提起沿自身轴线转过180°后放下的位置，均可使棘轮得到不同方向的转动。

（2）摩擦式棘轮机构　如图3-5-4所示，它以偏心扇形楔块1、3代替齿式棘轮机构中的棘爪，以无齿摩擦轮2代替棘轮。它的特点是传动平稳、无噪声、动程可无级调节。因靠摩擦力传动，会出现打滑现象，一方面可起超载保护，另一方面使得传动精度不高。适用于低速轻载的场合。

双驱动棘轮机构

3. 棘轮机构的特点和应用

棘轮机构的特点是结构简单、制造方便、运动可靠，转角的大小可调整。但因轮齿强度不高，所以传递动力不大，且传动平稳性差，工作过程中有噪声。因此只适用于转速不高、转角不大的场合。常用来实现机械的间歇送料、分度、制动等运动。

二、槽轮机构

槽轮机构又称马耳他机构，在自动机械、精密机械和仪器上应用广泛，如图3-5-5所示为外槽轮机构，它是由具有圆柱销的主动销轮1、具有直槽的从动槽轮2及机架组成。

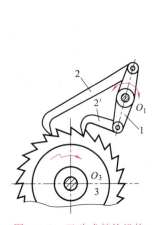

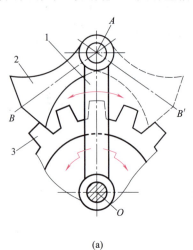

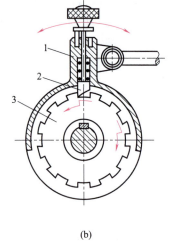

图3-5-2 双动式棘轮机构
1—摆杆；2,2′—棘爪；3—棘轮

图3-5-3 双向式棘轮机构
1—摆杆；2—棘爪；3—棘轮

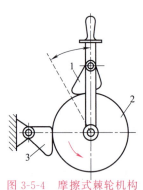

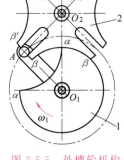

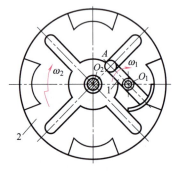

图3-5-4 摩擦式棘轮机构
1,3—楔块；2—无齿摩擦轮

图3-5-5 外槽轮机构
1—主动销轮；2—从动槽轮

图3-5-6 内槽轮机构
1—主动销轮；2—槽轮

1. 槽轮机构的组成和工作原理

现以外啮合的槽轮机构为例说明其工作原理。主动销轮1顺时针作等速连续转动，当圆销未进入槽轮的径向槽时，槽轮因其内凹的锁止弧$\beta\beta$被销轮外凸的锁止弧$\alpha\alpha$锁住而静止；当圆销A开始进入径向槽时，$\alpha\alpha$弧和$\beta\beta$弧脱开，槽轮2在圆销A的驱动下逆时针转动；当圆销A开始脱离径向槽时，槽轮因另一锁止弧又被锁住而静止，从而实现从动槽轮的单向间歇转动。

2. 槽轮机构的类型

槽轮机构主要分为外啮合式的外槽轮机构，如图3-5-5所示；内啮合式的内槽轮机构，如图3-5-6所示。外槽轮机构的主、从动轮转向相反；内槽轮机构的主、从动轴转向相同。与外槽轮机构相比，内槽轮机构传动较平稳，停歇时间短，所占空间小。

3. 槽轮机构的特点和应用

槽轮机构的优点是结构简单，制造容易，工作可靠，能准确控制转角，在加入和脱离啮合时运动平稳，机械效率高。缺点是转角不可调节，且槽轮在启动和停止时加速度变化大、

项目三　汽车常用机构

有冲击,随着转速的增加或槽轮槽数的减少而加剧。因此槽轮机构常用于只要求恒定转角的分度机构中。如自动机床转位机构、电影放映机卷片机构等。

如图3-5-7所示为六角车床的刀架转位机构,为了能按照零件加工工艺的要求自动改变需要的刀具,采用了槽轮机构。与槽轮固连的刀架上装有六种刀具,所以槽轮2上开有六个径向槽,拨盘1上装有一圆销。每当拨盘1转动一周,圆销进入槽轮一次,驱使槽轮2转过60°,从而将下一工序的刀具转换到工作位置。如图3-5-8所示的电影放映机卷片机构,当拨盘1转动一周,槽轮2转过1/4周,卷过一张底片并停留一定时间。拨盘继续转动,重复上述过程。利用人眼视觉暂留的特性,可使观众看到连续的动画画面。

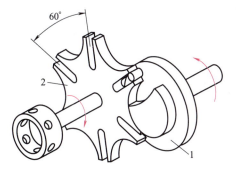

图 3-5-7　六角车床刀架转位机构

1—拨盘；2—槽轮

图 3-5-8　电影放映机卷片机构

电影放映机构

三、不完全齿轮机构

1. 不完全齿轮机构的工作原理及类型

不完全齿轮机构是由渐开线齿轮机构演变而成的一种间歇运动机构。如图3-5-9所示,它的主动轮1不是整周上布满轮齿,而是只有一个或几个齿的不完全齿轮,从动轮2可以是普通厚齿齿轮,如图3-5-9(a)所示,也可以是由正常齿和厚齿按一定的排列组成的特殊齿轮,如图3-5-9(b)所示,厚齿齿顶上带有锁止,由3-5-9(a)可看出,主动轮1转过一周时,从动轮2只转过1/8周,故从动轮每转一周的过程需停歇8次,图3-5-9(b)所示的主动轮1上有

不完全齿轮机构

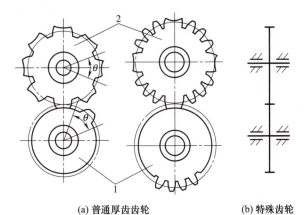

(a) 普通厚齿齿轮　　(b) 特殊齿轮

图 3-5-9　不完全齿轮机构

1—主动轮；2—从动轮

四个齿,从动轮2的圆周上有四个运动段和四个停歇段,而每个运动段有四个齿间与主动轮轮齿相啮合,主动轮转一周,从动轮转1/4周,从而实现当主动轮连续转动时,从动轮作转向相反的间歇运动。

2. 不完全齿轮机构的特点及应用

不完全齿轮机构的特点是工作可靠、传动的力大,而且从动轮停歇的次数、每次停歇的时间及每次转过的角度,其变化范围都比槽轮机构大得多,只要适当设计均可实现;但是不完全齿轮机构加工工艺较复杂,从动轮在运动开始和终了时有较大的冲击,为了减小冲击,可装置瞬心附加杆。

不完全齿轮机构一般用于低速、轻载的场合,如计数机构、间歇的进给机构、有特殊运动要求的专用机械等。

任务实施

汽车驻车制动锁止机构认识

1. 实施场地

汽车综合实训中心。

2. 实施仪器与用具

福特福克斯1.8轿车,车辆举升机及专业拆装工具。

3. 计划与实施

(1)观察驻车制动锁止机构实物及原理图,如图3-5-10、图3-5-11所示。

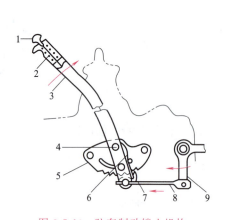

图3-5-10 驻车制动锁止机构

1—按钮;2—拉杆弹簧;3—驻车制动杆;4—销钉;5—齿扇;6—钢丝;7—锁止棘爪;8—传动杆;9—摇臂

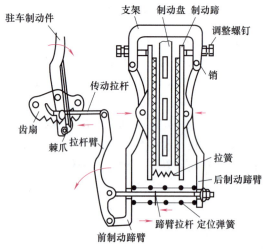

图3-5-11 驻车制动器及传动机构原理示意图

(2)分组讨论,思考下列问题。

① 齿扇5能否移动?

② 当拉起驻车制动杆时,传动杆8将如何动作?

③ 当拉起驻车制动杆时，锁止棘爪 7 将怎样动作？
④ 当用手向下按驻车制动杆时，驻车制动杆是否会落下？
⑤ 当按下按钮 1 时，与按钮相连的钢丝 6 是否可以向下运动？
⑥ 与此同时，与钢丝相连的锁止棘爪是否会远离齿扇而不起锁止作用？
⑦ 此时若按下驻车制动杆，驻车制动杆是否会落下，从而回到初始位置？

（3）根据驻车制动锁止机构的结构，结合间歇运动机构的相关知识，完成下列表格。

序号	问题	结论		
1	不属于间歇运动机构类型	□棘轮机构	□槽轮机构	□铰链四杆机构
2	驻车制动锁止机构的机构类型	□棘轮机构	□槽轮机构	□不完全齿轮机构
3	驻车制动锁止机构的工作原理			

4．技能考核

根据"汽车驻车制动锁止机构认识"情况，填写下表。

班级		项目名称	
姓名		项目任务名称	
学号		完成时间	
实践项目		实践设备	
汽车驻车制动锁止机构认识	完成任务计划与实施表格		
自我评价	良好□　　合格□　　不合格□		
小组评价	良好□　　合格□　　不合格□ 组长签名：		
教师评价	良好□　　合格□　　不合格□ 教师签名：		

小结

1．能实现间歇运动的机构称为间歇运动机构。常见的间歇运动机构有棘轮机构、槽轮机构以及不完全齿轮机构等。汽车驻车制动锁止机构就是棘轮机构的应用。

2．棘轮机构实现将摆杆的连续往复摆动转化为棘轮的时动时停的间歇运动。棘轮机构结构简单、制造方便、运动可靠，可实现步进运动、分度、超越运动和制动等。棘轮转动的角度可在较大范围内改变或调节，棘轮每次运动与停止的时间比，可以通过选择适当的驱动机构来改变，比较灵活。但是棘轮机构在工作，棘爪在棘轮齿背上滑行，在运动开始和终止的瞬间将引起刚性冲击、噪声和磨损，运动精度不高，平稳性差，常用于载荷不大、转速不高的场合。

拓展训练

一、填空题

1．在机械运动中，当机构的主动件连续运动或者摆动时，从动件做_____，

103

称为间歇运动。

2. 能实现间隙运动的机构，称为_____机构。

3. 常用的间歇运动机构有_____、_____和_____三种类型。

4. 棘轮机构主要由_____、_____、_____和机架组成，是工程上常用的间歇运动机构之一。

5. 根据棘轮机构的结构和工作原理，可以将棘轮机构分为_____和_____两大类。

6. 槽轮机构主要由_____、_____和_____组成。

二、判断题

1. 单动式棘轮机构属于摩擦式棘轮机构。   （   ）
2. 棘轮机构结构简单、制造方便、运动可靠，转角大小可以调整。   （   ）
3. 棘轮机构常用来实现机械的间歇送料、分度、制动等运动。   （   ）
4. 槽轮机构又称马耳他机构，在自动机械、精密机械和仪器上应用广泛。 （   ）
5. 槽轮机构结构简单、制造方便、运动可靠，转角大小可以调整。   （   ）
6. 自动机床转位机构、电影放映机卷片机构等都是槽轮机构的应用。   （   ）
7. 汽车驻车制动锁止机构就是槽轮机构的实际应用。   （   ）

三、简答题

1. 简述棘轮机构和槽轮机构的组成和工作原理。
2. 在棘轮机构、槽轮机构中，如何保证从动件在间歇时间内实现静止不动？

项目四 汽车机械传动装置

任务一 汽车带传动分析

任务导入

在汽车上，带传动的应用非常广泛，如发电机、冷却风扇、水泵等都是由曲轴通过带传动来驱动的，因此必须掌握带传动的特点及工作原理，正确理解带传动的工作情况，才能正确使用与维护汽车带传动。

任务目标

1. 了解带传动的特点、性能。
2. 了解汽车传动带的结构及型号并能正确识别。
3. 正确进行汽车带传动的安装与维护。

相关知识

一、带传动的组成及特点

1. 带传动的组成

如图 4-1-1 所示，一般带传动是由主动带轮 1、从动带轮 2 和紧套在带轮上的传动带 3 组成。传动带紧套在带轮上，带与带轮之间产生一定的正压力。当主动带轮转动时，依靠带与带轮接触面上所产生的摩擦力或啮合带动从动轮运动，从而传递一定的运动和动力。

2. 带传动的特点

（1）带传动的主要优点

① 带富有弹性，能够缓冲、吸振，传动平稳，噪声低，无油污染。

② 过载时产生打滑，可防止其他零部件的损伤，起到安全保护作用。

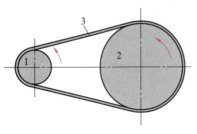

图 4-1-1　带传动

1—主动带轮；2—从动带轮；3—传动带

③ 结构简单，便于加工、装配和维修，成本低廉。

④ 适用于两轴中心距较大的传动，并可通过增减带长适应不同的中心距要求。

（2）带传动的缺点

① 带传动外廓尺寸较大，传动效率低，带的寿命短，传动中对轴的作用力较大。

② 当带传动依靠摩擦传动时，带与带轮之间存在弹性滑动，不能保证恒定的传动比。

③ 带传动不适用于易燃易爆场合。

二、带传动的类型

1. 按传动原理分

带传动按传动原理可分为摩擦带传动和啮合带传动。

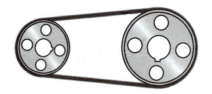 

(a) 摩擦带传动　　　　　　　　(b) 啮合带传动

图 4-1-2　带传动按传动原理分类

摩擦带传动是靠带与带轮接触面上所产生的摩擦力来传递运动和动力的，如图 4-1-2（a）所示，如汽车发动机水泵一般采用摩擦带传动。

啮合带传动是靠传动带与带轮上的齿相互啮合来传递运动和动力的，如图 4-1-2（b）所示，如汽车发动机正时皮带采用啮合带传动。

2. 按用途分

带传动按用途来分可分为传动带和输送带。

传动带用来传递运动和动力，汽车发动机上所用带传动均为传动带，如图 4-1-3（a）所示。

(a) 传动带　　　　　　　　　　(b) 输送带

图 4-1-3　带传动按用途分类

输送带用来输送货物或物品,如图 4-1-3(b)所示,车站的行李安检仪输送行李,生产线上输送各种货物,就是采用输送带传动。

3. 按带的截面形状分

摩擦带传动按照截面形状可以分为平带、V 带、多楔带、圆带等,它们的特点及应用见表 4-1-1。

表 4-1-1 摩擦带传动的类型、特点及应用

类型	截面形状	传动形式	特点及应用
平带			工作时带的内面是工作面,与圆柱形带轮工作面接触,属于平面摩擦传动。高速运行时,带体容易散热,传动平稳。结构简单,带轮也容易制造,在传动中心距较大的情况下应用较多
三角带(V 带)			V 带的截面形状为梯形,工作面为两侧面,带轮的轮槽截面也为梯形。传递的功率大,结构简单,价格便宜。在同样的张紧力下,V 带传动较平带传动能产生更大的摩擦力(约大 70%),因而比平带传动的承载能力高
多楔带			柔韧性好、摩擦力大,多楔带是以平带为基体、内表面具有若干等距纵向 V 形楔的环形传动带,其工作面为楔的侧面,它具有平带的柔软、V 带摩擦力大的特点,主要用于传递大功率而结构又要求紧凑的场合
圆带			圆带传动能力较小,主要用于 $v<15\text{m/s}$,$i=0.5\sim3$ 的小功率传动,如仪器和家用器械中

三、传动带的结构和型号

1. 普通 V 带

(1)普通 V 带的结构 普通 V 带的结构如图 4-1-4 所示,由包布层、顶胶(拉伸层)、抗拉体(强力层)、底胶(压缩层)等几部分组成。根据抗拉体的结构不同,分为绳芯结构和帘布芯结构两种。绳芯结构的 V 带柔韧性好,抗弯强度高,适用于带轮直径小、转速较高的场合;帘布芯结构的 V 带制造方便,抗拉强度好。

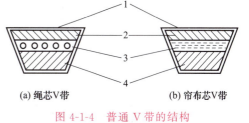

图 4-1-4 普通 V 带的结构
1—包布;2—顶胶;3—抗拉体;4—底胶

(2)普通 V 带的型号 普通 V 带是标准件,根据国家标准(GB/T 11544—2012)的规定,按照截面尺寸不同,由小到大分为 Y、Z、A、B、C、D、E 七种型号,其截面基本尺寸见表 4-1-2。V 带的截面面积越大,其传动的功率也越大。生产中常用的是 Z、A、B 三种型号。

表 4-1-2　V 带的截面基本尺寸　　　　　　　　　　　　　　　　　　mm

型号	节宽 b_p	顶宽 b	高度 h	楔角 φ
Y	5.3	6.0	4.0	40°
Z	8.5	10.0	6.0	
A	11	13.0	8.0	
B	14	17.0	11.0	
C	19	22.0	14.0	
D	27	32.0	19.0	
E	32	38.0	23.0	

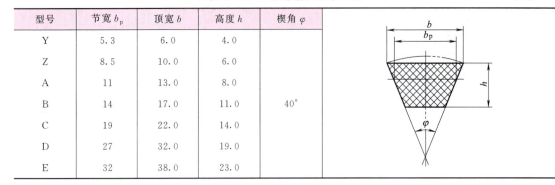

V 带是有一定厚度的、无接头的环形带，如图 4-1-5 所示，当带弯曲时，其结构中有一层长度不变的中性层，称为节面，节面的长度称为基准长度，用 L_d 表示。节面处的宽度称为节宽，用 b_p 表示。在带轮上与之相对应的直径称为带轮的基准直径，用 d_d 表示，它是带轮的公称直径。

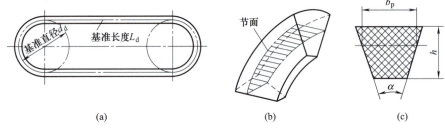

图 4-1-5　V 带的节面及尺寸

V 带的型号标记由带型号、基准长度、标准号三部分组成，如基准长度为 1600mm 的 A 型 V 带，其标记为：

A1600 GB/T 11544—2012

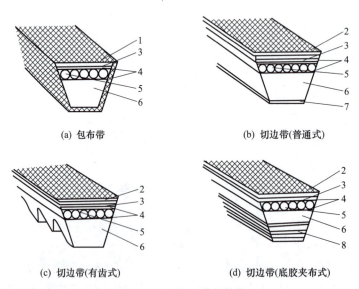

(a) 包布带　　　　(b) 切边带(普通式)

(c) 切边带(有齿式)　　　　(d) 切边带(底胶夹布式)

图 4-1-6　汽车 V 带的结构

1—包布；2—顶布；3—顶胶；4—冲胶；5—抗力体；6—底胶；7—底布；8—底胶夹布

2. 汽车 V 带

汽车 V 带的结构如图 4-1-6 所示，汽车 V 带有包边式（简称包边带）和切边式（简称切边带）两种，其中切边式 V 带又分为普通式、底胶夹布式和有齿式三种。

汽车 V 带是标准件，根据公称顶宽分为 AV10、AV13、AV15、AV17、AV33 五种型号，AV 后面的数字表示顶宽的大小，单位为 mm。

汽车 V 带的标记内容由型号、有效长度公称值、标准号三部分组成。如 AV13 汽车 V 带，有效长度公称值为 1000mm，其标记为：

$$AV13 \times 1000 \ GB/T \ 12732-2008$$

3. 汽车多楔带

汽车多楔带结构如图 4-1-7 所示。有单面和双面两种型号，半面多楔带为 PK，双面多楔带为 DPK。汽车多楔带的规格标记内容由楔数、型号、有效长度三部分组成，如楔数为 6、有效长度为 1150mm 的单面汽车多楔带，标记为：6 PK 1150。

4. 汽车同步带

汽车同步带的结构如图 4-1-8 所示，其型号分为 ZA 型和 ZB 型两种，ZA 型用于较轻负荷，ZB 型用于较重负荷。两种型号的节距 C 均为 9.525mm，区别在于带齿尺寸。汽车同步带的规格标记内容由齿数、齿形、宽度表示，如齿数为 80、宽度为 19mm 的 ZA 型同步带，标记为 80ZA19。

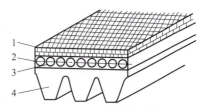

图 4-1-7 汽车多楔带的结构

1—顶布；2—芯线；3—黏合胶；4—楔胶

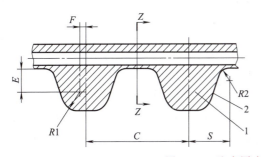

图 4-1-8 汽车同步带的结构

1—顶布；2—芯线；3—黏合胶；4—楔胶

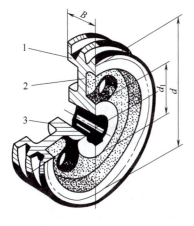

图 4-1-9 带轮的结构

四、带轮的材料和结构

带轮一般是由轮缘 1、轮辐 2 和轮毂 3 三部分构成，如图 4-1-9 所示。轮缘是安装带的部位；轮毂是与轴配合的部分；轮辐是连接轮缘与轮毂的部分。带轮最常用的材料是铸铁，如 HT150、HT200，有时也可以采用铸钢或非金属材料等。

带轮的结构形式可以根据带轮直径的大小来决定，根据轮辐结构的不同，可将带轮分为四种形式，见表 4-1-3。

表 4-1-3 带轮的结构形式、特点及应用

名称	实物	结构形式		应用
实心带轮（S型）		S-Ⅰ型	S-Ⅱ型	$d_d \leqslant (2.5 \sim 3) d_{轴}$ 选用
腹板带轮（P型）		P-Ⅰ型	P-Ⅱ型	$d_d \leqslant 300\text{mm}$ 选用
		P-Ⅲ型	P-Ⅳ型	
孔板带轮（H型）				轮毂和轮缘之间的距离超过100mm选用
轮辐带轮（E型）				$d_d > 300\text{mm}$ 选用

五、带传动的受力分析

为了保证带传动能正常工作,带在安装时必须紧套在两个带轮上。静止时,由于带的张紧而使带轮上下两边的带所承受的拉力相等,称为初拉力,用 F_0 表示,如图 4-1-10(a)所示。在初拉力的作用下,带与带轮相互压紧,并在接触面之间产生一定的正压力。

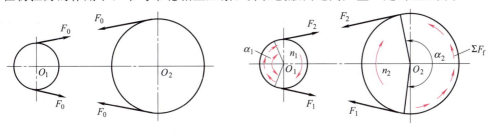

(a) 静止时的受力　　　　　　　(b) 工作时的受力

图 4-1-10　V 带传动的受力分析

在工作时,主动轮以转速 n_1 转动,通过带与带轮接触对面间产生的摩擦力,驱动从动轮以转速 n_2 转动,此时带两边的拉力不再相等。两个带轮作用在带上的摩擦力的方向如图 4-1-10(b)所示,作用在主动轮处带上的摩擦力的方向与主动轮的转向相同;作用在从动轮处带上的摩擦力的方向与从动轮的转向相反。因此,带两边的拉力也发生变化,带进入主动轮的一边被进一步拉紧,拉力由 F_0 增大到 F_1,称为紧边;带绕出主动轮的一边则被放松,拉力由 F_0 降到 F_2,称为松边。

设带的总长度不变,则紧边拉力的增加量 F_1-F_0 应等于松边拉力的减少量 F_0-F_2,即:

$$F_1-F_0=F_0-F_2$$
$$F_1+F_2=2F_0$$

则:紧边拉力和松边拉力之差称为带传动的有效拉力 F,即带所传递的有效圆周力。有效圆周力在数值上等于带与带轮接触弧上摩擦力值的总和 ΣF_f,即:

$$F=F_1-F_2=\Sigma F_f$$

有效圆周力 F(N)、带速 v(m/s) 和带传递功率 P(kW) 之间的关系为:

$$P=Fv/1000$$

由上式可知,当带速一定时,传递的功率 P 越大,则圆周力 F 越大,所需带与轮面间的摩擦力也越大。

六、带传动的失效形式

带传动工作时的主要失效形式是:带在带轮上打滑,传动带的磨损和疲劳断裂。

1. 打滑

传动带在工作时,带在紧边和松边受到的拉力不同,紧边拉力大,相应的弹性伸长量也大,这种由于带的弹性变形而引起的带与带轮间的滑动称为弹性弹动。在初拉力 F_0 一定时,当传递的有效圆周力 F 超过带与轮面间的极限摩擦力时,带就会在带轮轮面上发生明显的滑动,这种现象称为打滑。当传动出现打滑现象时,虽然主动轮仍在继续转动,但从动轮及传动带有较大的速度损失,甚至完全不动。打滑是一种有害现象,它将使传动失效并加剧带的磨损。因此,在正常工作时,应当避免出现打滑现象。

弹性滑动和打滑是两个截然不同的概念，它们的区别见表 4-1-4。

表 4-1-4　弹性滑动与打滑的区别

项　目	弹性滑动	打　滑
现象	局部带在局部带轮面上发生的微小滑动	整个带在整个带轮面上发生显著滑动
产生原因	带轮两边的拉力差，产生带的变形量变化	超载，所需有效圆周力超过摩擦力最大值
性质	不可避免	可以并且应当避免
后果	v_2 小于 v_1；效率下降；带磨损	传动失效；引起带的严重磨损

2．带的磨损

带传动是通过带与带轮间的摩擦力来实现的。当摩擦力或摩擦系数越大时传递的圆周力也越大，同时对带的磨损加剧。当带磨损到一定程度时，会出现打滑现象，甚至带断裂。

3．带的疲劳破坏

带在工作时的应力随着带的运转而变化，是交变应力。转速越高，带越短，单位时间内带绕过带轮的次数越多，带的应力变化就越频繁，长时期工作，传动带在交变应力的反复作用下会产生脱层、撕裂，最后导致疲劳断裂，从而使传动失效。

七、带传动的使用与维护

1．带传动的正确使用

正确使用和维护是保证带传动能正常工作和延长使用寿命的有效措施。

（1）安装时，两带轮轴线必须平行，两带轮的轮槽必须对准，误差不得超过 $20'$，以免带被扭曲而使其侧面过早磨损。

（2）装拆时不要硬撬，应先缩小中心距，然后再装拆胶带。安装时应按规定的初拉力张紧胶带。

（3）带的根数较多时，其长度不能相差太大，以免受力不均。

（4）V 带在带轮轮槽中的位置要正确，过高或过低都不利于带的正常工作。

（5）避免与酸、碱、油等介质接触，防止对橡胶材料的腐蚀。带传动应设防护罩，工作温度不应超过 60℃。这样既可保护人身安全，又可防止腐蚀和阳光的暴晒等。

（6）新旧带不能混合使用。使用过程中，要对带传动定期检查，发现个别带有疲劳撕裂现象，应及时全部更换同一组带。

（7）V 带的张紧程度要适当，不宜过松或过紧，V 带安装好后用大拇指能将带按下 15mm 左右，则张紧适度，如图 4-1-11 所示。

图 4-1-11　V 带的张紧程度

2．带传动的张紧

带传动由于安装制造误差或工作后的塑性变形将会逐渐松弛，从而影响带传动的正常工作，因此必须对带传动进行定期张紧，常用的方法有如下几种：

（1）定期张紧装置：可采用改变中心距的方法来调节带的初拉力，保证带传动的正常工作，如图 4-1-12（a）所示。

（2）自动张紧装置：将装有带轮的电动机安装在浮动的摆架上，利用电动机的自重，使带轮随电动机绕固定轴摆动，自动保持张紧力，如图 4-1-12（b）所示。

（3）张紧轮张紧装置：对于中心距固定不能改变的带传动，可采用张紧轮来定期张紧，张紧轮应置于松边内侧靠近大带轮处，如图 4-1-12（c）所示。

项目四 汽车机械传动装置

（4）缩短带长，对于有接头的带，常采用定期截取带长的方法使皮带张紧。

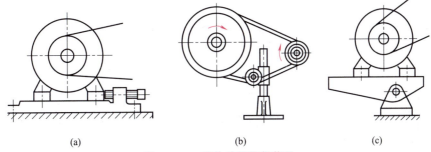

图 4-1-12　带传动的张紧装置

任务实施

汽车正时带传动的认识

1. 实施场地

汽车发动机拆装实训室。

2. 实施仪器与用具

发动机台架。

3. 计划与实施

（1）分组讨论，思考并完成下列问题。

① 观察发动机台架，看看哪些地方用到了带传动装置。

② 检查带传动的张紧情况，并查看带传动的张紧方式。

③ 拆下发电机与曲轴之间的 V 带，检查磨损情况，查看 V 带型号，然后装上。

（2）结合"汽车正时带传动的认识"情况，完成下面表格。

序号	问题	结论			
1	发动机上采用带传动来驱动的装置	□凸轮轴正时皮带　□发电机　□水泵　□空调压缩机			
2	带传动装置	型号	张紧度	磨损情况	
3	正时皮带		□正常　□松弛	□正常　□轻度磨损　□需更换	
4	发电机		□正常　□松弛	□正常　□轻度磨损　□需更换	
5	水泵		□正常　□松弛	□正常　□轻度磨损　□需更换	
6	空调压缩机		□正常　□松弛	□正常　□轻度磨损　□需更换	

4. 技能考核

根据"汽车正时带传动的认识"情况，填写下表。

班级		项目名称	
姓名		项目任务名称	
学号		完成时间	
实践项目		实践设备	
汽车正时带传动的认识	完成任务计划与实施表格		
自我评价	良好□　合格□　不合格□		
小组评价	良好□　合格□　不合格□		组长签名：
教师评价	良好□　合格□　不合格□		教师签名：

小结

1. 带传动是一种挠性传动，有摩擦式和啮合式两种不同的原理，在汽车上应用广泛。
2. 带传动主要失效形式有打滑、磨损和疲劳破坏。
3. 带的弹性滑动与打滑是两个不同的概念：弹性滑动是带传动特有的现象，使传动比不准确；打滑是限制带工作能力的重要因素。
4. 正确使用和维护是保证带传动能正常工作和延长使用寿命的有效措施，因此必须定期对带传动装置进行检查与维护。
5. 带传动张紧目的是为了保证工作能力，张紧方式根据实际考虑选用，常用张紧轮张紧。

拓展训练

一、填空题

1. V带传动是靠带与带轮接触面间的_____力工作的。V带的工作面是_____面。
2. 常见的带传动的张紧装置有_____、_____和_____等几种。
3. 在带传动中，弹性滑动是_____避免的，打滑是_____避免的。
4. 当中心距不能调节时，可采用张紧轮将带张紧，张紧轮一般应放在_____的内侧，尽量靠近____带轮。
5. V带传动比不恒定主要是由于存在_____。
6. 带传动的主要失效形式为_____和_____。
7. 在汽车发动机上，由于小带轮包角总小于大带轮包角，V带传动一般要求小带轮包角 $\alpha_1 \geqslant$ _____。若包角小于规定值，可采取_____的方法。
8. 汽车V带的标记内容和顺序依次为_____、_____和_____等。

二、判断题

1. 在Y、Z、A、B、C、D、E七种普通V带型号中，Y型的截面尺寸最大，E型的截面尺寸最小。（　　）
2. 普通V带的承载能力比平带的承载能力强。（　　）
3. 在普通V带传动中，若发现个别V带不能使用时，就立即更换不能使用的V带。（　　）
4. 在带传中，不产生打滑的皮带是平带。（　　）
5. 皮带打滑是由于传递载荷过大而引起的。（　　）
6. 汽车V带传动过载时会打滑，起到安全保护作用。（　　）
7. 在相同条件下，平带的传动能力是V带的3倍。（　　）
8. V带、多楔带和同步带的传动都属于摩擦传动。（　　）
9. B1400 GB/T 11544—2012 表示B型普通V带，内周长度为1400mm。（　　）
10. 汽车V带的结构只有强力层、伸张层、压缩层和包布层。（　　）

三、选择题

1. 带传动是依靠（　　）来传递运动和动力的。
   A. 主动轴的动力　　B. 主动轮的转矩　　C. 带与带轮间的摩擦力
2. 安装时带的松紧程度，通常以大拇指能按下（　　）左右为宜。
   A. 5mm　　B. 10mm　　C. 15mm　　D. 30mm
3. 在其他条件相同的情况下，V带与平带传动相比，可以传递更大的功率，是因为（　　）。
   A. V带没有接头，强度高　　B. V带的挠性好并能与带轮紧密结合
   C. V带的质量轻，离心力好　　D. V带与轮槽工作面之间是楔面摩擦
4. V带的横截面为等腰梯形，夹角为40°，那么带轮的轮槽夹角一般为（　　）。
   A. 大于40°　　B. 等于40°　　C. 小于40°
5. 带传动中，采用张紧装置的目的是（　　）。
   A. 提高带的寿命　　B. 调节带的预紧力　　C. 减轻带的弹性滑动
6. 带传动在工作中产生弹性滑动的原因是（　　）。
   A. 带与带轮之间的摩擦系数较小　　B. 带绕过带轮产生了离心力
   C. 带的弹性与紧边和松边存在拉力差　　D. 带传递的中心距大
7. 下列不是发动机采用带传动的优点的是（　　）。
   A. 传动平稳且无噪声　　B. 能保证恒定的传动比
   C. 适用于两轴中心距较大的场合　　D. 过载时产生打滑，可防止损坏零件
8. 下列属于啮合型带传动的是（　　）。
   A. 平带传动　　B. V带传动　　C. 圆带传动　　D. 同步带传动
9. 发动机选用同步带的主要参数是（　　）。
   A. 节距　　B. 节宽　　C. 厚度　　D. 带长
10. 下图所示V带在轮槽中的3种位置，位置正确是（　　）。

 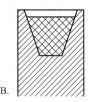 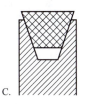

A.　　　　　　　　B.　　　　　　　　C.

11. 相同条件下，汽车选用V带与采用平带相比，承载能力（　　）。
    A. 一样强　　B. 平带强　　C. V带强　　D. 都不强

四、简答题

1. 试述汽车V带的特点。
2. 奔驰汽车上使用的风扇带传动装置中，请问使用的是哪种类型的带传动？简述带是如何安装的。
3. 带传动在汽车中有哪些应用？

任务二 汽车链传动分析

任务导入

现在汽车发动机的配气传动机构多采用正时链条传动,为了能更好保证配气机构的工作可靠性,延长使用寿命,必须了解链传动的结构、特点及应用,正确进行链传动的安装使用与维护。

任务目标

1. 了解汽车链传动的特点、性能。
2. 了解汽车链传动的结构及参数、标记。
3. 正确进行汽车链传动的安装与维护。

相关知识

一、链传动的组成及特点

1. 链传动的组成

链传动由链轮和跨绕两链轮的闭合链条组成,如图 4-2-1 所示。链轮上制有特殊齿形的齿,通过轮齿与链节相啮合而进行传动。因此链传动是一种以链条作中间挠性件的啮合传动。

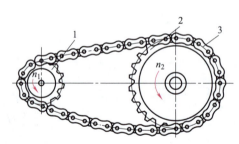

图 4-2-1 链传动
1—主动链轮;2—从动链轮;3—链条

设链传动中主动链轮 1 的齿数为 z_1,转速为 n_1,从动链轮 2 的齿数为 z_2,转速为 n_2。显然,在单位时间内两链轮转过的齿数 $n_1 z_1$ 和 $n_2 z_2$ 相等,即:

$$n_1 z_1 = n_2 z_2$$

传动比: $i = n_1/n_2 = z_2/z_1$

2. 链传动的特点

与带传动相比,链传动的具有以下优点:

(1) 由于是啮合传动,没有滑动,能保持准确的平均传动比。
(2) 链条安装时不需要很大的初拉力,故工作时作用在轴上的载荷较小,有利于延长轴承寿命，效率也比带传动高。

(3) 对工作条件要求较低，可在恶劣环境下（如高温、多尘、油污、潮湿、易燃及有腐蚀性等）可靠工作。

(4) 传递功率较大，结构比较紧凑，维护方便。

链传动的主要缺点是：运行平稳性差，从动链轮瞬时转速不均匀，高速运转时不如带传动平稳，且噪声和振动大，对制造和安装的精度要求较带传动高；不能实现过载保护。

3. 链传动的应用

链传动主要用于要求平均传动比准确，而且两轴间相距较远，工作条件恶劣，不宜采用带传动和齿轮传动的场合。通常链传动的传动比 $i \leqslant 6$，传递功率 $P \leqslant 100 \mathrm{kW}$，中心距 $a < 5\mathrm{m}$，链速 $v < 15\mathrm{m/s}$，效率约为 $0.92 \sim 0.98$。

如图 4-2-2 所示，链传动特别适用于汽车发动机凸轮轴上置式配气机构（也有采用齿轮传动的）。标致 505 型轿车配气机构采用链传动，捷达 EA113 5V 发动机使用内齿轮油泵，油泵由曲轴通过链传动驱动。

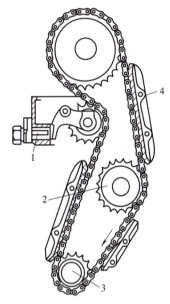

图 4-2-2 凸轮轴链传动装置

1—液力张紧装置；2—驱动水泵的链轮；3—曲轴；4—导链板

二、链传动的结构

1. 链条

链传动所用的链条种类很多，常用的套筒滚子链如图 4-2-3 所示。它由滚子 1、套筒 2、销轴 3、内链板 4 和外链板 5 组成。滚子与套筒间及销轴与套筒间均为可动的间隙配合，而套筒与内链板，销轴与外链板间则用过盈配合固连，这样可使链节与链轮啮合传动时，滚子在链轮的齿间滚动，以减少链与轮齿的磨损。滚子链的接头形式如图 4-2-3 所示，当链节数为偶数时，内外链板正好相接，可直接采用连接链节，接头处用开口销（用于大节距）或弹簧卡（用于小节距）

固定，如图 4-2-3（b）所示。当链节数为奇数时，需用过渡链节，如图 4-2-3（c）所示，过渡链板呈弯曲形状，工作时将受附加弯矩，使链条的承载能力降低 20%，因此应尽量避免

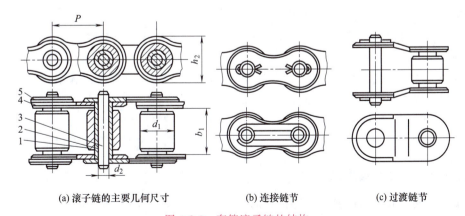

(a) 滚子链的主要几何尺寸　　(b) 连接链节　　(c) 过渡链节

图 4-2-3 套筒滚子链的结构

1—滚子；2—套筒；3—销轴；4—内链板；5—外链板

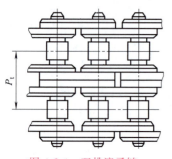

图 4-2-4 双排滚子链

使用奇数链节。

滚子链的主要参数有节距 P、滚子外径 d_1 和内链节内宽 b_1，如图 4-2-3（a）所示。节距 P 是链条上相邻两销轴中心的距离，是链条基本特征参数。节距越大，链的各元件尺寸也越大，能传递的功率也越大，但当链轮齿数确定后，大节距会使链轮直径增大，因此，在需要传递大功率的场合，一般采用双排链或多排链，如图 4-2-4 所示为双排滚子链。多排链的传递功率与排数成正比，但各排链所受的载荷不易均匀，所以排数一般不超过四排。

滚子链是标准件，分为 A、B 两个系列，我国主要采用 A 系列，滚子链的规格和主要尺寸见表 4-2-1。

表 4-2-1 滚子链的规格和主要尺寸（GB/T 1243—2006）

链号	节距 P/mm	排距 P_t/mm	滚子外径 d_1/mm	内链节内宽 b_1/mm	销轴直径 d_2/mm	链板高度 h_2/mm	极限拉伸载荷 F_Q/N（单排）	每米质量 q/(kg/m)（单排）
05B	8.00	5.64	5.00	3.00	2.31	7.11	4400	0.18
06B	9.525	10.24	6.35	5.72	3.28	8.26	8900	0.40
08B	12.70	13.92	8.51	7.75	4.45	11.81	17800	0.70
08A	12.70	14.38	7.95	7.85	3.96	12.07	13800	0.60
10A	15.875	18.11	10.16	9.40	5.09	15.09	21800	1.00
12A	19.05	22.78	11.91	12.57	5.94	18.08	31100	1.50
16A	25.40	29.29	15.88	15.75	7.92	24.13	55600	2.60
20A	31.75	35.76	19.05	18.90	9.53	30.18	86700	3.80
24A	38.10	45.44	22.23	25.22	11.10	36.20	124600	5.60
28A	44.45	48.87	25.40	25.22	12.70	42.24	169000	7.50
32A	50.80	58.55	28.58	31.55	14.27	48.26	222400	10.10

滚子链的标记为：链号—排数×链节数 标准号

示例：A 系列 10 号链，双排，88 节滚子链

标记为：10A—2×88 GB/T 1243—2006

链条的各零件由碳钢或合金钢制成，并经过热处理提高其强度和耐磨性。

2. 链轮

链轮的标准齿形已有国标规定，并用标准刀具加工。链轮通常采用碳钢或合金钢制成，并经热处理，以提高其强度和耐磨性。链轮的结构如图 4-2-5 所示。当链轮尺寸较小时，可制成如图 4-2-5（a）所示的实心式，中等直径的链轮可制成如图 4-2-5（b）所示的孔板式，直径较大的链轮可采用装配式，如图 4-2-5（c）、(d) 所示，齿圈磨损后可以更换。

三、链传动的失效形式

在正常的安装和润滑情况下，链传动的主要失效形式有以下几种：

（1）链板的疲劳破坏：链条在工作过程中受到应力的作用，当应力变化达到一定的循环次数后，链条各零件将发生疲劳破坏。其中链板的疲劳破坏是链传动的主要失效形式

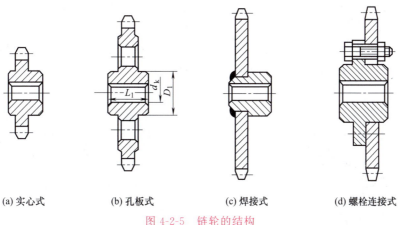

(a) 实心式　　(b) 孔板式　　(c) 焊接式　　(d) 螺栓连接式

图 4-2-5　链轮的结构

(2) 链条铰链的磨损：当链节进入或退出啮合时，铰链的销轴与套筒间相对转动产生磨损，使链条的节距增大而脱链。磨损是开式链传动的主要形式。

(3) 销轴与套筒的胶合：当链速过高、载荷很大或润滑不良时，销轴与套筒的工作面上将发生胶合，导致链传动失效。

(4) 链条的拉断：重载或突然过载时，链条受到的拉力超过链条静强度，将被拉断。

四、链传动的使用与维护

1. 链传动的布置

链传动的布置方式如图 4-2-6 所示，有水平布置、倾斜布置和垂直布置三种形式。其中，水平布置最好，尽量避免垂直布置，以免出现松边在上链条下垂而产生咬链的现象。

(a) 水平布置　　　　(b) 倾斜布置　　　　(c) 垂直布置

图 4-2-6　链传动的布置形式

链传动布置时要考虑的原则有：

(1) 两链轮轴线应平行，两链轮端面应位于同一铅垂平面内。

(2) 应使链条紧边在上，松边在下，以免松边垂度过大时干扰链与轮齿的正常啮合。

(3) 为了安全与防尘，链传动应装防护罩。

2. 链传动的张紧

链传动是靠链条和链轮的啮合传递运动和转矩，不需要很大的张紧力。链传动张紧的目的是为了避免链条磨损后，链节距伸长而使链条松边产生振动、跳齿和脱链。

链传动的张紧方法有：

(1) 通过调整链轮中心距来张紧链条。

(2) 采用张紧轮张紧，张紧轮常设在链条松边的内侧或外侧，如图 4-2-6 所示。

（3）拆除 1～2 个链节，缩短链长，使链张紧。

3．链传动的润滑

良好的润滑可以减少链传动的磨损、缓和冲击、散热及延长使用寿命。链传动常采用的润滑方式有：人工定期润滑，如图 4-2-7（a）所示；滴油润滑，如图 4-2-7（b）所示；油浴润滑，如图 4-2-7（c）所示；飞溅润滑，如图 4-2-7（d）所示；压力润滑，如图 4-2-7（e）所示。

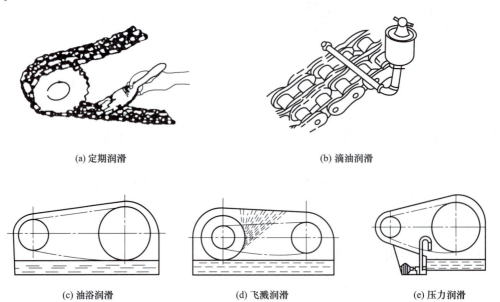

(a) 定期润滑　　　　　　　　　　　(b) 滴油润滑

(c) 油浴润滑　　　　(d) 飞溅润滑　　　　(e) 压力润滑

图 4-2-7　链传动的润滑

任务实施

汽车正时链传动的认识

1．实施场地

汽车发动机拆装实训室。

2．实施仪器与用具

（1）发动机台架；

（2）拆装工具 150 件套。

3．计划与实施

（1）分组讨论，思考并完成下列问题。

① 拆下发动机正时链条。

② 检查正时链条传动的张紧情况，并查看张紧方式。

③ 检查正时链条的磨损情况，查看型号，然后装上。

（2）结合"汽车正时链传动的认识"情况，完成下面表格。

序号	问题	结　论
1	发动机正时链条型号	
2	磨损情况	

续表

序号	问题	结　论		
3	布置形式	□水平布置	□倾斜布置	□垂直布置
4	张紧方式	□定期调距张紧	□张紧轮张紧	□人工去掉链节张紧
5	润滑方式	□人工定期润滑　□滴油润滑　□油浴润滑 □飞溅润滑　□压力润滑		

4．技能考核

根据"汽车正时链传动的认识"情况，填写下表。

班级		项目名称	
姓名		项目任务名称	
学号		完成时间	
实践项目		实践设备	
汽车正时链传动的认识	完成任务计划与实施表格		
自我评价	□良好　□合格　□不合格		
小组评价	□良好　□合格　□不合格 组长签名：		
教师评价	□良好　□合格　□不合格 教师签名：		

小结

1．链传动是依靠链与链轮齿之间的啮合来传递运动和动力，能保证恒定的平均传动比，其瞬时传动比是变化，一般用于两轴相距较远，不宜采用带传动和齿轮传动的场合。

2．链节数一般为偶数，当链节数为奇数时，需用过渡链节。

3．滚子链的主要参数有节距 P、滚子外径 d_1 和内链节内宽 b_1。

4．滚子链的标记为：链号－排数×链节数　标准号

5．链传动张紧的目的是为了避免链条磨损后，链节距伸长而不能正常工作，常用的张紧方式有：调节中心距张紧、张紧轮张紧及去掉1、2个链节张紧，当采用张紧轮张紧时，张紧轮一般设在链条松边的内侧或外侧。

6．良好的润滑可以减少磨损，延长使用寿命。链传动常采用的润滑方式有：人工定期润滑、滴油润滑、油浴润滑、飞溅润滑和压力润滑。

拓展训练

一、填空题

1．链传动由＿＿＿＿、＿＿＿＿和＿＿＿＿组成。

2．按用途不同，链传动可分为＿＿＿＿、＿＿＿＿和＿＿＿＿三类。

3．多排链的排数一般不超过＿＿＿＿，否则，各排链受力将＿＿＿＿。

4．链传动一般应布置在＿＿＿＿平面内，尽可能避免布置在＿＿＿＿平面或＿＿＿＿平面内。

5. 链传动中，当两链轮轴线在同一平面时，应将____边布置在上面，____边布置在下面。

6. 在滚子链的结构中，内链板与套筒之间、外链板与销轴之间采用_____配合，滚子与套筒之间、套筒与销轴之间采用_____配合。

7. 链传动常见的四种失效形式是_____、_____、_____和_____。

8. 在设计图上注明某链条的标记为"08A-1×86 GB/T 1243—2006"，其中"08A"代表_____，"1"代表_____，"86"代表_____。

9. 汽车里采用的齿形链又称_____链，其传动平稳性_____，噪声_____，适合_____传动。

二、判断题

1. 链条传动不能保证准确的平均传动比。（ ）
2. 发动机里滚子链的链节距越大，所能传递的功率就越小。（ ）
3. 链传动中，当两链轮的齿数相等时，即可保证瞬时传动比为恒定值。（ ）
4. 对于高速、大功率的滚子链传动，宜选用大节距的链条。（ ）
5. 在链传动中，当两链轮轴线在同一水平面时，通常紧边在上面。（ ）
6. 自行车链条磨损严重后，易产生跳齿或脱链现象。（ ）
7. 链传动宜用于要求传动精度高的配气机构上。（ ）
8. 由于啮合齿数较少的原因，链传动的脱链通常发生在小链轮上。（ ）
9. 滚子链标记：08A-1×88 GB/T 1243—2006，其中 1 表示滚子链的排数。（ ）
10. 链传动可用于低速重载及恶劣的工作条件下。（ ）
11. 链传动传递运动可以通过啮合和摩擦两种方式。（ ）
12. 良好的润滑是链传动保证发动机正常配气、正常工作的必要条件。（ ）
13. 为了减小汽车运行的噪声，汽车上一般不采用链传动。（ ）
14. 要求传动平稳、能缓冲吸振、过载打滑的越野车上可采用链传动。（ ）
15. 齿形链又称无声链，属于输送链的一种。（ ）

三、选择题

1. 与带传动相比较，链传动的优点是（   ）。
   A. 工作平稳，无噪声　　　　　　B. 使用寿命长
   C. 制造费用低　　　　　　　　　D. 平均传动比准确

2. 链传动作用在轴和轴承上的载荷比带传动要小，这主要是因为（   ）。
   A. 链传动只用来传递较小功率　　B. 链速较高，在传递相同功率时，圆周力小
   C. 链传动是啮合传动，无需大的张紧力　　D. 链的质量大，离心力大

3. 两轮轴线不在同一水平面的链传动，链条的紧边应布置在上面，松边应布置在下面，这样可以使（   ）。
   A. 链条平稳工作，降低运行噪声　　B. 松边下垂量增大后不致与链轮卡死
   C. 链条的磨损减小　　　　　　　　D. 链传动达到自动张紧的目

4. 链条的节数宜采用（   ）。
   A. 奇数　　　　B. 偶数　　　　C. 5 的倍数　　　　D. 10 的倍数

5. 链传动张紧的目的是（　　）。
   A. 使链条产生初拉力，以使链传动能传递运动和功率
   B. 使链条与轮齿之间产生摩擦力，以使链传动能传递运动和功率
   C. 避免链条垂度过大时产生啮合不良
   D. 避免打滑
6. 链传动力的损坏形式有链被拉长、链与链轮的磨损以及（　　）。
   A. 脱链　　　　　B. 链断裂　　　　　C. 轴颈弯曲　　　　　D. 链和链轮配合松动
7. 发动机选用链传动-齿轮传动时，链传动具有重要的优点是（　　）。
   A. 传动效率高　　　　　　　B. 可用于两轴中心距较大的传动
   C. 工作时没有冲击和振动　　D. 安装精度要求不高
8. 汽车里的链传动属于（　　）传动。
   A. 具有中间挠性体的摩擦传动　　B. 具有中间挠性体的啮合传动
   C. 两零件直接接触的啮合传动　　D. 两零件直接接触的摩擦传动
9. 发动机正时链条掉链属于（　　）传动链失效形式。
   A. 链条铰链的胶合　　　　　B. 链板疲劳破坏
   C. 链条的静力拉断　　　　　D. 链条铰链磨损
10. 下列关于链传动的特点描述，错误的是（　　）。
    A. 传动距离远，过载打滑
    B. 不受湿气及高温等不良环境的影响，使用寿命长
    C. 高速运转时易产生振动，发出噪声
    D. 链条的铰链磨损后易脱落

四、简答题

1. 在汽车维修中，如何进行链传动的润滑？
2. 在汽车维修中，如何判断链传动是否失效？

任务三　汽车齿轮传动分析

任务导入

齿轮传动是利用齿轮副来传递运动和动力的一种机械传动，在汽车上有很多地方用到了齿轮传动，不同的场合采用不同的齿轮来传递运动，因此必须了解各种类型齿轮的特性、应用场合，这样才能正确理解并分析汽车动力传递。

任务目标

1. 了解汽车齿轮传动的特点、分类及应用。
2. 了解渐开线直齿圆柱齿轮传动正确啮合的条件及连续传动的条件。
3. 掌握渐开线直齿圆柱齿轮各部分名称、基本参数及各部分几何尺寸计算。

4. 了解齿轮传动的失效形式。
5. 了解标准直齿圆锥齿轮传动的特点、基本参数及应用。
6. 了解蜗杆传动的特点与应用、类型，学会判断蜗轮蜗杆的旋向。

相关知识

插齿

外啮合齿轮传动

一、齿轮传动的特点及类型

1. 齿轮传动的特点

齿轮传动是应用最广泛的一种机械传动。和其他传动形式相比，其主要优点有：适用的速度和功率范围广；传动比准确；效率高；工作可靠；寿命长；可实现平行轴、相交轴、交错轴之间的传动；结构紧凑。

其主要缺点有：制造和安装精度要求较高，成本较高；不适宜于远距离两轴之间的传动；传动中会产生冲击、振动和噪声；没有过载保护作用。

2. 齿轮传动的类型及应用

按照一对齿轮轴线的相互位置，可以分为平面齿轮传动和空间齿轮传动两类。

（1）平面齿轮传动　平面齿轮传动也称为平行轴齿轮传动，其特点是两个齿轮的轴线相互平行，两轮的相对运动是平面运动，如图 4-3-1 所示。

内啮合齿轮传动

(a) 外啮合直齿轮传动　　(b) 内啮合直齿轮传动　　(c) 外啮合斜齿轮传动　　(d) 内啮合斜齿轮传动

人字齿轮传动

(e) 人字齿轮传动　　(f) 直齿轮齿条传动　　(g) 斜齿轮齿条传动

图 4-3-1　平面齿轮传动

直齿齿轮
齿条传动

平面齿轮传动包括直齿圆柱齿轮传动、平行轴斜齿圆柱齿轮传动和人字齿齿轮传动三种。其中，人字齿齿轮可以看成是由两个螺旋角大小相等、方向相反的斜齿圆柱齿轮组成的。

圆柱齿轮根据轮齿齿线相对于齿轮母线的方向，又分为直齿圆柱齿轮（轮齿方向与齿轮轴线平行）和斜齿圆柱齿轮（轮齿方向与齿轮轴线方向倾斜一个角度）两种。

根据两个齿轮的啮合方式，又分为外啮合、内啮合和齿轮与齿条传动三种。

（2）空间齿轮传动 空间齿轮传动特点是两个齿轮的轴线不平行，所以两轮的相对运动是空间运动，它包括相交轴齿轮传动和交错轴齿轮传动两种，见表 4-3-1。

圆锥齿轮传动属于相交轴齿轮传动，它的轮齿分布在圆锥体的表面。按照轮齿的方向不同，分为直齿圆锥齿轮传动、斜齿圆锥齿轮传动、曲齿圆锥齿轮传动和曲线齿锥齿轮传动四种。

交错轴齿轮传动有交错轴斜齿轮传动、蜗杆传动和准双曲面齿轮传动三种，其中交错轴斜齿轮传动的轴线可以在空间交错成任意角度；蜗杆传动和准双曲面齿轮传动的轴线一般互相交错垂直。

表 4-3-1 空间齿轮传动

两轴相交齿轮传动	直齿圆锥齿轮传动	斜齿圆锥齿轮传动	曲齿圆锥齿轮传动	曲线齿锥齿轮传动
两轴交错齿轮传动	交错轴斜齿圆柱齿轮传动	蜗杆传动	准双曲面齿轮传动	

按照齿轮的工作条件不同，可以分为开式传动和闭式传动两种。

（1）开式齿轮传动：齿轮传动裸露在外，故不能防尘且润滑不良。因此，轮齿易磨损，寿命短，用于低速或不重要的场合，如水泥搅拌机齿轮、卷扬机齿轮等。

（2）闭式齿轮传动：齿轮传动安装在密闭的箱体内，故密封条件好，且易于保证良好的润滑，使用寿命长，用于较重要的场合，如汽车变速器齿轮、减速器齿轮、机床主轴箱齿轮等。

二、渐开直齿圆柱齿轮

1. 渐开线齿廓的形成

由图 4-3-2 可见，当一条直线 BK 沿着一圆周作纯滚动时，其上任意一点 K 在圆周上的运动轨迹为该圆的渐开线。该圆称为基圆，半径用 r_b 表示。直线 BK 称为渐开线的发生线，渐开线 AK 所对的基圆圆心角 θ_K 称为渐开线的展角。

从上述渐开线的形成过程可知，它具有下列一些性质：

（1）发生线长度等于它所对应的基圆弧长，即 $\overline{BK} = \overparen{AB}$。

（2）发生线的 BK 是渐开线上 K 点的法线，它必定与基圆相切。切点 B 就是渐开线上 K 点的曲率中心，即 BK 为渐开线上 K 点的曲率半径。可见，渐开线在基圆

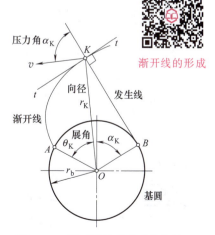

图 4-3-2 渐开线的形成及其特性

上起始点的曲率半径为零，而且离基圆越远的点，其曲率半径越大，渐开线越平直。

（3）渐开线的形状取决于基圆的大小，基圆越大，渐开线越平直。当基圆半径趋于无穷大时，渐开线变成一条斜直线，这就是齿条的齿廓曲线。

（4）渐开线上某点的法线（正压力作用线）与该点速度 v_K 方向所夹的锐角 α_K，称为该点的压力角。

$$\cos\alpha_K = r_b / r_K$$

式中　　r_K——任意点 K 的向径；

　　　　r_b——基圆半径。

由图 4-3-2 可知，压力角 α_K 随着向径 r_K 的不同而变化，r_K 越大，压力角越大，基圆上的压力角等于零。

（5）因渐开线是从基圆开始向外展开的，所以基圆内无渐开线。

2. 直齿圆柱齿轮各部分的名称

如图 4-3-3 所示为直齿圆柱齿轮外啮合齿轮的一部分，根据 GB/T 3374—2010 的规定，其基本尺寸的名称和符号如下：

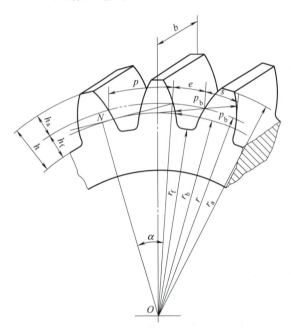

图 4-3-3　齿轮各部分的名称

（1）基圆　基圆是形成齿廓渐开线的圆，其直径用 d_b 表示；

（2）齿顶圆　过齿轮的齿顶所作的圆，其直径用 d_a 表示；

（3）齿根圆　过齿轮各齿槽底部所作的圆，其直径用 d_f 表示；

（4）分度圆　为了便于齿轮各部分尺寸的计算，在齿顶圆和齿根圆之间假设的一个作为计算基准的圆，其直径用 d 表示；

（5）齿厚　在分度圆上一个轮齿两侧齿廓间的弧长称齿厚，用 s 表示；

（6）齿槽宽　在分度圆上一个齿槽两侧齿廓间的弧长称为齿槽宽，用 e 表示；

（7）齿距　相邻两齿同侧齿廓间的弧长称为该圆上的齿距，用 p 表示，$p = s + e$；

（8）齿顶高　齿轮的齿顶圆与分度圆之间的径向距离称为齿顶高，用 h_a 表示；

（9）齿根高　分度圆与齿根圆之间的径向距离称为齿根高，用 h_f 表示；

（10）全齿高　齿顶圆与齿根圆之间的径向距离称为全齿高，用 h 表示，$h = h_a + h_f$；

（11）齿宽　齿轮的轴向尺寸称为齿宽，用 b 表示。

3. 渐开线直齿圆柱齿轮的主要参数

渐开线直齿圆柱齿轮的主要参数有齿数、模数和压力角等。

（1）齿数 z　在齿轮整个圆周上，均匀分布的轮齿总数称为齿数，用 z 表示。一对啮合的齿轮的传动比与主、从动轮的转速成正比，与主、从动轮的齿数成反比。当模数一定时，齿数越多，齿轮的几何尺寸越大，齿轮渐开线的曲率半径也越大，齿廓曲线越趋于平直。

渐开线圆柱齿轮齿廓形成

（2）模数 m　假设分度圆直径为 d，半径为 r，相邻轮齿同侧渐开线在分度圆上的弧长，即齿距为 p，则有分度圆周长 $\pi d = pz$，则分度圆直径 $d = pz/\pi$，由于 π 为无理数，为了设计、制造和计算的方便，便人为地令 $p/\pi = m$，m 为模数，单位 mm。

$$m = \frac{p}{\pi} = \frac{d}{z}$$

得分度圆直径：
$$d = mz$$

模数是齿轮几何尺寸计算的重要参数，其值已经标准化。由 $d = mz$ 可知，当齿数相同时，模数越大，齿轮的直径越大，轮齿的承载能力也越大，如图 4-3-4 所示。

（3）压力角 α　由渐开线的特性可知，渐开线上 K 点的压力角用 α_K 表示，并且 $\cos\alpha_K = r_b/r_K$，则分度圆上的压力角可用 α 表示，并且 $\cos\alpha = r_b/r$。

国家标准规定，标准齿轮分度圆上的压力角为标准值，$\alpha = 20°$。

（4）齿顶高系数 h_a^* 和顶隙系数 c^*　当齿轮模数确定后，齿轮的齿顶高、齿根高可表示为：

齿顶高　　　　　　　　$h_a = h_a^* m$
齿根高　　　　　　　　$h_f = (h_a^* + c^*) m$

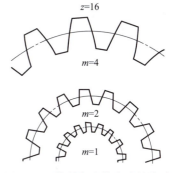

图 4-3-4　模数与齿轮大小的关系

一对齿轮啮合时，为避免一齿轮的齿顶与另一齿轮的齿槽底相抵触，并留有空隙储存润滑油，应使一齿轮齿顶圆与另一齿轮齿根圆之间留有一定的间隙，此间隙沿径向度量，称为径向间隙或顶隙。

国家标准中规定 h_a^*、c^* 的标准值为：

正常齿　　　　　　　　$h_a^* = 1$，$c^* = 0.25$
短齿　　　　　　　　　$h_a^* = 0.8$，$c^* = 0.3$

（5）中心距　一对模数和压力均相等的标准齿轮安装时，若使两轮的分度圆相切，即节圆与分度圆重合，则称为标准安装，两轮心之间的距离称为标准中心距。

对于一对标准安装的标准直齿轮，其分度圆上的齿厚等于齿槽宽，即：

$$s_1 = e_1 = s_2 = e_2 = \frac{\pi m}{2}$$

这时一齿轮的齿顶到另一个齿轮的齿根之间留有一定的顶隙，但在理论上是没有侧隙的，因此标准齿轮无侧隙啮合时两轮的分度圆相切，其标准中心距为：

$$a = r_1 + r_2 = \frac{1}{2} m(z_1 + z_2)$$

式中，r_1 和 r_2 分别为两轮的分度圆半径。

4．渐开线直齿圆柱齿轮几何尺寸的计算

标准渐开线直齿圆柱齿轮几何尺寸计算公式见表 4-3-2。

5．渐开线直齿圆柱齿轮正确啮合的条件

一对渐开线齿廓齿轮能保证恒定的传动比，但并不表明任意两个渐开线齿廓都能相互配对传动。如图 4-3-5 所示，为了使一对齿轮能正确啮合，必须保证处于啮合线上的各对轮齿都能正确地进入啮合状态。为此，一对相互啮合的齿轮的齿距必须相等，即 $p_{b1} = p_{b2}$，又因为 $p_b = \pi m \cos\alpha$，所以，两齿轮的正确啮合条件为 $m_1 \cos\alpha_1 = m_2 \cos\alpha_2$。

表 4-3-2　标准渐开线直齿圆柱齿轮几何尺寸的计算公式

名称	符号	计算公式	名称	符号	计算公式
模数	m	取标准值	基圆齿距	p_b	$p_b = p\cos\alpha = \pi m \cos\alpha$
压力角	α	$\alpha = 20°$	齿厚	s	$s = \pi m/2$
顶隙	c	$c = c^* m$	齿槽宽	e	$e = \pi m/2$
齿顶高	h_a	$h_a = h_a^* m$	分度圆直径	d	$d = mz$
齿根高	h_f	$h_f = (h_a^* + c^*)m$	基圆直径	d_b	$d_b = mz\cos\alpha$
全齿高	h	$h = h_a + h_f$	齿顶圆直径	d_a	$d_a = d + 2h_a$
齿距	p	$p = \pi m$	齿根圆直径	d_f	$d_f = d - 2h_f$
中心距	a	$a = r_1 + r_2 = \frac{1}{2}m(z_1 + z_2)$			

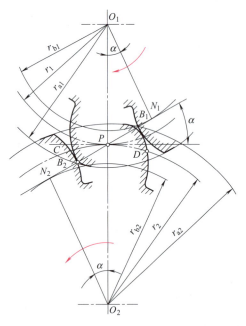

图 4-3-5　渐开线齿轮的啮合传动

由于模数 m 和压力角 α 均已标准化，故正确啮合条件为：

$$\left.\begin{array}{l} m_1 = m_2 = m \\ \alpha_1 = \alpha_2 = \alpha \end{array}\right\}$$

即相互啮合的两轮齿的模数和压力角分别相等，且为标准值。

三、斜齿圆柱齿轮传动

1. 斜齿轮齿廓曲面的形成

如图 4-3-6 所示，当发生面在基圆柱相切并作纯滚动时，发生面上任意一条与基圆柱母线成一倾斜角 β_b 的直线 KK 在空间所展开的轨迹为一个渐开线螺旋面，即为斜齿圆柱齿轮的齿廓曲面。从端面上看各点的轨迹均为渐开线，只是各渐开线的起点不同而已。由于斜直线 KK 在其上各点依次和基圆柱相切，因此各切点在基圆柱上形成螺旋线 AA，AA 线上各点为渐开线的起始点，它们在空间展开的曲面为渐开螺旋面。β_b 角称为基圆柱上的螺旋角。

斜齿圆柱齿轮传动

2. 斜齿圆柱齿轮的啮合特点

直齿圆柱齿轮（简称直齿轮）的轮齿和齿轮轴线平行，轮齿啮合时齿面间的接触线也和齿轮轴平行，如图 4-3-7（a）所示。因此轮齿进入啮合和退出啮合，都是沿整个齿宽同时发生的，因而传动平稳性差，冲击和噪声较大。

斜齿圆柱齿轮（简称斜齿轮）的轮齿和齿轮轴线不平行，轮齿啮合时齿面间的接触线是倾斜的，如图 4-3-7（b）所示，接触线的长度是由短变长，再由长变短。即轮齿是逐渐进入啮合，再逐渐

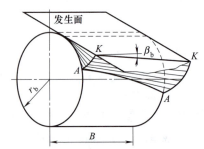

图 4-3-6　渐开线螺旋面的形成

退出啮合的，故传动平稳，冲击和噪声小，适合于高速传动。

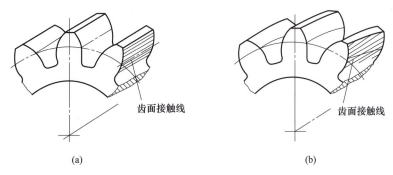

图 4-3-7　直齿圆柱齿轮和斜齿圆柱齿轮的齿面接触线

3．标准斜齿圆柱齿轮传动的几何参数

（1）螺旋角　斜齿圆柱齿轮齿廓曲面与任意圆柱面的交线都是一个螺旋线，该螺旋线的切线与过切点的圆柱母线间所夹的锐角，称为该圆柱面上的螺旋角。在斜齿圆柱齿轮各个不同的圆柱面上，其螺旋角是不同的，螺旋角越大，轮齿越倾斜，传动平稳性越好，但轴向力也越大。一般取螺旋角 $\beta_b = 8° \sim 20°$。

斜齿圆柱齿轮按其齿廓渐开螺旋面的旋向，可分为左旋和右旋两种，如图 4-3-8 所示。

（2）模数　斜齿圆柱齿轮的模数，垂直于轮齿面的模数为法面模数，用 m_n 表示；垂直于轴线平面的端面模数用 m_t 表示，它们的关系为 $m_n = m_t \cos\beta$，以法面模数 m_n 为标准值，如图 4-3-9 所示，斜齿圆柱齿轮的压力角规定以法面压力角为标准，即 $\alpha_n = 20°$。

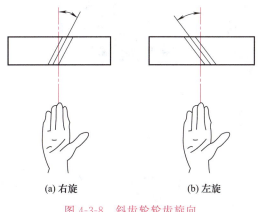

图 4-3-8　斜齿轮轮齿旋向

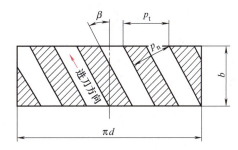

图 4-3-9　法面齿距与端面齿距

（3）齿距　由图 4-3-9 可知，法向齿距 p_n 和端面齿距 p_t 的关系为：
$$p_n = p_t \cos\beta$$

4．斜齿轮传动的正确啮合条件

一对斜齿轮啮合传动，由于存在螺旋角，所以在啮合传动中，要求两个齿轮的法面的模数和压力角应分别相等，另外两轮啮合处的齿向也要相同，因此，斜齿轮传动的正确啮合条件为

$$\left. \begin{array}{l} m_{n1} = m_{n2} = m_n \\ a_{n1} = a_{n2} = a_n \\ \beta_1 = \pm \beta_2 \end{array} \right\}$$

式中，正号用于内啮合传动，负号用于外啮合传动。由于相互啮合的斜齿轮的螺旋角大小相等，旋向相反，所以其端面模数和端面压力角也分别相等，即：

$$m_{t1}=m_{t2}，\alpha_{t1}=\alpha_{t2}$$

四、圆锥齿轮传动

1. 圆锥齿轮传动的特点

直齿圆锥齿轮传动

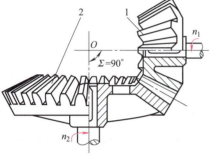

图 4-3-10　圆锥齿轮传动
1—主动锥齿轮；2—从动锥齿轮

圆锥齿轮是用来传递两轴相交的旋转运动和动力，常见轴交角为 90°。其传动可以看成是两个锥顶共点的圆锥体相互做纯滚动，如图 4-3-10 所示。锥齿轮的轮齿分布在圆锥面上，所以轮齿从大端向小端渐渐缩小，沿齿宽方向各截面尺寸都不相等，大端尺寸最大。一般以大端的参数为标准值。

锥齿轮按轮齿的形状，可分为直齿锥齿轮、斜齿锥齿轮和曲齿锥齿轮三种，如图 4-3-11 所示。其中，直齿锥齿轮的设计、制造和安装都比较简单，所以应用较广。

(a) 直齿锥齿轮

(b) 斜齿轮齿轮

(c) 曲齿锥齿轮

图 4-3-11　锥齿轮传动的类型

圆锥齿轮结构复杂，工作时会产生轴向力，加工和安装比较困难，啮合精度和承载能力较差，一般用于轻载、低速的场合。

2. 圆锥齿轮传动在汽车中的应用

在汽车的传动系中，常用锥齿轮将动力路线改变 90°，而保持其驱动轮的旋转方向不变，主要用于轿车驱动桥的主减速器和差速器中，如图 4-3-12 所示。

五、齿轮的失效形式

在齿轮在传动过程中，常见的失效形式有轮齿折断、齿面点蚀、齿面磨损、齿面胶合及塑性变形五种形式。

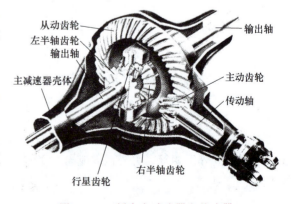

图 4-3-12　轿车主减速器和差速器

1. 轮齿折断

轮齿折断有两种形式，一种是在交变载荷作用下，齿根弯曲应力超过允许限度时，齿根处产生微小裂纹，随后裂纹不断扩展，最终导致轮齿疲劳折断；另一种是短时过载或受冲击载荷作用时发生突然折断，如图 4-3-13 所示。

2. 齿面点蚀

齿轮传动中，两齿面是线接触，表层产生很大的接触应力，致使表层金属微粒剥落，形成小麻点或较大的凹坑，这种现象称为齿面点蚀。点蚀的产生破坏了渐开线的完整性，从而引起振动和噪声，继而恶性循环，以致传动不能正常进行。齿面点蚀是闭式齿轮传动的主要失效形式，如图 4-3-14 所示。

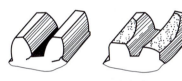

图 4-3-13　轮齿折断

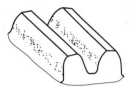

图 4-3-14　齿面点蚀

3. 齿面磨损

齿面磨损通常有两种情况：一种是由于灰尘、金属微粒等进入齿面间引起的磨损；另一种是由于齿面间相对滑动摩擦引起的磨损。一般情况下这两种磨损往往同时发生并相互促进。严重的磨损将使轮齿失去正确的齿形，齿侧间隙增大而产生振动和噪声，甚至由于齿厚磨薄最终导致轮齿折断，如图 4-3-15 所示。

润滑良好、具有一定硬度和表面粗糙度较低的闭式齿轮传动，一般不会产生显著的磨损，在开式齿轮传动，特别是在粉尘浓度较大的场合下，齿面磨损将是主要的失效形式。

4. 齿面胶合

高速重载传动和低速重载时，由于不易形成油膜，而导致两齿轮齿面的金属直接接触而粘在一起，随着运动的继续，齿面上的金属被撕下，在轮齿的工作表成形成与滑动方向一致的沟纹，这种现象称为齿面胶合，如图 4-3-16 所示。

5. 齿面塑性变形

低速重载传动时，若轮齿齿面硬度较低，当齿面间的作用力过大时，啮合中的齿面表层材料就会沿着摩擦力的方向产生塑性流动，这种现象称为塑性变形。在启动和过载频繁的传动中，容易产生齿面塑性变形。提高硬度和采用黏度较高的润滑油，都有利于防止或减轻齿面的塑性变形，如图 4-3-17 所示。

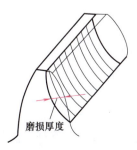

图 4-3-15　齿面磨损

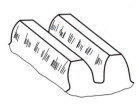

图 4-3-16　齿面胶合

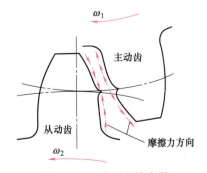

图 4-3-17　齿面塑性变形

六、蜗轮蜗杆传动

1. 蜗轮蜗杆传动的组成及特点

(1) 螺轮蜗杆传动的组成　蜗轮蜗杆传动由蜗杆、蜗轮和机架组成。通常蜗轮、蜗杆轴线在空间成直角交错，用以传递空间两轴的运动和动力，如图 4-3-18 所示。

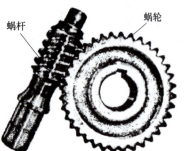

图 4-3-18　蜗轮蜗杆传动

(2) 蜗轮蜗杆传动的传动比　一对相啮合的蜗轮蜗杆传动，其蜗轮、蜗杆轮齿的旋向相同，且螺旋角之和等于 90°。蜗杆传动，一般蜗杆为主动件，蜗轮为从动件。设蜗杆的头数为 z_1，蜗轮的齿数为 z_2，当蜗杆的转速为 n_1 时，则蜗轮蜗杆传动的传动比为：

$$i_{12}=\frac{n_1}{n_2}=\frac{z_2}{z_1}$$

蜗杆的头数一般取 $z_1=1\sim 4$。当传动比大于 40 或要求蜗杆自锁时，常取 $z_1=1$；当传递功率较大时，常取 $z_1=2\sim 4$。蜗杆头数越多，加工精度就越困难。

(3) 蜗轮蜗杆传动的特点　与其他传动相比，蜗杆传动具有以下特点：传动工作平稳，噪声低，结构紧凑，传动比大（单级传动比 8~80，在分度机构中可高达到 1000）；传动效率低，一般效率为 $\eta=0.7\sim 0.9$，自锁时其效率低于 50%（$\eta=0.45$ 左右），易磨损、发热，制造成本高，轴向力大。常用于传动比较大，结构紧凑，传动效率不高的场合。蜗轮蜗杆应用于汽车的转向器和记录里程等。

2. 蜗杆传动的类型

蜗杆传动的类型通常根据蜗杆形状和加工方法分类。根据蜗杆的形状可以分为圆柱面蜗杆传动、圆弧面蜗杆传动和锥面蜗杆传动，如图 4-3-19 所示。动力传动中最常用的是阿基米德圆柱蜗杆传动。

蜗杆传动

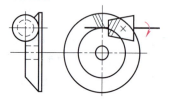

(a) 圆柱面蜗杆传动

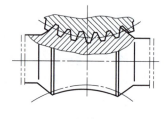

(b) 圆弧面蜗杆传动

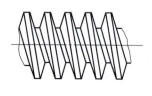

(c) 锥面蜗杆传动

图 4-3-19　蜗杆传动的类型

蜗杆有单头、双头和多头多种形式。单头蜗杆主要用于传动比较大的场合，要求自锁的传动必须采用单头蜗杆。多头蜗杆主要用于传动比不大，要求效率较高的场合。

3. 蜗杆传动旋转方向的判断

(1) 蜗杆螺旋方向的判断　蜗杆与斜齿轮一样，分为左旋和右旋，如图 4-3-20 所示。蜗杆螺旋方向可用右手法则判定，手心对着自己，四个手指顺着蜗杆轴线方向，蜗杆齿向与右手拇指指向一致，则为右旋蜗杆，反之为左旋蜗杆。

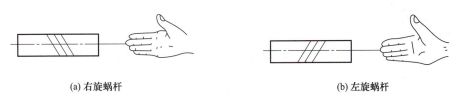

(a) 右旋蜗杆　　　　　　　　　　　(b) 左旋蜗杆

图 4-3-20　蜗杆螺旋方向的判断

（2）蜗轮旋转方向的判断　当蜗杆的螺旋方向和转动方向为已知时，可根据螺旋副的运动规律，用"左右手定则"确定蜗轮的旋转方向。如图 4-3-21（a）所示，当蜗杆为右旋时，则用右手，伸出右手握拳，用四指顺着蜗杆的旋转方向，与大拇指的指向相反的方向，为蜗轮的旋转方向，当蜗杆为左旋时，则用左手按同样的方法判断，如图 4-3-21（b）所示。

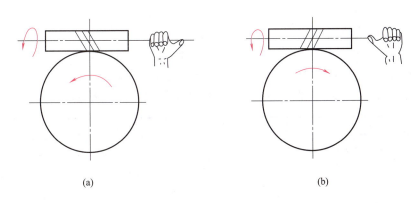

(a)　　　　　　　　　　　　　　　(b)

图 4-3-21　蜗轮旋转方向的判断

4．蜗杆传动的失效形式

蜗杆传动的失效形式和齿轮传动轮齿的失效形式基本相同，有胶合、磨损、疲劳点蚀和轮齿折断等。但蜗杆传动轮齿的胶合与磨损要比齿轮严重得多。这是由于蜗杆传动轮齿齿面间滑动速度较大，温度高，效率低，在润滑及散热不良时，闭式传动极易出现胶合。开式传动及润滑不清洁的闭式传动，轮齿磨损速度很快，所以，轮齿表面发生胶合、磨损、疲劳点蚀是蜗杆传动的主要失效形式。

5．蜗轮、蜗杆的材料

蜗轮和蜗杆的材料不仅要有足够的强度，还必须具有良好的减摩性、耐磨性和抗胶合的能力。因此蜗杆传动的速度高时，采用青铜蜗轮与淬硬的钢制蜗杆相匹配。

（1）蜗轮　蜗轮常用材料为铸造青铜、铸造铝铁青铜及灰铸铁等。锡青铜耐磨性最好，但价格高，用于滑动速度 $v_s \geq 4\text{m/s}$ 的重要场合；铝青铜耐磨性较锡青铜差一些，但价格便宜，一般用于滑动速度 $v_s \leq 4\text{m/s}$ 的传动；传动要求不高，低速轻载时可采用灰铸铁。

（2）蜗杆　对于汽车维修机械，蜗杆一般用碳钢或合金钢制造。在高速、重载、载荷变化较大的条件下，常采用优质低碳钢 20Cr、20CrMnTi 等材料，经渗碳、淬火加低温回火处理，硬度为 58～63HRC；载荷平稳的条件下常采用优质碳素钢 45、40Cr 等，经表面淬火，硬度为 45～55HRC；对于速度低、不太重要的传动蜗杆，可采用优质碳素钢 35、40、45 进行调质处理，硬度为 220～270HBW。

任务实施

汽车自动变速器与差速器中齿轮传动应用认识

1. 实施场地

   汽车底盘拆装实训室。

2. 实施仪器与用具

   （1）手动变速器台架；

   （2）差速器；

   （3）拆装工具150件套。

3. 计划与实施

   （1）分组讨论，思考并完成下列问题。

   ① 分解汽车自动变速器。

   ② 检查自动变速器齿轮副的类型及数量，并计算齿轮副的传动比。

   ③ 检查差速器齿轮副的类型及数量，并计算齿轮副的传动比。

   （2）结合"汽车自动变速器与差速器中齿轮传动应用认识"情况，完成下面表格。

序号	问题	结　论
1	汽车自动变速器拆装步骤	
2	齿轮类型及数量	□ 直齿圆柱齿轮传动（　）对 □ 斜齿轮传动（　）对 □ 锥齿轮传动（　）对 □ 蜗轮蜗杆传动（　）对
3	传动比计算	

4. 技能考核

根据"汽车自动变速器与差速器中齿轮传动应用认识"情况，填写下表。

班级		项目名称	
姓名		项目任务名称	
学号		完成时间	
实践项目		实践设备	
汽车自动变速器与差速器中齿轮传动应用认识	完成任务计划与实施表格		
自我评价	良好□　合格□　不合格□		
小组评价	良好□　合格□　不合格□ 组长签名：		
教师评价	良好□　合格□　不合格□ 教师签名：		

小结

1. 齿轮传动分为平面齿轮传动和空间齿轮传动，平面齿轮传动指两轴平行的齿轮传动，空间齿轮传动是指两轴在空间相交或交错的齿轮传动。
2. 齿轮传动的基本参数是模数、齿数、压力角。
3. 直齿圆柱齿轮正确啮合的条件是两轮的模数和压力角分别相等。
4. 斜齿轮与直齿轮相比较，斜齿轮的轮齿是逐渐进入啮合，逐渐退出啮合，因此传递运动更加平稳。
5. 锥齿轮是空间齿轮传动，一般两轮轴线在空间相交呈 90°。
6. 齿轮传动常见的失效形式有轮齿折断、齿面点蚀、齿面磨损、齿面胶合及塑性变形五种形式。
7. 蜗轮蜗杆传动一般传递空间交错两轴的运动与动力，传动工作平稳，噪声低，结构紧凑，传动效率低，具有自锁功能。
8. 蜗杆的螺旋方向有左旋和右旋之分，蜗轮的旋向由左右手定则判断。

拓展训练

一、填空题

1. 齿轮传动比是主动轮与从动轮的_____之比，与齿数成_____比，用公式表示_____。
2. 形成渐开线的圆称为_____。渐开线的形状取决于_____的大小。
3. 齿轮根据齿廓曲线的不同，齿轮分为_____、_____和_____等。
4. 在直齿圆柱齿轮中，齿轮的_____、_____、_____、_____和_____等为是齿轮的基本参数。
5. 模数就是齿轮的_____的_____之比，其单位为_____，模数越_____，齿轮的齿形越大，承载能力越_____。
6. 渐开线直齿圆柱齿轮正确啮合条件为：两轮的_____和_____必须分别相等并为标准值。
7. 齿轮轮齿的常见失效形式有_____、_____、_____、_____和_____。
8. 标准直齿圆柱齿轮，其模数 $m=2\text{mm}$，齿数 $z=26$，则分度圆直径 $d=$_____。

二、判断题

1. 当模数一定时，齿轮齿数越多，其几何尺寸越小，承载能力越小 （　　）
2. 齿轮的标准模数和标准压力角都在分度圆上。 （　　）
3. 轮齿的形状与压力角无关。 （　　）
4. 目前最常用的齿廓曲线是渐开线。 （　　）
5. 齿轮参数中最基本的参数是齿数、模数、压力角。 （　　）
6. 直齿圆锥齿轮传动属于交错轴齿轮传动。 （　　）
7. 传动要平稳就是要求齿轮传动的瞬时传动比恒定。 （　　）
8. 模数反映齿轮尺寸和轮齿承载能力，是计算齿轮尺寸的基本参数。 （　　）

9. 齿轮的齿顶圆总是大于齿根圆。 （   ）

10. 齿厚可以用直尺测量出来。 （   ）

三、选择题

1. 齿轮轮齿渐开线的形状取决于（   ）。
   A. 齿轮模数　　　　B. 基圆半径　　　　C. 压力角　　　　D. 加工方法

2. 直齿圆柱齿轮传动属于（   ）。
   A. 平行轴齿轮传动　　　　　　　　B. 相交轴齿轮传动
   C. 交错轴齿轮传动　　　　　　　　D. 开式齿轮传动

3. 下列关于渐开线性质的描述中，错误的是（   ）。
   A. 基圆的切线必为渐开线上某点的法线　　B. 基圆上压力角为零
   C. 基圆内有渐开线　　　　　　　　　　　D. 渐开线的形状取决于基圆的大小

4. 在分度圆不变的条件下，齿形角小于20°时，齿轮轮齿形状影响是（   ）。
   A. 齿顶变尖，齿根变薄　　　　　　B. 齿顶变宽，齿根变薄
   C. 齿顶变宽，齿根变厚　　　　　　D. 齿顶变尖，齿根变厚

5. 对于模相同的齿轮，齿数越多，则齿轮的几何尺寸（   ）。
   A. 越大　　　　B. 越小　　　　C. 与模数无关　　　　D. 都不对

6. 我国标准齿轮的压力角为（   ）。
   A. 25°　　　　B. 20°　　　　C. 15°　　　　D. 10°

7. 当一对标准直齿圆柱齿轮正确安装时，两齿轮的（   ）相切。
   A. 分度圆　　　　B. 齿顶圆　　　　C. 基圆　　　　D. 齿根圆

8. 当齿数一定时，齿轮的模数越大，齿轮各部分的尺寸（   ）。
   A. 越大　　　　B. 越小　　　　C. 不变　　　　D. 不确定

9. 渐开线齿轮基圆的压力角 α（   ）。
   A. $\alpha > 0$　　　　B. $\alpha < 0$　　　　C. $\alpha = 0$　　　　D. $\alpha = 20°$

10. 下列有关模数的说法不正确的是（   ）。
    A. 我国标准规定模数的单位为 mm　　　B. 模数 m 没有单位
    C. 不同的模数齿形不同　　　　　　　　D. $m = p/\pi$

11. 蜗杆传动中，蜗杆和蜗轮的轴线一般在空间交错成（   ）。
    A. 45°　　　　B. 60°　　　　C. 90°　　　　D. 120°

12. 以下不能作为蜗杆传动的优点的是（   ）。
    A. 传动平稳，噪声小　　　　　　　B. 传动比可以很大
    C. 在一定条件下可以自锁　　　　　D. 传动效率高

四、计算分析题

1. 某标准直齿圆柱齿轮的齿数 $z = 30$，模数 $m = 3mm$，试确定该齿轮各部分的几何尺寸。

2. 为修配一个已损坏的齿数为 20 的标准直齿齿轮，实测得齿顶圆直径约为 65.7mm，试确定该齿轮的主要尺寸。

3. 互相啮合的一对标准直齿圆柱齿轮（压力角 $\alpha = 20°$，齿顶高系数 $h_a^* = 1$，顶隙系数

$c^* = 0.25$),齿数 $z_1 = 20$,$z_2 = 32$,模数 $m = 10\text{mm}$,试计算其分度圆直径 d、齿顶圆直径 d_a、齿根圆直径 d_f、齿厚 s、基圆直径 d_b 和中心距 a,并将结果填入下表中。

名称	代号	应用公式	小齿轮	大齿轮
分度圆直径				
齿顶圆直径				
齿根圆直径				
齿厚				
基圆直径				
中心距				

项目五 汽车变速器轮系分析

任务一 汽车手动变速器轮系分析

 任务导入 »

用一对齿轮可以传递运动和转矩,并达到减速、增速及改变从动轴转向的目的。但在实际机械中,为了获得大传动比或转速、变向,一对齿轮传动往往不能满足工作需求,需要用若干对齿轮组成传动机构,即轮系。例如,汽车中的手动变速器就是典型的轮系的应用。

 任务目标 »

1. 掌握轮系的类型。
2. 了解定轴轮系的特点。
3. 掌握定轴轮系传动比计算。
4. 具有分析汽车中定轴轮系运动过程的能力。

 相关知识 »

一、轮系的类型

在现代机械中,常采用一系列相互啮合的齿轮组成的传动系统将主动轴的运动传给从动轴,这种由一系列齿轮组成的传动系统称为轮系。

根据轮系在运转时各齿轮的轴线相对于机架的位置是否固定,可以将其分为定轴轮系、周转轮系和混合轮系。齿轮几何轴线的位置都是固定的轮系,称为定轴轮系,如图 5-1-1 (a)。至少有一个齿轮除绕自身轴线自转外,其轴线又绕其他轴线转动的轮系称为周转轮系,如图 5-1-1 (b)。如果轮系中既包含定轴轮系,又包含周转轮系,或者包含几个周转轮系的,则称为混合轮系,如图 5-1-1 (c)。

(a)

(b)

(c)

图 5-1-1 轮系

定轴轮系

二、定轴轮系的特点

定轴轮系主要有以下特点：

（1）获得较大的传动比。一般一对齿轮的传动比不宜过大，直齿轮传动比为 3～6。如果实际应用中要求传动比达到 100，若仅用一对齿轮传动，则大轮直径将为小轮直径的 100 倍，使传动不紧凑，若采用三级轮系，则大轮直径可大为减小。

（2）实现相距较远轴间的传动。如两轴距离较大，采用一对齿轮传动，则两齿轮直径势必很大。若在中间加一个或几个齿轮，齿轮尺寸即可缩小。

（3）实现变速、换向传动。用变速机构改变轮系的传动比实现变速，或设置中间轮以改变从动轴的转向。

（4）实现多路传动。用一个主动轴带动若干要求不同转速、转向的从动轴，或用若干从动轴带动同一主动轴。

三、定轴轮系传动比计算

1. 一对齿轮的传动比计算

轮系中两齿轮（轴）的转速或角速度之比，称为轮系的传动比。求轮系的传动比不仅要计算它的数值，而且还要确定两轮的转向关系。

如图 5-1-2 所示为一对定轴齿轮传动，若主动轮为 1，从动轮 2，则其传动比 i_{12} 为

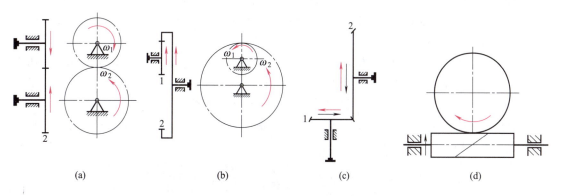

图 5-1-2 一对定轴齿轮传动简图

$$i_{12}=\frac{n_1}{n_2}=\frac{\widetilde{\omega}_1}{\widetilde{\omega}_2}=\pm\frac{z_2}{z_1}$$

对于圆柱齿轮，图 5-1-2（a）外啮合时，从动轮 2 与主动轮 1 转向相反，传动比取负号；图 5-1-2（b）内啮合时两轮转向相同，传动比取正号。但是对于圆锥齿轮、蜗杆蜗轮主、从动轮不在一个平面内，不能用正负号表示运动方向，所以用箭头表示主、从动轮之间的转向关系，如图 5-1-2（c）、（d）。对于图（c）一对啮合的圆锥齿轮，表示方向的箭头同时指向啮合点或同时背向啮合点（"头对头，尾对尾"）。图（d）蜗轮蜗杆传动，对于左旋蜗杆可以采用左手原则判断蜗轮的转向，而对于右旋螺杆可以采用右手原则判断蜗轮的转向。例如图（d）蜗杆为左旋，采用左手原则，左手手伸直，四指握向蜗杆的转动方向，拇指的反方向为蜗轮的转向。

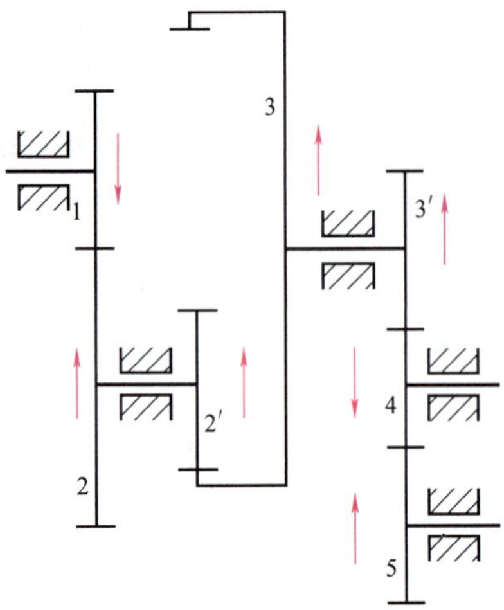

2. 定轴轮系传动比计算

如图 5-1-3 所示某定轴轮系，齿轮 1 为输入轮，齿轮 5 为输出轮。设各轮的齿数为 z_1、z_2…，各轮的转速为 n_1、n_2…，则该轮系的传动比 i_{15} 可由各对啮合齿轮的传动比求出。

根据前面所述，该轮系中各对啮合齿轮的传动比分别为：

$$i_{12}=\frac{n_1}{n_2}=-\frac{z_2}{z_1} \qquad i_{2'3}=\frac{n'_2}{n_3}=\frac{z_3}{z'_2}$$

$$i_{3'4}=\frac{n'_3}{n_4}=\frac{z_4}{z'_3} \qquad i_{45}=\frac{n_4}{n_5}=-\frac{z_5}{z_4}$$

图 5-1-3 定轴轮系传动比的计算

将各式相乘，得：

$$i_{12}i_{2'3}i_{3'4}i_{45}=\frac{n_1}{n_2}\frac{n'_2}{n_3}\frac{n'_3}{n_4}\frac{n_4}{n_5}=-\frac{z_2}{z_1}\left(+\frac{z_3}{z'_2}\right)\left(-\frac{z_4}{z'_3}\right)\left(-\frac{z_5}{z_4}\right)=(-1)^3\frac{z_2z_3z_4z_5}{z_1z'_2z'_3z_4}$$

由于齿轮 2 与 2′，齿轮 3 与 3′同轴，则有

$$n_2=n'_2 \qquad n_3=n'_3$$

故该轮系的传动比为：

$$i_{15}=\frac{n_1}{n_5}=i_{12}i_{2'3}i_{3'4}i_{45}=(-1)^3\frac{z_2z_3z_4z_5}{z_1z'_2z'_3z_4}=-\frac{z_2z_3z_5}{z_1z'_2z'_3}$$

由以上分析可知，定轴轮系的总传动比等于组成该轮系的各对啮合齿轮传动比的连乘积，也等于各对齿轮传动中从动轮齿数的乘积与主动轮齿数的乘积之比。传动比的正负号取决于外啮合齿轮的对数。

在图 5-1-3 中，齿轮 4 同时与齿轮 3 和齿轮 5 啮合，既是主动轮，又是从动轮，故齿轮 4 的齿数在计算传动比时被约去。所以对传动比的大小没有影响，但是它改变了传动比的正负号，即改变了运动传递的方向，这种齿轮称为过桥轮或者惰轮。

由此可以推导到一般情形下，设齿轮 1 为起始主动轮，齿轮 k 为最末从动轮，则平面定轴轮系的传动比的一般公式为：

$$i_{1k}=\frac{\omega_1}{\omega_k}=(-1)^m\times\frac{\text{所有从动轮齿数的连乘积}}{\text{所有主动轮齿数的连乘积}}$$

式中，m 外啮合齿轮的对数。

项目五 汽车变速器轮系分析

若计算结果为"+",表明首、末两齿轮的转向相同;反之,则转向相反。

对于非平行轴定轴齿轮系,不能用 $(-1)^m$ 来确定主动轮与从动轮的转向关系,必须用画箭头的方式在图上标注出各轮的转向。

手动变速器轮系分析

1. 实施场地

汽车手动变速器拆装实训室。

2. 实施仪器与用具

(1) 工具箱;

(2) 汽车手动变速器,如图 5-1-4 所示。

二级减速器

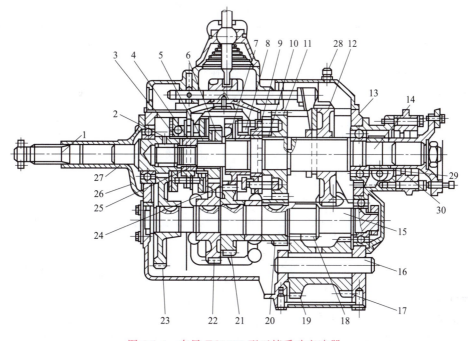

图 5-1-4　东风 EQ1090 型五挡手动变速器

1—第一轴;2—第一轴常啮合传动齿轮;3—第一轴齿轮接合齿圈;4,9—接合套;5—四挡齿轮接合齿圈;
6—第二轴四挡齿轮;7—第二轴三挡齿轮;8—三挡齿轮接合齿圈;10—二挡齿轮接合齿圈;11—第二轴二挡齿轮;
12—第二轴一挡、倒挡滑动齿轮;13—变速器壳体;14—第二轴;15—中间轴;16—倒挡轴;
17,19—倒挡中间齿轮;18—中间轴一挡、倒挡齿轮;20—中间轴二挡齿轮;21—中间轴三挡齿轮;
22—中间轴四挡齿轮;23—中间轴常啮合传动齿轮;24,25—花键毂;26—第一轴轴承盖;
27—轴承盖回油螺纹;28—通气孔;29—里程表传动齿轮;30—中央制动器底座

3. 计划与实施

在老师的指导下,分组进行手动变速器的拆装过程中,完成下列任务。

(1) 分组讨论,思考下列问题。

① 汽车手动变速器轮系属于哪种轮系?

② 分析判断该变速器各挡齿轮的旋转方向?

(2) 汽车手动变速器各挡的传动比计算。

① 标出各齿轮的旋转方向；
② 数出汽车变速器中每个齿轮的齿数；
③ 计算该变速器各挡的传动比。
（3）根据"汽车手动变速器轮系分析"情况，完成下列表格。

序号	问题	结　论				
1	手动变速器轮系运动分析					
2	手动变速器轮系类型					
3	手动变速器各挡传动比	一挡	二挡	三挡	四挡	五挡

4．技能考核

请完成"汽车手动变速器轮系分析"项目训练后，填写下表。

班级		项目名称	
姓名		项目任务名称	
学号		完成时间	
实践项目		实践设备	
汽车手动变速器轮系分析	完成任务计划与实施表格		
自我评价	良好□　合格□　不合格□		
小组评价	良好□　合格□　不合格□		
			组长签名：
教师评价	良好□　合格□　不合格□		
			教师签名：

 小结

1．根据轮系在运转时各齿轮的轴线相对于机架的位置是否固定，可以将其分为定轴轮系、周转轮系、混合轮系。

2．定轴轮系有以下特点，大的传动比、较大的轴间距、变速或变向，用变速机构改变轮系的传动比，以实现变速或设置中间轮以改变从动轴的转向、用一个主动轴带动若干要求不同转速、转向的从动轴，或用若干从动轴带动同一主动轴。

3．定轴轮系的传动比计算。

拓展训练

一、填空题

1．根据轮系在运转时各齿轮的轴线相对于机架的位置是否固定，可以将其分为_____、_____、_____。

2．定轴轮系的主要的特点有_____、_____和_____，而且还能用一个主动轴带动若干要求不同转速、转向的从动轴，或用若干从动轴带动同一主动轴。

3. 蜗轮蜗杆传动，对于左旋蜗杆可以采用_____原则判断蜗轮的转向，而对于右旋螺杆可以采用_____原则判断蜗轮的转向。

4. 汽车变速箱中的齿轮传动属于_____，汽车差速器中的齿轮传动属于_____。

5. 汽车离合器换向机构是用来改变_____的机构，变速机构是用来改变_____的机构。

二、判断题

1. 惰轮对轮系的传动比大小有影响。（　　）
2. 轮系的作用仅在于能实现变速或变向运动。（　　）
3. 两轮的旋转方向也可以用画箭头的方法表示。两轮旋转方向相反，画两同向箭头，两轮旋转方向相同，画两反向箭头。（　　）
4. 周转轮系至少有一个齿轮的轴线是不固定的。（　　）
5. 轮系的传动比是指轮系中首末两齿轮的齿数比。（　　）
6. 定轴轮系的传动比为正时，表示首、末两齿轮的转向相同。（　　）
7. 汽车定轴轮系液力传动自动变速器各齿轮的轴均是固定的轮系属于定轴轮系。（　　）
8. 汽车的倒车，是利用轮系中的惰轮来实现驱动车轮反向转动的。（　　）
9. 汽车定轴轮系液力传动自动变速器定轴轮系不可以把旋转运动变成直线运动。（　　）
10. 自动变速器的减速器常用于原动机与工作机，作为减速的传动装置。（　　）

三、选择题

1. 在轮系中加入惰轮可改变轮系的（　　）。
   A. 传动比　　　B. 转向　　　C. 转速　　　D. 传动比和转向
2. 当轮系运动时，如果各齿轮几何轴线的位置是固定不变的，则称为（　　）。
   A. 定轴轮系　　B. 行星轮系　　C. 混合轮系　　D. 以上都不是
3. 当轮系运动时，至少有一个齿轮的几何轴线是绕另一个齿轮的几何轴线转动的轮系称为（　　）。
   A. 定轴轮系　　B. 行星轮系　　C. 混合轮系　　D. 以上都不是
4. 只有（　　），才能用（-1)^{m}来确定轮系的转向。
   A. 平面定轴轮系　B. 空间定轴轮系　C. 行星轮系　D. 以上都不是
5. 齿轮传动可以传递空间任意两轴间的（　　）。
   A. 速度　　　B. 加速度　　　C. 力　　　D. 运动和力
6. 汽车中的变速箱主要是利用齿轮系应用中的（　　）功能。
   A. 实现分路传动　　　　　　B. 实现换向传动
   C. 实现变速传动　　　　　　D. 对运动进行合成与分解
7. 对于汽车上常采用定轴轮系和周转轮系，两者的区别在于（　　）。
   A. 齿轮的几何轴线位置是否相对固定　　B. 齿轮的轴是否相对固定
   C. 齿轮的转动方向是否改变　　　　　　D. 齿轮的转速是否改变
8. 在设计变速器时，将行星轮系转化定轴轮系后，各构件间的相对运动（　　）变化。
   A. 发生　　　B. 不发生　　　C. 不确定　　　D. 增大

9. 自动变速器实现运动的合成与分解可通过（　　）轮系实现。

A. 定轴轮系　　　　B. 传动轮系　　　C. 周转轮系　　　D. 都不能

10. 下列选项中，不属于轮系特点的是（　　）。

A. 可获得较大的传动比

B. 不能把两个独立的运动合成为一个运动

C. 可实现多级变速传动，并能变换运转方向

D. 适合于远距离两轴间的运动传递

四、计算题

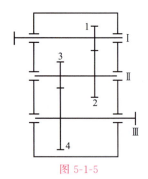

图 5-1-5

1. 如图 5-1-5 所示的二级圆柱齿轮减速器，已知 $z_1=22$，$z_2=77$，$z_3=18$，$z_4=81$，试求减速器的速比 i_{14}。

2. 如图 5-1-6 所示轮系，已知主动轮 1 的转速 $n_1=280\text{r/min}$，各齿轮齿数分别为 $z_1=24$，$z_2=20$，$z_3=12$，$z_4=36$，$z_5=18$，$z_6=45$。求齿轮 6 转速大小及转向。

3. 如图 5-1-7 所示的定轴轮系中，已知各齿轮的齿数分别为 z_1、z_2、z_2'、z_3、z_4、z_4'、z_5、z_5'、z_6。若齿轮 1 方向向下，试判断齿轮 6 的方向。

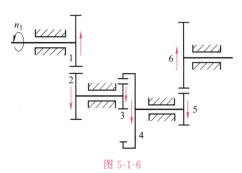

图 5-1-6

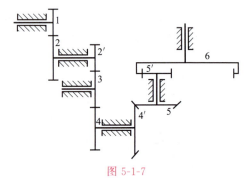

图 5-1-7

4. 已知图 5-1-8 所示的轮系中各齿轮齿数：$z_1=22$，$z_2=25$，$z_2'=20$，$z_3=132$，$z_3'=20$，$z_5=28$，$n_1=1450\text{r/min}$，试求 n_5，并判断其转动方向。

5. 图 5-1-9 定轴轮系，已知 $z_1=20$，$z_2=30$，$z_3=30$，$z_4=20$，$Z_5=30$，$z_6=20$，$z_7=80$，$n_1=1200\text{r/min}$，求 n_4、n_7，并确定各轮转向。

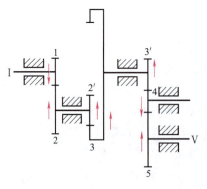

图 5-1-8

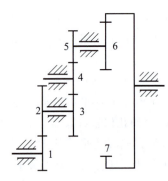

图 5-1-9

项目五 汽车变速器轮系分析

任务二 汽车自动变速器轮系分析

任务导入

汽车自动变速器与手动变速器不同，采用了周转轮系。为了更好地分析汽车自动变速器的工作过程，需要对周转轮系的组成及传动比的计算具有一定了解。

任务目标

1. 掌握周转轮系的组成。
2. 了解行星齿轮机构的特点。
3. 掌握周转轮系传动比的计算。
4. 具有分析汽车中周转轮系运动过程的能力。

相关知识

周转轮系

一、周转轮系的组成

周转轮系是由太阳轮、行星轮、行星架组成。如图 5-2-1 所示，齿轮 1、3 各自绕其轴线转动，其几何轴线固定，这种齿轮称为太阳轮或中心轮。齿轮 2 既绕其自身轴线自转，又随行星架绕太阳轮公转，这种齿轮称为行星轮。支承行星轮的构件 H 称为行星架。

二、行星齿轮机构的特点

行星齿轮机构如图 5-2-2 所示，与外啮合齿轮机构相比具有以下优点：

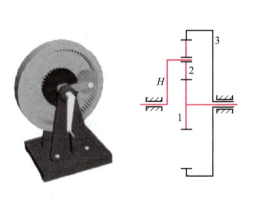

图 5-2-1　周转轮系

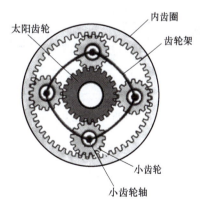

图 5-2-2　单排行星齿轮机构

（1）所有行星轮系均参与工作，都承受载荷，行星齿轮工作更安静，强度更大。

（2）行星齿轮工作时，齿轮间产生的作用力由齿轮系统内部承受，不传递到变速器壳体，变速器可以设计得更薄、更轻。

（3）行星齿轮工作采用内啮合与外啮合相结合的方式，与单一的外啮合相比，减小了变速器的尺寸。

（4）行星齿轮系统的齿轮处于常啮合状态，不存在挂挡时的齿轮冲击，工作平稳，寿命长。

三、周转轮系传动比计算

由于周转轮系中的行星轮既有自转又有公转，所以不能直接运用求定轴轮系传动比的方法进行计算。一般用转化机构法求其传动比。

下面介绍周转轮系传动比的计算方法。首先对周转轮系加一个与行星架的转速大小相等而方向相反的公共转速（$-n_H$），各构件间的相对运动关系没有改变，但是行星架相当于"静止"不动了，从而把周转轮系转化为假想的定轴轮系，然后就可以采用定轴轮系的传动比公式进行计算了，如图 5-2-3 所示。

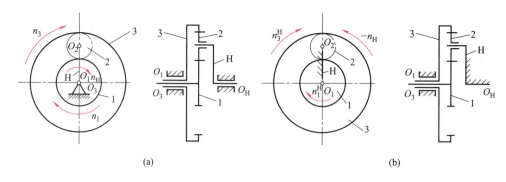

图 5-2-3 周转轮系的转化机构

转化后各构件的转速如表 5-1 所示。

表 5-1 周转轮系的转化机构各构件的转速

构件名称	原来的转速	转化后的转速
太阳轮 1	n_1	$n_1^H = n_1 - n_H$
行星轮 2	n_2	$n_2^H = n_2 - n_H$
太阳轮 3	n_3	$n_3^H = n_3 - n_H$
行星架 H	n_H	$n_{HH} = n_H - n_H$

转化机构的传动比：

$$i_{13}^H = \frac{n_1^H}{n_3^H} = \frac{n_1 - n_H}{n_3 - n_H} = \frac{(-1)^1 z_3}{z_1}$$

周转轮系转化机构的传动比计算公式：

$$i_{1k}^H = \frac{n_1 - n_H}{n_k - n_H} = \pm \frac{\text{从 1 轮到 } k \text{ 轮之间所有从动轮齿数的连乘积}}{\text{从 1 轮到 } k \text{ 轮之间所有主动轮齿数的连乘积}}$$

【例1】 如图 5-2-4 所以渐开线少齿差行星减速器，如已知各轮齿数 $z_1 = 100$，$z_2 = 99$，$z_2' = 100$，$z_3 = 101$，求 i_{H1}。

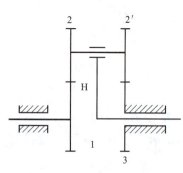

图 5-2-4 周转轮系的转化机构例题

解

$$i_{13}^{H}=\frac{n_1-n_H}{n_3-n_H}=\frac{n_1-n_H}{0-n_H}=1-\frac{n_1}{n_H}=\frac{99\times101}{100\times100}$$

$i_{H1}=\dfrac{n_H}{n_1}=10000$，符号为正，说明行星架的转向与齿轮 1 的相同。

任务实施

汽车自动变速器轮系分析

1. 实施场地

汽车变速器拆装实训室。

2. 实施仪器与用具

（1）工具箱；

（2）汽车自动变速器传力路线图，如图 5-2-5 所示。

图 5-2-5　辛普森式行星齿轮变速器传力路线图

3. 计划与实施

行星齿轮变速器由多排行星齿轮机构和换挡机构等组成。本次任务在老师的指导下分组，观察单排行星齿轮机构的传动过程。行星齿轮机构工作时将太阳轮、齿圈和行星架的任一元件作为主动件，使它与输入轴连接，将另一元件作为被动件与输出轴连接，再将第三个元件加以约束制动，这样整个行星齿轮机构即以一定的传动比传递动力。

（1）分组讨论，思考下列问题。

① 行星齿轮变速器中哪个是太阳轮，哪个是齿圈，哪个是行星架？

② 太阳轮的齿数是多少，齿圈的齿数是多少，行星架的齿数是多少？

③ 在单排行星齿轮机构中，行星架、太阳轮、齿圈，哪个最数最多，哪个齿数最少？

（2）根据"汽车自动变速器轮系分析"情况，完成下列表格。

根据已知条件，完成单排行星齿轮机构的运动规律表				
固定件	主动件	从动件	转速	转向
太阳轮	行星架	齿圈		
太阳轮	齿圈	行星架		
齿圈			增速	同向
齿圈			减速	同向
行星架	齿圈	太阳轮		
行星架	太阳轮	齿圈		

4. 技能考核

请完成汽车自动变速器单排行星齿轮运动分析试验后，填写下表。

班级		项目名称	
姓名		项目任务名称	
学号		完成时间	
实践项目		实践设备	
汽车自动变速器轮系分析	完成任务计划与实施表格		
自我评价	良好□　合格□　不合格□		
小组评价	良好□　合格□　不合格□		
			组长签名：
教师评价	良好□　合格□　不合格□		
			教师签名：

小结

1. 周转轮系是有太阳轮、行星轮、行星架组成。

2. 行星齿轮机构所有行星轮系均参与工作，齿轮间产生的作用力由齿轮系统内部承受，减小了变速器的尺寸，行星齿轮系统的齿轮处于常啮合状态。

3. 由于周转轮系中的行星轮既有自转又有公转，所以不能直接运用求定轴轮系传动比的方法进行计算。一般用转化机构法求其传动比。

拓展训练

一、填空题

1. 周转轮系由_____、_____和_____组成。

2. 行星齿轮机构工作时，齿轮间产生的作用力由_____承受，不传递到变速器壳体，变速器可以设计得更薄、更轻。

3. 行星齿轮系统的齿轮处于_____状态，不存在挂挡时的齿轮冲击，工作平稳，寿命长。

4. 在汽车自动变速器里，若有一个或一个以上_____绕另一个_____回转的轮系称为行星轮系。行星轮系能实现运动的_____，还能实现具有_____和特定的运动。

5. 自动变速器行星轮系统主要包括_____和_____两部分，行星齿轮机构的作用是_____，而换挡执行机构的作用是_____。

二、判断题

1. 周转轮系中，齿轮各自绕其轴线转动，其几何轴线固定，称为太阳轮。　　　(　　)

2. 行星齿轮机构中，所有行星轮系均参与工作，都承受载荷，行星齿轮工作更安静，强度更大。（　　）

3. 行星齿轮工作采用内啮合与外啮合相结合的方式，与单一的外啮合相比，减小了变速器的尺寸。（　　）

4. 周转轮系的传动比可采用所有从动轮的齿数乘积比上所有主动轮的乘积，进行计算，齿轮方向由齿轮传动比的正负决定。（　　）

5. 对周转轮系加一个与行星架的转速大小相等而方向相反的公共转速（$-n_H$），各构件间的相对运动关系没有改变。（　　）

三、选择题

1. 周转轮系中支承行星轮的构件是（　　）。
   A. 太阳轮　　　　B. 行星架　　　　C. 主动轮　　　　D. 从动轮

2. 关于周转轮系说法错误的是（　　）。
   A. 周转轮系中的行星轮既有自转又有公转
   B. 周转轮系不能直接运用求定轴轮系传动比的方法进行计算
   C. 加一个与行星架的转速大小相等而方向相同的公共转速，可以将周转轮系转换成定轴轮系
   D. 转化轮系中行星架的转速为零

3. 周转轮系转化轮系的传动比 i_{13}^H 应为（　　）。
   A. $\dfrac{n_1}{n_3}$　　　B. $\dfrac{n_1-n_H}{n_3-n_H}$　　　C. $\dfrac{n_3}{n_1}$　　　D. $\dfrac{n_H}{n_{13}}$

4. 将周转轮系转化成假想的定轴轮系后，再计算传动比的方法称为（　　）。
   A. 反转　　　　B. 连乘积法　　　　C. "±"法　　　　D. $(-1)^m$ 法

5. 将行星轮系转化普通轮系来求行星轮系的传动比，可使行星轮系中各构件之间的相对运动保持不变，将（　　）视为固定不动。
   A. 太阳轮　　　　B. 行星轮　　　　C. 行星架　　　　D. 齿圈

6. 在行星轮系中，如果将太阳轮作为固定件，行星架作为主动件，齿圈作为从动件，其得到的传动效果是（　　）。
   A. 减速　　　　B. 加速　　　　C. 不增不减　　　　D. 空挡

7. 在行星轮系中，如果将齿圈作为固定件，行星架作为主动件，太阳轮作为从动件，得到的传动比（　　）。
   A. 大于1　　　　B. 小于1　　　　C. 等于0　　　　D. 大于2

8. 在行星轮系中，如果太阳轮、行星架、齿圈均不固定，任意两个元件互为输入和输出都无法获得动力的传递，此时为（　　）。
   A. 加速挡　　　　B. 减速挡　　　　C. 空挡　　　　D. 直接挡

9. 在行星轮系中，如果以两个元件为输入，第三个元件为输出，则行星齿轮将只有公转没有自转，此时第三元件转速与其他两个元件的转速一定相同，传动比为（　　）。
   A. 2　　　　B. 3　　　　C. 0　　　　D. 1

10. 如图 5-2-6 所示齿轮系中，当齿轮 1 顺时针方向转一转时，齿轮 3（　　）。

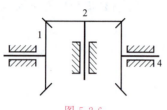

图 5-2-6

A. 顺时针方向转一转
B. 逆时针方向转一转
C. 顺时针方向转两转
D. 逆时针方向转两转

11. 如图 5-2-7 所示由标准齿轮组成的齿轮系中，轮 3 为内齿轮，轮 1 转向如图所示，已知 z_1 和 z_3，轮 2 齿数 z_2（　　），轮 3 转向为（　　）。

A. z_3-z_1，顺时针方向

B. $\dfrac{z_3-z_1}{2}$，逆时针方向

C. $z_3-\dfrac{z_1}{2}$，顺时针方向

D. $z_3-\dfrac{z_1}{2}$，逆时针方向

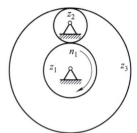

图 5-2-7

12. 如图 5-2-8 为简单行星轮系运动简图，其中正确的是（　　）。

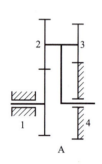
A
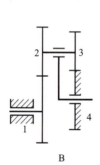
B
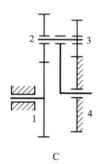
C
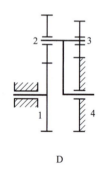
D

图 5-2-8

四、计算题

1. 如图 5-2-9 所示的行星轮系中，各轮齿数 $z_1=27$，$z_2=17$，$z_3=61$。已知 $n_1=6000$ r/min，求传动比 i_{1H} 和行星架 H 的转速 n_H。

2. 如图 5-2-10 所示，已知 $z_1=80$，$z_2=40$，$z_2'=20$，$z_3=30$，求周转轮系的传动比 i_{13}^H。

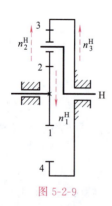

图 5-2-9

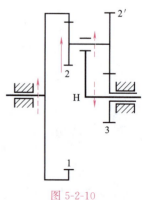

图 5-2-10

项目六

汽车轴系零件

任务一　汽车常见轴结构认识

  任务导入

轴是机械中的重要零件，主要功用是支承回转零件（如齿轮、带轮、链轮、联轴器等），并传递动力和运动。汽车手动变速器是由若干轴类零件和齿轮等零部件相配合，实现汽车变速的。了解手动变速器中轴的类型、轴上零件的定位等，才能很好地认识汽车轴结构。

任务目标

1. 掌握轴的功用及分类。
2. 掌握轴的常用材料及应用场合。
3. 掌握轴的组成及轴上零件的固定方式与应用。

  相关知识

一、轴的功用

轴的主要功用是支承回转零件（如齿轮、带轮、链轮、联轴器等），以传递运动和动力，是组成机器的重要零件。

二、轴的类型

1. 根据轴线形状分类

根据轴线形状的不同，轴可分为直轴、曲轴和软轴三类，如图 6-1-1～图 6-1-3 所示。直轴应用较广，根据外形，直轴又分为光轴和阶梯轴。为了提高轴的刚度或减轻重量，有时制成空心轴。

151

图 6-1-1　直轴

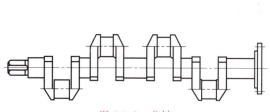

图 6-1-2　曲轴

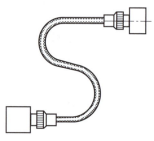

图 6-1-3　软轴

2. 根据轴所承受的载荷分类

根据轴所承受载荷不同，轴可分为心轴、传动轴和转轴三类。

（1）心轴　只承受弯矩而不传递扭矩的轴，称为心轴。按轴工作时是否转动，又分为固定心轴和转动心轴。图 6-1-4 所示的自行车前轮轴就是固定心轴（工作时轴不转动），图 6-1-5 所示的火车轮轴就是转动心轴（工作时轴转动）。

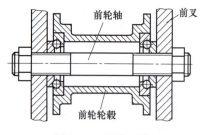

图 6-1-4　固定心轴

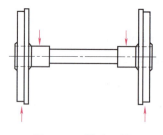

图 6-1-5　转动心轴

（2）传动轴　只传递扭矩而不承受弯矩或弯矩很小的轴，称为传动轴。图 6-1-6 所示的连接汽车变速器与后桥的轴就是传动轴。

图 6-1-6　传动轴

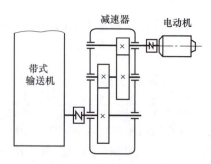

图 6-1-7　转轴

（3）转轴　既承受弯矩又传递扭矩的轴，称为转轴。转轴是机械中最常见的轴。图 6-1-7 所示的齿轮减速箱中的轴就是转轴。

三、轴的常用材料

在工程实际中，大多数轴为转轴，多在周期性交变载荷作用下工作。其主要失效形式为疲劳破坏，所以轴的材料应具有足够的强度、韧性、耐磨性、耐腐蚀性，较小的应力集中敏感性，良好的加工工艺性和经济性。轴的材料主要是碳素钢、合金钢和球墨铸铁。

1. 碳素钢

碳素钢比合金钢价格低廉，对应力集中的敏感性低，加工工艺性好，可通过热处理改善其综合性能，故应用最广。优质中碳钢 35～50 钢，因具有较好的综合力学性能，常用于比较重要或承载较大的轴，其中 45 钢的应用范围最广。对于这类材料，可通过调质或正火等热处理改善和提高其力学性能。对于不重要或受力较小的轴也可用 Q235、Q275 等普通碳素钢制作。

2. 合金钢

合金钢具有较高的综合力学性能和较好的热处理性能，常用于重要、承受载荷很大，而尺寸受限或有较高耐磨性、耐腐蚀要求的轴。如 20Cr、20CrMnTi 等低碳合金钢，经渗碳淬火处理后，可提高耐磨性。但其价格较高，对应力集中敏感，所以在结构设计时必须尽量减少应力集中。

3. 球墨铸铁

球墨铸铁的铸造流动性好，易得到合理的结构，适于制造形状较复杂的轴（如发动机曲轴等）。它价格低廉、强度较高，具有良好的耐磨性、吸震性和易切性，对应力集中的敏感性较低。但铸铁品质不易控制，可靠性差。

轴的常用材料及其主要力学性能，如表 6-1-1 所示。

表 6-1-1　轴的常用材料及其主要力学性能

材料及热处理	毛坯直径 /mm	硬度（HBS）	强度极限 σ_b/MPa	屈服极限 σ_s/MPa	弯曲疲劳极限 σ_{-1}/MPa	应用说明
Q235			440	240	200	用于不重要或载荷不大的轴
35 正火	≤100	149～187	520	270	250	有好的塑性和适当的强度，可做一般曲轴、转轴等
45 正火	≤100	170～217	600	300	275	用于较重要的轴，应用最为广泛
45 调质	≤200	217～255	650	360	300	
40Cr 调质	25		1000	800	500	用于载荷较大，而无很大冲击的重要的轴
	≤100	241～286	750	550	350	
	>100～300	241～266	700	550	340	
40MnB 调质	25		1000	800	485	性能接近 40Cr，用于重要的轴
	≤200	241～286	750	500	335	
35CrMo 调质	≤100	207～269	750	550	390	用于重载荷的轴
20Cr 渗碳淬火回火	15	表面 56～62HRC	850	550	375	用于要求强度、韧性及耐磨性均较高的轴
	≤60		650	400	280	

四、轴的结构

1. 轴的组成

轴一般由轴头、轴颈、轴身、轴环以及轴肩等部分组成。如图 6-1-8 所示为阶梯轴典型结构图。轴上支承齿轮、带轮等回转体零件的部分称为轴头；与轴承相配合的部分称为轴颈；连接轴头和轴颈的其余部分称为轴身。

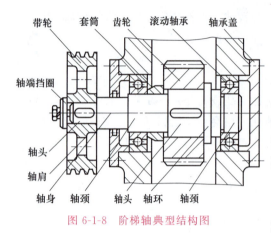

图 6-1-8　阶梯轴典型结构图

2. 轴上零件的固定

轴上零件的固定方式有轴向固定和周向固定两种。

（1）轴向固定　轴上零件的轴向固定就是不允许轴上零件沿轴向窜动。轴上零件的轴向定位主要靠轴肩和轴环来完成。为了保证轴上的零件靠紧定位面，轴肩处的圆角半径 r 必须小于零件内孔的圆角 R 或倒角 $C1$。轴肩高度一般取 $h=(0.07\sim0.1)d$，轴环宽度 $b\approx1.4h$，如图 6-1-9 所示，安装轴承的轴肩高 h 应小于或等于轴承内圈高度。

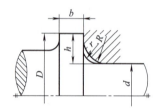 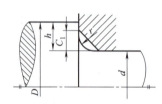

图 6-1-9　轴肩和轴环

常用的轴向固定方式还有轴端挡圈（轴端采用）、双圆螺母（套筒过长采用）、圆螺母与止动垫圈、弹性挡圈、紧定螺钉（受载较小时采用）等，如图 6-1-10 所示。

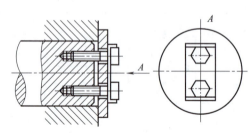

(a) 轴端挡圈

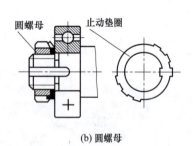

(b) 圆螺母

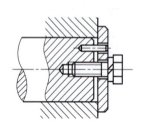

(c) 弹性挡圈

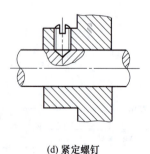

(d) 紧定螺钉

图 6-1-10　轴上零件的轴向固定方式

(2) 周向固定 轴上零件的周向固定是为了限制轴上零件与轴之间的相对转动和保证同心度,以准确地传递运动与扭矩。轴上零件常用的周向固定方式有键、花键、销、过盈配合和紧定螺钉连接等。

3. 轴的结构工艺

轴的结构除了考虑零件的固定和支承外,还需考虑到加工、装配的工艺要求。

(1) 由于阶梯轴接近于等强度,而且便于加工和轴上零件的定位、装拆,所以实际应用的轴多为阶梯轴。轴上阶梯数尽可能少,以减少应力集中。

(2) 同一根轴上所有圆角半径和倒角的大小应尽可能一致,以减少刀具规格和换刀次数。为便于加工定位,轴的两端面上应做出中心孔。

(3) 轴上需磨削的轴段应设计砂轮越程槽,以便磨削加工时砂轮可以磨削到轴肩的端部,如图 6-1-11 所示。

(4) 需车制螺纹的轴段应留有螺纹退刀槽,以保证螺纹牙均能达到预期的高度,如图 6-1-12 所示。

(5) 轴上有多个键槽时,应将键槽布置在同一母线上,以免加工键槽时多次装夹,从而提高生产效率,如图 6-1-13 所示。

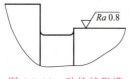
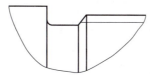
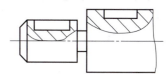

图 6-1-11　砂轮越程槽　　　图 6-1-12　螺纹退刀槽　　　图 6-1-13　键槽布置

(6) 为便于零件的装配,轴端和各轴段端部都应有 45°的倒角。

(7) 为顺利装拆轴上零件,轴的结构多半设计成中间粗两端逐渐细的阶梯轴形状。为装拆方便,轴肩一般可取为 1～3mm。

任务实施

手动变速器主动轴认识

1. 实施场地

汽车变速器实训室。

2. 实施仪器与用具

(1) 汽车手动变速器实物或图片,如图 6-1-14 所示。

3. 计划与实施

观察汽车手动变速器结构组成,结合轴的相关知识,解决下列问题。

(1) 分组讨论,思考下列问题。

① 指出手动变速器主动轴、从动轴。

② 根据受载情况,分析主动轴属于哪种类型的轴?

③ 根据轴线形状,分析主动轴属于哪种类型的轴?

④ 分析主动轴上各回转体零件的周向与轴向固定方式。

⑤ 结合主动轴的工作情况,为其选择合适的材料。

(2) 根据手动变速器中主动轴情况,完成下列表格。

汽车机械基础

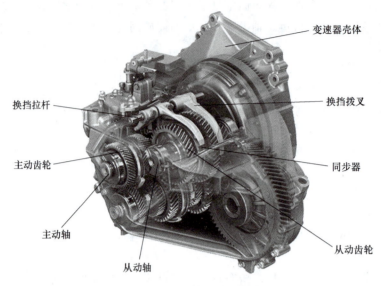

图 6-1-14　汽车手动变速器

序号	问题		结　论
1	根据受载情况,分析主动轴的类型		
2	根据轴线形状,分析主动轴的类型		
3	主动轴合适的选材		
4	主动轴上齿轮的固定方式	轴向固定	
		周向固定	

4．技能考核

请完成"手动变速器主动轴认识"项目训练后，填写下表。

班级		项目名称	
姓名		项目任务名称	
学号		完成时间	
实践项目		实践设备	
手动变速器主动轴认识	完成任务计划与实施表格		
自我评价	良好□　合格□　不合格□		
小组评价	良好□　合格□　不合格□ 组长签名：		
教师评价	良好□　合格□　不合格□ 教师签名：		

小结

1. 轴是机械中的重要零件，其功用是支承回转零件及传递运动和动力。汽车手动变速器中有主动轴、从动轴，通过轴与齿轮等零件相配合，实现汽车变速。

2. 根据在工作中承受载荷不同，轴可分为心轴、传动轴和转轴。

3. 通常，零件在轴上的定位和固定可分为轴向定位和周向定位两种。轴向定位和固定通常采用轴环、轴肩、套筒、螺母、轴端挡圈等；周向定位和固定通常采用链连接、螺钉、销钉连接以及过盈配合等。

拓展训练

一、填空题

1. 轴按承受载荷的不同，可分类为_____、_____和_____。其中，主要承受弯矩的轴称为_____，主要受扭矩的轴称为_____，既受弯矩又受扭矩的轴称为_____。自行车的前轮轴属于_____轴，汽车变速箱轴属于_____轴。

2. 轴按轴线形状的不同，可分类为_____、_____和_____。

3. 轴上零件的轴向固定常用的方法有_____、_____、_____和_____等。

4. 轴上零件的周向固定常用的方法有_____、_____、_____和_____等。

5. 一般轴多呈阶梯形，主要是为了_____。

6. 轴的材料要求有足够的_____，对应力集中敏感性低；还应具有较好的_____、耐磨性及良好的加工性。

二、判断题

1. 汽车变速箱的从动轴是转轴。（　　）
2. 机车车轮轴是一种心轴。（　　）
3. 汽车变速箱的从动轴需要承受较大的载荷，耐磨性要好，选择 T12 钢。（　　）
4. 弹性挡圈是轴上回转体零件实现轴向固定的常用方法。（　　）
5. 连接汽车变速器与后桥的轴就是传动轴。（　　）
6. 轴上零件常用的周向固定方式有键、销、过盈配合和弹性挡圈等。（　　）
7. 同一根轴上所有圆角半径和倒角的大小应尽可能一致，以减少刀具规格和换刀次数。（　　）
8. 轴上有多个键槽时，应将键槽布置在不同母线上，以免加工键槽时多次装夹，从而提高生产效率。（　　）
9. 轴的材料主要是碳素钢、合金钢和球墨铸铁等。（　　）
10. 曲轴是内燃机等往复式机械中的专用零件，用以实现往复运动与旋转运动的互相转变。（　　）
11. 为利于装配，轴端应加工倒角。（　　）
12. 转轴大多数为阶梯形，主要是增加强度和刚度，便于装拆，易于轴上零件的固定，

区别不同轴段的精度及表面粗糙度等满足不同的需要。　　　　　　　　　　　（　　）

三、选择题

1. 工作时只承受弯矩，不传递转矩的轴，称为（　　）。
   A. 心轴　　　　B. 转轴　　　　C. 传动轴　　　　D. 曲轴
2. 根据轴的承载情况，（　　）的轴称为转轴。
   A. 既承受弯矩又承受转矩　　　　B. 只承受弯矩不承受转矩
   C. 不承受弯矩只承受转矩　　　　D. 承受较大轴向载荷
3. 自行车的前轴是（　　）。
   A. 转轴　　　　B. 转动心轴　　　　C. 固定心轴　　　　D. 传动轴
4. 轴上零件实现周向定位和固定，下列方法适合的是（　　）。
   A. 套筒　　　　B. 轴肩　　　　C. 轴环　　　　D. 花键连接
5. 轴上零件实现轴向定位和固定，下列方法不适合的是（　　）。
   A. 套筒　　　　B. 轴肩　　　　C. 轴环　　　　D. 花键连接

四、读图分析题

根据图 6-1-8 所示的减速器中的一轴系结构，回答下列问题。

1. 根据轴在工作中所承受载荷不同，该轴为_____。
   A. 心轴　　　　B. 传动轴　　　　C. 转轴　　　　D. 阶梯轴
2. 实现齿轮零件周向固定采用_____。
   A. 键连接　　　　B. 销连接　　　　C. 过盈配合　　　　D. 轴端挡圈
3. 实现带轮零件周向固定采用_____。
   A. 键连接　　　　B. 销连接　　　　C. 过盈配合　　　　D. 轴端挡圈
4. 实现齿轮零件轴向固定采用_____。
   A. 轴环＋轴端挡圈　　　　B. 轴环＋套筒
   C. 轴肩＋轴端挡圈　　　　D. 轴肩＋套筒
5. 实现带轮零件轴向固定采用_____。
   A. 轴环＋轴端挡圈　　　　B. 轴环＋套筒
   C. 轴肩＋轴端挡圈　　　　D. 轴肩＋套筒

任务二　汽车常见轴承认识

轴承是机械传动中的重要零部件，主要功用是支承轴及轴上零部件，保证轴和轴上零部件的回转精度和安装位置，减少摩擦和磨损，并承受载荷。从了解汽车发动机曲轴轴承（图 6-2-1）和凸轮轴轴承（图 6-2-2）入手，很好地认识汽车常见轴承。

项目六 汽车轴系零件

图 6-2-1 曲轴轴承

图 6-2-2 凸轮轴轴承

任务目标

1. 掌握滑动轴承的类型、组成及轴瓦结构。
2. 掌握滚动轴承的结构、类型及代号。
3. 熟悉轴承在汽车上的应用。

相关知识

根据工作时摩擦性质的不同,轴承可分为滑动摩擦轴承(简称滑动轴承)和滚动摩擦轴承(简称滚动轴承)两类。

一、滚动轴承

工作时,轴承与轴颈之间产生滚动摩擦的轴承,称为滚动轴承。滚动轴承依靠滚动体与轴承座圈之间的滚动接触工作。

1. 滚动轴承的结构

滚动轴承一般由外圈、内圈、滚动体和保持架组成,如图 6-2-3 所示。通常,内圈紧套在轴颈上,随轴一起转动(也有轴不旋转而外圈旋转的,如汽车轮毂轴承);外圈固定在机座或零件的轴承孔内,起支承作用。内、外圈上加工有滚道,工作时,滚动体在内、外圈的滚道上滚动,形成滚动摩擦。保持架使滚动体均匀地相互隔开,以避免滚动体之间的摩擦和磨损。

图 6-2-3 滚动轴承

159

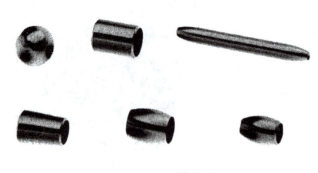

图 6-2-4　滚动体类型

滚动体是滚动轴承的核心元件，其类型有球、圆柱滚子、滚针、圆锥滚子、球面滚子、非对称球面滚子等，如图 6-2-4 所示。

2. 滚动轴承的类型

（1）按滚动体的形状分类　滚动轴承按滚动体的形状可分为球轴承和滚子轴承，球形滚动体与内、外圈是点接触，滚子滚动体与内、外圈是线接触。在相同条件下，球轴承制造方便、价格低、运转时摩擦损耗小，但其承载能力和抗冲击能力不如滚子轴承。

（2）按所承受载荷的方向或公称接触角不同分类　滚动轴承按所承受载荷的方向或公称接触角不同，可分为向心轴承（主要承受径向载荷）、推力轴承（主要承受轴向载荷）和向心推力轴承（承受径向和轴向载荷）。

轴承公称接触角是指滚动轴承的滚动体与外圈滚道接触点的法线和轴承径向平面的夹角 α。轴承公称接触角 α 越大，滚动轴承承受轴向载荷的能力也越大。

向心轴承主要用于承受径向载荷，$0°\leqslant\alpha\leqslant 45°$，分为径向接触轴承（$\alpha=0°$）和向心角接触轴承（$0°<\alpha\leqslant 45°$）。推力轴承主要用于承受轴向载荷，$45°<\alpha\leqslant 90°$，分为推力角接触轴承（$45°<\alpha<90°$）和轴向接触轴承（$\alpha=90°$），如图 6-2-5 所示。

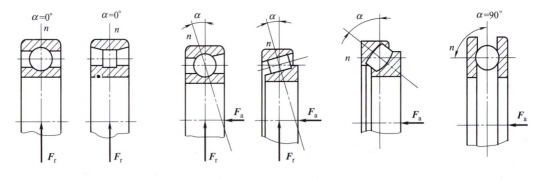

图 6-2-5　滚动轴承接触角

（3）按滚动体的列数分类　滚动轴承按滚动体的列数可分为单列、双列及多列轴承。

根据国家标准的规定，滚动轴承按承受载荷方向及结构的不同进行分类，常用滚动轴承的类型、主要性能及应用，见表 6-2-1。

表 6-2-1　滚动轴承的类型、主要性能及应用

类型及代号	结构简图	特　点	极限转速	允许偏移角
深沟球轴承 （6）		最典型的滚动轴承，用途广 可以承受径向及两个方向的轴向载荷 摩擦阻力小，适用于高速和有低噪声低振动的场合	高	2′～10′

续表

类型及代号	结构简图	特 点	极限转速	允许偏移角
角接触球轴承 （7）		可以承受径向及单方向的轴向载荷 一般将两个轴承面对面安装，用于承受两个方向的轴向载荷	较高	2′～10′
圆锥滚子轴承 （3）		内外圈可分离 可以承受径向及单方向的轴向载荷，承载能力大 成对安装，可以承受两个方向的轴向载荷	中等	2′
圆柱滚子轴承 （N）		承载能力大 可以承受径向载荷，刚性好 内外圈可分离	高	2′～4′
推力球轴承 （5）		可以承受单方向的轴向载荷 高速时离心力大	低	不允许
调心球轴承 （1）		具有调心能力 可以承受径向及两个方向的轴向载荷	中等	2°～3°
调心滚子轴承 （2）		具有调心能力 可以承受径向及两个方向的轴向载荷，径向承载能力强	低	1°～2.5°

滚动轴承广泛应用于汽车变速器、分动器中。另外，汽车循环球转向器摇臂轴和齿轮齿条转向器转向盘轴采用的都是滚针轴承，汽车后桥传动轴采用的是双列滚子轴承。有些轿车后轴采用的是角接触球轴承。

3. 滚动轴承的代号

滚动轴承类型较多，加之同一系列中有不同的结构、尺寸精度及技术要求，为便于组织生产和选用，国家标准规定每一滚动轴承用同一形式的一组数据表示，称为滚动轴承代号，并打印在滚动轴承端面上。国家标准规定的滚动轴承代号，见表6-2-2。

（1）前置、后置代号　前置、后置代号是轴承在结构形状、尺寸、公差、技术要求等有改变时，在基本代号左、右添加的补充代号。前置代号和后置代号通常不标注，需要时可查国家标准。

表 6-2-2 滚动轴承代号的构成

前置代号	基本代号				后置代号(组)						
□	×	×	×	×	×	□或加×					
成套轴承分部件代号	类型代号	尺寸系列代号		内径代号	内部结构代号	密封与防尘结构代号	保持架及其材料代号	特殊轴承材料代号	公差等级代号	游隙代号	多轴承配置代号	其他代号
		宽(高)度系列代号	直径系列代号									

注：□表示字母；×表示数字。

（2）基本代号　基本代号用来表示轴承的类型、结构和尺寸，是轴承代号的基础。基本代号由类型代号、尺寸系列代号和内径代号组成。类型代号用数字或拉丁字母表示，后两者用数字表示。

① 内径代号。内径代号用基本代号右起第一、二位数字表示。滚动轴承内径代号与内径对照，见表6-2-3。内径小于10mm、大于或等于500mm和等于22mm、28mm、32mm的轴承，其内径表示方法可查相应的国家标准。

表 6-2-3 滚动轴承内径代号与内径对照

内径代号	00	01	02	03	04～96
内径尺寸 d/mm	10	12	15	17	内径代号×5

② 直径系列代号。直径系列代号用基本代号右起第三位数字表示。它反映了具有相同内径的轴承在外径和宽度方面的变化，按7、8、9、0、1、2、3、4、5的顺序，外径依次增大，轴承的承载能力也相应增大。

③ 宽（高）度系列代号。宽（高）度系列代号用基本代号右起第四位数字表示。向心轴承用宽度系列代号表示，推力轴承用高度系列代号表示。当宽度系列为"0"时，多数轴承在代号中可不标出，但对于调心滚动轴承和圆锥滚子轴承，则不可省略。

④ 类型代号。代号用基本代号右起第五位数字或字母表示，见表6-2-1。

解释滚动轴承代号6203和33215的含义。

6203：6——深沟球轴承；
　　　　2——尺寸系列代号（0）2，其中宽度系列代号为0，省略，直径系列代号为2；
　　　　03——轴承内径代号，内径 $d=17$mm。

33215：3——圆锥滚子轴承；
　　　　32——尺寸系列代号32，其中宽度系列代号为3，直径系列代号为2；
　　　　15——轴承内径代号，内径 $d=75$mm。

4. 滚动轴承的失效

滚动轴承失效原因很多，除了正常的疲劳剥落以外，密封失效、过紧配合导致的过小轴承间隙或润滑不良等原因都会留下特殊的失效痕迹和失效形式，因此，在检查失效的轴承时，大多数时候可以发现导致轴承失效的原因，从而及时采取措施。

一般来说，轴承的失效有1/3的原因是轴承已经到了疲劳剥落期，属于正常失效；1/3的原因是润滑不良导致轴承提前失效；1/3的原因是污染物进入轴承或安装不正确，而造成轴承提前失效。

轴承运转不正确时有如下常见症状：轴承过热、轴承噪声过大、轴承寿命过低、振动大、达不到机器性能要求、轴承在轴上松动、轴转动困难。形成这些症状的典型原因主要表现在润滑脂、润滑油过期失效或造型错误；润滑脂太满或油位太高；轴承游隙过小；轴承箱内孔不圆、轴承箱扭曲变形、支承面不平、轴承箱孔内径过小；接触油封过盈量太大或弹簧太紧；一根轴上有两个被固定轴承，由于轴膨胀导致轴承间隙变小；紧定套筒过分锁紧；轴承箱孔太大，受力不平衡；两个或多个轴承同轴度不好；防松卡环接触到轴承；接触油封磨损严重，导致润滑油泄漏；轴的直径过大导致轴承内圈膨胀严重，减少了轴承游隙；由于箱孔的材料材质太软，受力后孔径变大，致使外圈在箱孔内打滑；油位太低，轴承箱内润滑脂不足；杂物、砂粒、炭粉或其他污染物进入轴承箱内；水、酸、油漆或其他污染物进入轴承箱内；安装轴承前轴承箱内的碎片等杂物没有清除干净；轴径太小，紧定套筒锁紧不够；由于打滑作用（或由于急速启动）致使滚动体上有擦痕；由于轴肩尺寸不合理致使轴弯曲；轴肩摩擦到轴承密封盖；轴肩在轴承箱内接触面积过小致使轴承外环扭曲；轴承密封盖发生扭曲；轴和轴承内套扭曲；轴和轴承外套扭曲；不正确的安装方式，用锤子直接敲击轴承；机器中的转动件与静止件接触；接触油封磨损严重，导致润滑油泄漏；轴承游隙过大致使轴发生振动。

二、滑动轴承

工作时，轴承和轴颈的支承面间形成直接或间接滑动摩擦的轴承，称为滑动轴承。滑动轴承主要应用于高速重载、要求剖分结构等场合中。

1. 滑动轴承的类型

滑动轴承根据所受载荷的方向，可分为向心滑动轴承（受力方向与轴线垂直）和推力滑动轴承（受力方向与轴线平行）。汽车曲轴、连杆销轴都是采用的滑动轴承。

（1）向心滑动轴承　向心滑动轴承按结构不同，可分为整体式和剖分式两种。

① 整体式向心滑动轴承　整体式向心滑动轴承如图6-2-6所示，由轴承座和轴瓦组成。轴承座用螺栓与机座连接，顶部设有安装注油杯的螺纹孔，轴瓦上开有油槽。这种轴承结构简单、成本低，但磨损后无法修整，且装拆不方便，轴颈只能从端部装入。因此，粗重的轴和具有中间轴颈的轴（如内燃机曲轴）就不便或无法安装。所以整体式向心滑动轴承常用于低速、轻载的间歇工作机械中，如手动机械、农业机械。

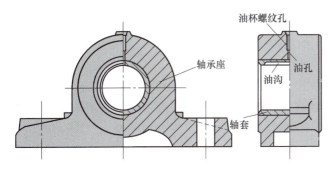 

图6-2-6　整体式向心滑动轴承

② 剖分式向心滑动轴承　剖分式向心滑动轴承如图6-2-7所示，由轴承座、轴承盖、剖分轴瓦和连接螺栓等组成。这种轴承装拆简单，轴瓦磨损后，轴承孔与轴颈之间的间隙可适

当调整。汽车发动机连杆与曲轴所用的轴承都是剖分式向心滑动轴承。

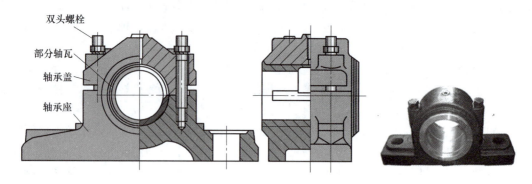

图 6-2-7　剖分式向心滑动轴承

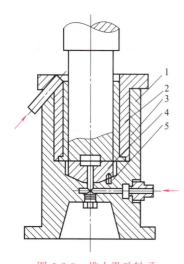

图 6-2-8　推力滑动轴承

（2）推力滑动轴承　推力滑动轴承又称为止推轴承，用以承受轴向载荷，其常见的结构形式如图 6-2-8 所示。它由轴承座、衬套、径向轴瓦、推力轴瓦和销钉组成，主要用来承受轴向载荷。推力轴瓦底部做成球面，是为了使轴瓦工作表面受力均匀；销钉用来防止轴瓦随轴转动。

2. 滑动轴承的材料

滑动轴承中，轴承座和轴承盖通常选用铸铁制作。轴承材料主要是指轴瓦和轴承衬材料。常用轴承材料有轴承合金、青铜、铸铁、多孔质金属材料及非金属材料。

3. 滑动轴承的失效形式

滑动轴承的失效形式通常由多种原因引起，失效形式也多种多样，有时是几种失效形式并存，且相互影响。最常见的失效形式是轴瓦磨损、胶合（烧瓦）、疲劳破坏和由于制造工艺原因而引起的轴承衬脱落。其中，最主要的失效形式是轴瓦磨损和胶合。

4. 滑动轴承的维护与安装

（1）安装时要保证轴颈在轴承孔内转动灵活、准确、平稳。

（2）轴瓦与轴承座孔要修刮贴实，轴瓦剖分面要留有 0.05～1mm 的间隙，以方便磨损后进行调整。整体式轴瓦压入时要防止偏斜，并用紧定螺钉固定。

（3）注意油路畅通，油路与轴瓦油槽接通。

（4）注意清洁，凡修刮调试过程中出现油污机件时，每次修刮后都要清洗涂油。

（5）在轴承的使用过程中要经常检查其润滑、发热、振动等情况。遇有发热（一般在 60℃以下为正常），应及时检查、分析，采取措施，旧的轴瓦要及时更换。

汽车发动机曲轴和凸轮轴轴承认识

1. 实施场地

汽车发动机拆装实训室。

2. 实施仪器与用具

(1) 汽车发动机实物或图片,如图 6-2-9 所示。

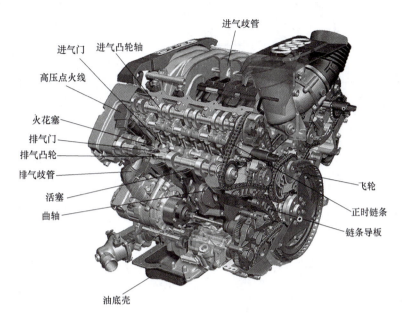

图 6-2-9 汽车发动机

3. 计划与实施

观察汽车发动机结构组成,结合轴承的相关知识,解决相关问题。

(1) 分组讨论,思考下列问题

① 找出发动机曲轴和凸轮轴。

② 根据工作时摩擦性质,分析曲轴和凸轮轴的轴承类型。

③ 根据结构形式,分析曲轴和凸轮轴的轴承类型。

④ 根据受力方向,分析曲轴和凸轮轴的轴承类型。

⑤ 分析曲轴和凸轮轴的轴承材料类型。

(2) 根据汽车发动机曲轴和凸轮轴的轴承情况,完成下列表格。

序号	问题		结论
1	根据工作时摩擦性质	曲轴轴承类型	
		凸轮轴轴承类型	
2	根据结构形式,分析曲轴的轴承类型		
3	根据受力方向	曲轴轴承类型	
		凸轮轴轴承类型	
4	轴承材料	曲轴轴承类型	
		凸轮轴轴承类型	

4. 技能考核

请完成"汽车发动机曲轴和凸轮轴轴承认识"项目训练后,填写下表。

班级		项目名称	
姓名		项目任务名称	
学号		完成时间	
实践项目		实践设备	
汽车发动机曲轴和凸轮轴轴承认识	完成任务计划与实施表格		
自我评价	良好□ 合格□ 不合格□		
小组评价	良好□ 合格□ 不合格□ 组长签名：		
教师评价	良好□ 合格□ 不合格□ 教师签名：		

 小结

1. 轴承的功用是支承轴和轴上的零件，保持轴的旋转精度，减小轴与支承间的摩擦与磨损。

2. 轴承有滚动轴承和滑动轴承两种类型。滚动轴承是标准件，适用范围广泛，一般载荷和一般速度的场合都可采用。滑动轴承适用于高速、高精度、重载荷、有冲击以及尺寸有特别要求等场合及不重要的低速机器中。

3. 支承汽车发动机曲轴的轴承为滑动轴承（大瓦），而支承凸轮轴的轴承为偏心瓦或偏心轴衬套。

 拓展训练

一、填空题

1. 滚动轴承一般由_____、_____、_____和_____四部分组成。

2. 滚动轴承按所承受载荷的方向或公称接触角不同，可分为_____和_____。

3. 滚动轴承的代号由_____、_____和_____组成。_____表示轴承的基本类型、结构、尺寸，当轴承在结构形状、尺寸、公差、技术要求等有改变时所添加的代号是_____。

4. 滚动轴承按其滚动体的种类可分为_____和_____轴承。

5. 滚动轴承尺寸系列代号包括_____和_____。直径系列是指对应_____的外径尺寸系列。宽度系列是指对应_____的宽度尺寸系列。

6. 代号为6310的滚动轴子，类型是_____，内径是_____mm，宽度系列代号为_____，直径系列代号为_____。

7. 代号为7208C/P5的滚动轴承，类型是_____，内径是_____mm，宽度系列代号为_____，直径系列代号为_____，公差等级为_____。

8. 根据承受载荷的方向不同滑动轴承分为_____和_____。

9. 滑动轴承最常见的失效形式有_____、_____、_____、由于制造工艺原因而引起的轴承衬脱落。

10. 圆柱滚子轴承能承受较大的_____载荷，不能承受_____载荷。因是_____接触，内、外圈只允许有极小的相对偏转，轴承内、外圈可_____。

二、判断题

1. 径向滚动轴承是不能承受径向力的。（   ）
2. 球轴承适用于低速、重载或有冲击载荷的场合。（   ）
3. 滑动轴承经常用于高速重载、传动要求精度高的情况下。（   ）
4. 汽车发动机曲轴轴承属于滑动轴承。（   ）
5. 汽车发动机凸轮轴轴承属于滚动轴承。（   ）
6. 滑动轴承材料主要是指轴承座和轴承盖的材料。（   ）
7. 根据工作时摩擦性质不同，轴承可分为滑动轴承和滚动轴承两类。（   ）
8. 滚动轴承代号51205，代表推力球轴承，内径为20mm。（   ）
9. 滚动轴承代号通常只标注基本代号，前置代号和后置代号通常不标注，需要时可查国家标准。（   ）
10. 滑动轴承的承载能力大，回转精度高，润滑膜具有抗冲击作用。（   ）

三、选择题

1. 不同直径系列（轻型、中型、重型等）的滚动轴承，其主要区别是（   ）。
   A. 轴承内径相同时，外径和宽度不同　　B. 轴承外径相同时，内径不同
   C. 轴承内径相同时，滚动体大小不同　　D. 轴承内径相同时，宽度不同

2. （   ）及（   ）可用于一端双向固定、一端游动轴承配置方式中的游动支点。
   A. 圆锥滚子轴承　　　　　　　　　　B. 可分离型的圆柱滚子轴承
   C. 角接触球轴承　　　　　　　　　　D. 深沟球轴承

3. 推力球轴承不适用于高速场合，这是因为高速时（   ），从而轴承寿命严重下降。
   A. 滚动阻力过大　　　　　　　　　　B. 冲击过大
   C. 噪声过大　　　　　　　　　　　　D. 滚动体离心力过大

4. 深沟球轴承，内径100mm，宽度系列为0，直径系列为2，公差等级为0级，游隙为0组，其代号为（   ）。
   A. 60220　　　B. 6220/P0　　　C. 60220/P0　　　D. 6220

5. 滚动轴承内圈与轴颈的配合以及外圈与座孔的配合（   ）。
   A. 全部采用基轴制　　　　　　　　　B. 全部采用基孔制
   C. 前者采用基孔制，后者采用基轴制　　D. 前者采用基轴制，后者采用基孔制

6. 角接触球轴承和圆锥滚子轴承的轴向承载能力随着接触角α的增大而（   ）。
   A. 增大　　　　　　　　　　　　　　B. 减小
   C. 不变　　　　　　　　　　　　　　D. 增大或减小随轴承型号而定

7. 在正常条件下，滚动轴承的主要失效形式是（   ）。

A. 滚动体与滚道的工作表面上产生疲劳点蚀
B. 滚动体碎裂
C. 滚动体与保持架之间发生胶合
D. 滚道磨损

四、简答题

1. 按承载情况，滚动轴承分哪几种？各承受什么载荷？试各举一例说明。
2. 滚动轴承的代号包括几部分？
3. 如何选择滚动轴承？

任务三　汽车联轴器、离合器与制动器认识

任务导入

联轴器、离合器和制动器是机械传动中的重要部件。联轴器、离合器可用来连接两轴，使之一起回转并传递扭矩；制动器主要用于降低机械运转速度或迫使机械停止运转。汽车传动系统中，变速器的输出轴和主减速器的输入轴之间用联轴器连接；驾驶员踩踏离合器，可以实现发动机与变速器的暂时分离和逐渐接合，实现车轮减速或停止。

任务目标

1. 掌握联轴器、离合器、制动器的功用和类型。
2. 掌握汽车上常用摩擦式离合器的工作原理。
3. 掌握汽车上常用制动器的工作原理。
4. 掌握联轴器、离合器、制动器在汽车上的应用。

相关知识

一、联轴器

1. 联轴器的功用

联轴器是用于轴与轴之间的连接，并使它们一同旋转，以传递扭矩和运动的一种机械传动装置。若要使两轴分离，必须通过停车拆卸才能实现。

联轴器一般由两个半联轴器及连接件组成。半联轴器与主动轴、从动轴常采用键连接，联轴器连接的两轴一般属于两个不同机器或部件。

联轴器所要连接的轴之间，由于存在制造、安装误差，受载、受热后的变形以及传动过程中会产生振动等因素，往往存在着轴向、径向或偏角等相对位置的偏移，如图6-3-1所示。

因此，联轴器还具有一定的位置补偿和缓冲减振的功用。

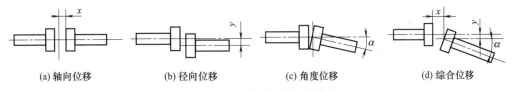

(a) 轴向位移　　　(b) 径向位移　　　(c) 角度位移　　　(d) 综合位移

图 6-3-1　两轴之间的相对偏移

2. 联轴器的类型

联轴器可分为刚性联轴器和弹性联轴器两大类。刚性联轴器由刚性传力件组成，又可分为固定式和可移式两类。固定式刚性联轴器不能补偿两轴的相对位移；可移式刚性联轴器能补偿两轴的相对位移。弹性联轴器包含有弹性元件，能补偿两轴的相对位移，并具有一定的吸收振动和缓和冲击的能力。

（1）固定式刚性联轴器

① 凸缘联轴器。凸缘联轴器由两个带凸缘的半联轴器组成，如图 6-3-2 所示。半联轴器分别由键与两轴连接，然后两个半联轴器用螺栓连接。其对中方式有两种，一种是利用凸肩和凹槽的两个半联轴器的相互嵌合对中，靠预紧普通螺栓在凸缘边接触表面产生的摩擦力传递扭矩；另一种是通过铰制孔螺栓与孔的紧配合对中，靠螺栓杆承受挤压与剪切来传递扭矩。凸缘联轴器结构简单，传递扭矩大，传力可靠，对中性好，装拆方便，因而应用广泛。

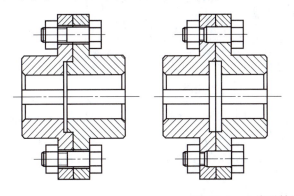

图 6-3-2　凸缘联轴器

② 套筒联轴器。套筒联轴器径向尺寸小、结构简单，如图 6-3-3 所示。通常用 45 钢制造，适用于轴径小于 70mm 的对中性较好的场合。

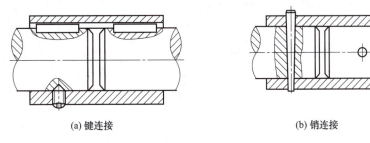

(a) 键连接　　　　　　　　　　　　(b) 销连接

图 6-3-3　套筒联轴器

（2）可移式刚性联轴器

① 齿式联轴器。齿式联轴器是刚性联轴器中允许综合位移的一种具有代表性的联轴器。

图 6-3-4　齿式联轴器

它由两个带有内齿及凸缘的外套筒和两个带有外齿的内套筒组成，如图 6-3-4 所示。齿式联轴器的两个外套筒用螺栓连接，两个内套筒用键与两轴连接，内、外齿相互啮合传递扭矩。

由于内、外齿啮合时，具有较大的顶隙和侧隙，因此这种联轴器具有径向、轴向和角度位移补偿功能。由于内、外齿廓均为渐开线，故其制造和安装精度要求较高，成本高。它具有很强的传递载荷能力与位移补偿能力，所以在汽车、重型机械中应用广泛。

② 十字滑块联轴器。十字滑块联轴器由两个具有径向通槽的半联轴器和一个具有相互垂直凸榫的十字滑块组成，如图 6-3-5 所示。由于十字滑块的凸榫能在半联轴器的凹槽中移动，故补偿了两轴间的位移。

为了减少滑动引起的摩擦，需要一定的润滑，并对工作表面进行热处理，以提高硬度。十字滑块联轴器常用 45 钢制造，要求较低时，也可以采用 Q275，此时不需热处理。

十字滑块联轴器

图 6-3-5　十字滑块联轴器

③ 万向联轴器。万向联轴器简称为万向节，它是汽车万向传动装置中实现变角度传动的一种联轴器。如图 6-3-6 所示为单个十字轴式刚性万向节，它允许相邻两轴的最大夹角为 15°～20°，一般由一个十字轴、两个万向节叉和四个滚针轴承组成。

万向联轴器

图 6-3-6　万向联轴器

万向联轴器具有结构紧凑，维护方便，能补偿较大的综合位移，且传递较大扭矩的优点。所以，在汽车、机床等机械中广泛应用。

(3) 弹性联轴器　弹性联轴器利用弹性连接件的弹性变形来补偿两轴的相对位移，有缓和冲击和吸收振动的作用。常用弹性联轴器有弹性套柱销联轴器和弹性柱销联轴器两种。

① 弹性套柱销联轴器。弹性套柱销联轴器与凸缘联轴器类似，如图 6-3-7 所示。不同之

处是用有弹性的套柱销代替刚性的螺栓。弹性套的变形，可以补偿两轴的径向位移，并有缓冲吸振作用。

图 6-3-7　弹性套柱销联轴器

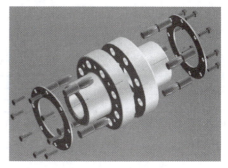

图 6-3-8　弹性柱销联轴器

弹性套常用耐油橡胶制造，作为缓冲吸振元件。柱销材料为 45 钢，半联轴器的材料用铸铁或铸钢。弹性套柱销联轴器结构简单，制造容易，装拆方便，成本较低，适用于扭矩小、转速高、频繁正反转、需要缓冲吸振的场合。

② 弹性柱销联轴器。弹性柱销联轴器的组成也与凸缘联轴器的组成类似，如图 6-3-8 所示。为防止柱销脱落，其上采用了挡板。柱销多用尼龙或酚醛树脂等弹性材料制造。弹性柱销联轴器虽然与弹性套柱销联轴器十分相似，但其载荷传递能力更大，结构更为简单，使用寿命及缓冲吸振能力更强。但由于柱销材料对温度敏感，所以其工作温度限制在 $-20 \sim 70℃$。

弹性柱销联轴器结构简单，柱销耐磨性能好，维修方便，主要适用于有正反转动或启动频繁、对缓冲要求不高的场合。

二、离合器

1. 离合器的功用

离合器主要在机器运转过程中传递运动与动力，实现轴与轴之间的分离与接合。离合器在机器运转过程中可随时将两轴接合或分离，以便操纵机械传动系统运转、停车、变速和换向等。

在汽车传动系统中，离合器直接与发动机相连。由于内燃机只能在无载荷的情况下启动，所以，在汽车起步前，必须先将发动机与驱动轮之间的传动路线切断；另外，汽车在换挡和制动前，也需要切断动力传递。为此，在发动机与变速器之间设有离合器。由于离合器是在不停车的状况下进行两轴的接合与分离的，因此离合器应保证离合迅速、平稳、可靠，操纵方便，耐磨且散热好。

2. 离合器的类型

离合器按工作原理，可分为牙嵌式离合器和摩擦式离合器。牙嵌式离合器依靠齿的嵌合来传递扭矩和运动。摩擦式离合器则依靠工作表面间的摩擦力来传递扭矩和运动。

离合器按其离合方式，又可分为操纵式离合器和自动式离合器。自动式离合器不需要外力操纵，即可根据一定的条件，自动分离或接合，如自动挡汽车中的应用。

（1）牙嵌式离合器　牙嵌式离合器，如图 6-3-9 所示，由两个端面带牙的半离合器 1、3 组成。从动半离合器 3 用向平键或花键与轴连接，主动半离合器 1 用平键与轴连接，对中环

2用来使两轴对中,滑环4可操纵离合器的分离或接合。牙嵌式离合器结构简单,尺寸小,工作时无滑动,因此应用广泛。但它只宜在两轴不回转,或转速差很小时进行离合。

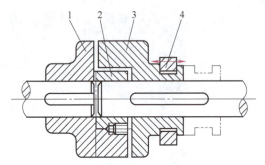 

图 6-3-9 牙嵌式离合器

1、3—半离合器;2—对中环;4—滑环

(2)摩擦式离合器

① 单片摩擦式离合器。图 6-3-10 所示为单片摩擦式离合器,它主要是利用两圆盘的压紧或松开,使摩擦力产生或消失,以实现两轴的接合或分离。操纵拨叉 3,使移动滑环 4 和从动盘 2 左移,以压力 F 将其压在主动盘 1 上,从而使两圆盘接合。反向操纵拨叉,使从动盘 2 右移,则使两圆盘分离。单片摩擦式离合器结构简单,但径向尺寸大,而且只能传递不大的扭矩。常用于轻型机械,如中型或轻型载货汽车上。

图 6-3-10 单片摩擦式离合器

1—主动盘;2—从动盘;3—拨叉;4—移动滑环

② 多片摩擦式离合器。多片摩擦式离合器的结构如图 6-3-11 所示,它有两组摩擦片,内、外摩擦片分别带有凹槽和凸齿。其主动轴 1、外壳 2 与一组外摩擦片 4 组成主动部分,其中外摩擦片可沿外壳 2 的槽移动。从动轴 10、套筒 9 与一组内摩擦片 5 组成从动部分,其中内摩擦片可沿外壳 2 的槽移动。从动轴 10、套筒 9 与一组内摩擦片 5 组成从动部分,其中内摩擦片

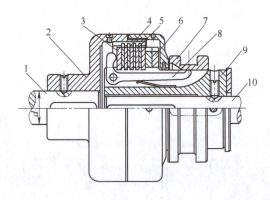 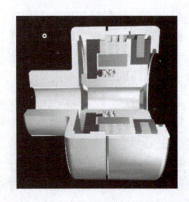

图 6-3-11 多片摩擦式离合器

1—主动轴;2—外壳;3—压板;4—外摩擦片;5—内摩擦片;6—螺母;7—滑环;8—杠杆;9—套筒;10—从动轴

可在套筒9的槽上滑动。当滑环7向左移动时，使杠杆8绕支点顺时针转动，通过压板3将两组摩擦片压紧，于是主动轴带动从动轴一起转动。反过来，滑环7向右移动时，杠杆8下面的弹簧使杠杆绕支点逆时针转动，两组摩擦片松开，于是主动轴与从动轴脱开。

多片摩擦式离合器采用两组摩擦片，摩擦面积比单片摩擦式离合器大大增加，可传递扭矩的能力显著增大。但其结构比较复杂，因此主要应用在中、重型载货汽车上。

③ 膜片弹簧离合器。如图6-3-12所示为膜片弹簧离合器。碟形膜片用优质钢板制成，其上开有若干个径向切槽，切槽的内端开通，外端为圆孔，每两切槽之间的钢板形成一个弹性杠杆，它既是压紧弹簧又是分离杠杆。

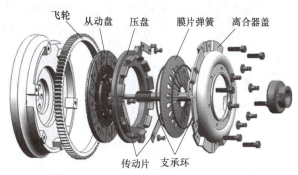

图6-3-12 膜片弹簧离合器

膜片弹簧离合器工作原理，如图6-3-13所示。膜片弹簧离合器的压紧装置由压盘3、离合器盖2、膜片弹簧4、支承圈5和7、分离钩6和传动片组成。膜片弹簧中间的两侧有支承圈5和7，用铆钉装在离合器盖2上。支承圈为膜片弹簧工作时的支点。

在离合器盖2未装到飞轮1上时，膜片弹簧不受力，处于自由状态。此时，离合器盖与飞轮之间有一距离L，如图6-3-13（a）所示。

当把离合器盖2靠向飞轮1时，支承圈5压迫膜片弹簧4，使之发生弹性变形，即锥角变小。这样，膜片弹簧的反弹力使其外缘对压盘及从动盘产生压紧力，从而使离合器处于压紧状态，如图6-3-13（b）所示。

当离合器分离时，分离轴承8左移，膜片弹簧4被压在支承圈7上，膜片弹簧内缘前移，其径向截面以支承圈为支点转动（膜片弹簧呈反锥形），其外缘通过分离钩6拉动压盘3，而使离合器分离，如图6-3-13（c）所示。

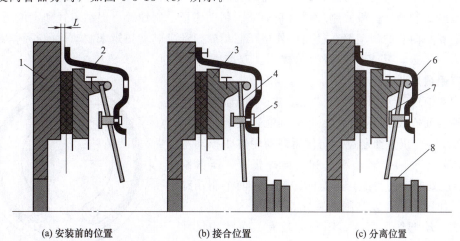

(a) 安装前的位置　　(b) 接合位置　　(c) 分离位置

图6-3-13 膜片弹簧离合器工作原理

1—飞轮；2—离合器盖；3—压盘；4—膜片弹簧；5,7—支承圈；6—分离钩；8—分离轴承

膜片弹簧离合器结构简单、轴向尺寸小、弹性特性好、弹力不受离心力影响，因此，在

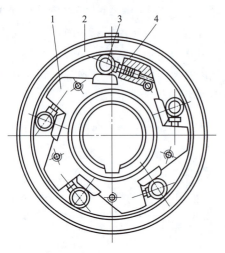

图 6-3-14 定向离合器
1—星轮;2—外圈;3—滚柱;4—弹簧顶杆

汽车(尤其是轿车)上得到了广泛的应用。奥迪、捷达、上海桑塔纳等轿车,均采用膜片弹簧离合器。

(3)定向离合器 定向离合器也称超越离合器,如图 6-3-14 所示。它主要由星轮、外圈、滚柱和弹簧顶杆组成。弹簧顶杆的作用是将滚柱压向星轮的楔形槽内与星轮、外圈相接触。星轮和外圈均可作为主动件。

当星轮为主动件并按顺时针旋转时,滚柱受摩擦力的作用被楔紧在槽内,因而带动外圈一起转动,这时离合器处于接合状态。

当星轮反转时,滚柱受摩擦力的作用,被推到楔槽较宽的部分,这时离合器处于分离状态。故可在机械中用来防止逆转并完成单向传动。当星轮和外圈按顺时针方向做同向转动时,若外圈转速不大于星轮转速,则离合器处于接合状态。反之,若外圈转速大于星轮转速,则离合器处于分离状态。此时两者以各自的转速旋转,即从动件的转速超越主动件转速,因此,这种离合器也称为超越离合器。

三、制动器

1. 制动器的功用

制动器主要用于降低正在运行着的机器(或机构)的速度或使其停止,有时也用于调节或限制速度。制动器是保护机器安全、正常工作,控制机器速度的重要部件。

2. 制动器的类型

按制动零件的结构特征分,制动器有摩擦式和非摩擦式两大类。目前,汽车上所用的制动器几乎都是摩擦式的,可分为鼓式和盘式两种。

(1)鼓式制动器 鼓式制动器由制动鼓、制动底板、制动蹄、促动装置和定位调整装置等组成,利用内置的制动蹄在径向向外挤压制动鼓,产生制动扭矩来制动。鼓式制动器的旋转元件为制动鼓,其工作表面为圆柱面。双蹄式鼓式制动器应用最广。

如图 6-3-15 所示为内张蹄式制动器。两个制动蹄 2 和 7 的外表面安装了摩擦片 3,并分别通过支承销 1 和 8 与机架铰接。压力油通过双向作用制动轮缸 4 推动左右两个活塞,使两个制动蹄 2 和 7 向外张开,压紧制动鼓 6,达到制动的目的。压力油卸载后,两个制动蹄在弹簧的作用下回位,与制动鼓分离。

鼓式制动器结构紧凑,制动力较大,在结构尺寸受限制的机械及各种车辆中应用广泛,如北京BJ2020、奥迪100型、捷达、桑达纳等轿车的后轮制动器,都采用了鼓式制动器。

(2)盘式制动器 如图 6-3-16 所示为盘式制动器,

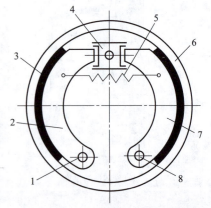

图 6-3-15 内张蹄式制动器
1,8—支承销;2,7—制动蹄;3—摩擦片;
4—制动轮缸;5—弹簧;6—制动鼓

项目六 汽车轴系零件

由制动盘、制动块、制动钳、分泵（图中未示出）、导向销等组成。制动盘为旋转元件，其工作表面为端面，并固定在车轮上，随车轮转动。制动钳为固定元件。

制动钳支架固定在转向节上，制动钳与制动钳支架可沿导向销轴向滑动。制动时，活塞在液压力的作用下，将活动制动块（左块，带摩擦片磨损报警装置）推向制动盘。与此同时，作用在制动钳上的反作用力推动制动钳沿导向销左移，使制动钳上的固定制动块（右块）压靠到制动盘上。于是，制动盘两侧制动块在液压力和反作用力的作用下，夹紧制动盘，使之在制动盘上产生与运动方向相反的制动力矩，促使汽车制动。

盘式制动器沿制动盘向施力，制动轴不受弯矩，径向尺寸小，制动性能稳定。盘式制动器已广泛应用于轿车上，一汽奥迪100前轮制动器、奥迪100型全车、铃木尚悦全车采用的都是盘式制动器。

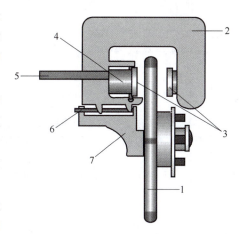

图 6-3-16 盘式制动器
1—制动盘；2—制动钳；3—制动块；4—活塞；
5—制动液；6—导向销；7—制动钳支架

四、弹簧

弹簧是机械设备中广泛应用的弹性零件。弹簧受载后能产生较大的弹性变形，从而把机械功或动能转变为变形能。弹簧卸载后又能消失变形，立即恢复原状，从而又把变形能转变为动能或机械功。所以，弹簧又是转换能量的零件。

1. 弹簧的功用

弹簧在机械中作为弹性元件，主要功用如下。

（1）缓冲和吸振。例如，汽车中的缓冲弹簧、各种缓冲器及弹性联轴器中的弹簧等。

（2）控制机构的运动。例如，离合器弹簧、凸轮机构弹簧等能使离合器、凸轮副保持接触，控制机构运动。

（3）储存能量作为动力源。例如，机械钟表、仪器、玩具等使用的发条，枪栓弹簧等，利用释放储存在弹簧中的能量来提供动力。

（4）测量力和力矩。例如，弹簧秤、测力器等利用弹簧变形大小来测量力或力矩。

2. 弹簧的种类

弹簧的种类很多。在一般机械中，常用弹簧的类型、特点和应用，见表 6-3-1。

表 6-3-1 弹簧的类型、特点和应用

类型	受载形式	简图	特点及应用
圆柱体螺旋弹簧	压缩		承受压力，结构简单、制造方便。应用广泛，适用于各种机械
	拉伸		承受拉力，结构简单、制造方便。应用广泛，适用于各种机械

续表

类型	受载形式	简图	特点及应用
圆柱体螺旋弹簧	扭转		承受扭矩,主要用于各种装置中的压紧和储能
圆锥形螺旋弹簧	压缩		承受压力,结构紧凑,稳定性好,防振能力较强,多用于承受大载荷和减振的场合
碟形弹簧	压缩		承受压力,缓冲减振能力强,常用于重型机械的缓冲和减振装置
环形弹簧	压缩		承受压力,是目前最强的压缩、缓冲弹簧,常用于重型设备的缓冲装置
平面涡卷弹簧	扭转		承受扭矩,能储蓄较大的能量,常用作仪器、钟表中的储能弹簧
板弹簧	弯曲		承受弯矩,这种弹簧变形大,吸振能力强,主要用于汽车、拖拉机等的悬挂装置

任务实施

汽车联轴器、离合器与制动器的认识

1. 实施场地

汽车整车实训室。

2. 实施仪器与用具

联轴器、离合器与制动器实物或图片。

3. 计划与实施

观察汽车结构,结合联轴器、离合器与制动器的相关知识,解决相关问题。

(1) 分组讨论,思考下列问题

① 指出联轴器、离合器与制动器的类型。

② 分析联轴器、离合器与制动器的工作原理。

③ 分析联轴器、离合器与制动器的功用。

(2) 根据汽车联轴器、离合器与制动器情况,完成下列表格

项目六 汽车轴系零件

序号	汽车联轴器、离合器与制动器				在汽车在的应用举例
1	联轴器	功用：	刚性联轴器	凸缘联轴器	
				套筒联轴器	
				齿式联轴器	
				十字滑块联轴器	
				万向联轴器	
2	离合器	功用：		牙嵌式离合器	
				摩擦式离合器	
3	制动器	功用：		鼓式制动器	
				盘式制动器	

4．技能考核

请完成"汽车联轴器、离合器与制动器认识"项目训练后，填写下表。

班级		项目名称	
姓名		项目任务名称	
学号		完成时间	
实践项目		实践设备	
汽车联轴器、离合器与制动器认识	完成任务计划与实施表格		
自我评价	良好□　合格□　不合格□		
小组评价	良好□　合格□　不合格□ 组长签名：		
教师评价	良好□　合格□　不合格□ 教师签名：		

小结

1．联轴器、离合器和制动器是机械传动中的重要部件。

2．联轴器、离合器可用来连接两轴，使之一起回转并传递扭矩。联轴器主要用于轴与轴之间的连接，以实现不同轴之间运动与动力的传递；离合器用于在机器运转过程中，实现主、从动轴分离与接合，用来操纵机器，以进行变速或换向。

3．制动器主要用于降低机械的运转速度或迫使机械停止运转。

拓展训练

一、填空题

1．汽车上的联轴器主要用于轴与轴之间的连接，以实现两轴的_____传递。

2. 传递两相交轴间运动而又要求轴间夹角经常变化时，可采用_____联轴器。

3. 联轴器连接两轴只有在_____时，经拆卸后才能使两轴分离。离合器连接的两轴可在_____时，实现两轴分离与接合。

4. 联轴器可分为_____和_____两大类。

5. 离合器在机械_____启动后，能随时根据需要将主、从动轴接合与分离，以完成传动系统的_____、_____以及停止等工作。

6. 制动器的主要功用是_____。

7. 目前，汽车上所用的制动器几乎都是靠_____来制动的，可分为_____和_____两种。

二、判断题

1. 联轴器和离合器都是用来连接两轴且传递扭矩的机械部件。（ ）

2. 弹性联轴器能缓冲吸振，适合于正反转或启动频繁的场合。（ ）

3. 牙嵌式离合器可在高速下进行接合，且接合冲击较小。（ ）

4. 当机器过载时，摩擦离合器发生打滑现象，起到过载保护装置的作用。（ ）

5. 凸缘联轴器传递转矩较大，是应用最广的一种刚性联轴器。（ ）

6. 万向联轴器一般是成对使用，以免引起附加载荷。（ ）

7. 用离合器连接的两轴可在机器运转过程中随时进行接合或分离，以满足机械变速、换向、空载、启动等要求。（ ）

8. 联轴器只传递两轴间的转矩，不具有补偿两轴的相对位移的能力，不具有减振、缓冲的功能。（ ）

三、选择题

1. 对于低速、刚性大的短轴，常选用的联轴器为（ ）。
   A. 刚性固定式联轴器　　　　　　B. 刚性可移动式联轴器
   C. 弹性联轴器　　　　　　　　　D. 万向联轴器

2. 用于启动频繁、经常正反转的重型机械中连接两轴的联轴器，一般选用（ ）。
   A. 刚性固定式联轴器　　　　　　B. 刚性可移动式联轴器
   C. 弹性联轴器　　　　　　　　　D. 齿式联轴器

3. 联轴器与离合器的主要作用是（ ）。
   A. 缓冲、减振　　　　　　　　　B. 传递运动和转矩
   C. 防止机器发生过载　　　　　　D. 补偿两轴的不同心或热膨胀

4. 用来连接两轴，并需在转动中随时接合和分离的连接件为（ ）。
   A. 联轴器　　　B. 离合器　　　C. 制动器　　　D. 弹簧

5. 有过载保护作用的机械部件是（ ）。
   A. 齿式联轴器　　　　　　　　　B. 万向联轴器
   C. 牙嵌式联轴器　　　　　　　　D. 圆盘摩擦离合器

6. 汽车变速箱输出轴和后桥之间采用的联轴器是（ ）。
   A. 凸缘联轴器　　　　　　　　　B. 十字滑块联轴器
   C. 万向联轴器　　　　　　　　　D. 弹性柱销联轴器

7. 当两轴转速较高，且需在工作中经常接合和分离时，宜选用（　　）。
   A. 牙嵌式离合器　　　　　　　　B. 摩擦离合器
   C. 超越离合器　　　　　　　　　D. 安全离合器
8. 联轴器与离合器的根本区别在于（　　）。
   A. 联轴器只能用来连接两根轴；离合器还可用来连接轴上的其他回转零件
   B. 联轴器只能用来传递扭矩；离合器除传递扭矩外，还可用作安全、定向或启动装置
   C. 要把被联轴器连接的两轴分离，需要使机器停车进行拆卸；离合器可在机器工作过程中随时使两轴结合或分离
   D. 联轴器可以采用弹性元件来缓冲吸振；离合器则没有这种特性
9. 在下列联轴器中，能补偿两轴的相对位移并可缓和冲击、吸收振动的是（　　）。
   A. 凸缘联轴器　　B. 齿式联轴器　　C. 万向联轴器　　D. 弹性套柱销联轴器
10. 十字滑块联轴器允许被连接的两轴有较大的（　　）偏移。
    A. 径向位移　　B. 轴向位移　　C. 角位移　　D. 综合位移

四、简答题

1. 联轴器主要有哪几类？简述其特点及应用。
2. 离合器在轴连接中起到什么作用？
3. 简述鼓式制动器的工作原理。

项目七　汽车零部件的连接

任务一　键连接在汽车上的应用

任务导入

图 7-1-1　齿轮与轴的连接

汽车发动机皮带轮与轴的连接、变速器中齿轮与轴、联轴器与轴的连接等均采用了键连接,如图 7-1-1 所示。通过认识汽车变速器中齿轮与轴的连接,更好地认识键连接在汽车上的应用。

任务目标

1. 了解键连接的基本结构。
2. 掌握键连接的类型及其在汽车上的应用。
3. 学会键连接的拆装方法。

相关知识

键连接由键、轴与轮毂组成,主要用于实现轴与轴上零件之间的周向固定,并传递转矩。有的键连接也可同时实现轴向固定或轴向滑动。键连接结构简单、工作可靠、拆装方便,因而被广泛应用。

按连接的状态不同,键连接可分为松键连接和紧键连接。

一、松键连接

松键连接是键的两侧面为工作面。工作时,靠轮毂、轴上键槽以及键侧面的相互挤压来传递转矩,键的上表面与轮毂上的键槽底面之间存在一定的间隙。

常用的松键连接有:平键、半圆键、花键连接。

1. 平键连接

平键按结构不同可分为普通平键、导向平键和滑键三种。

（1）普通平键　普通平键用于静连接，即轴与轮毂间无相对周向转动的连接。两侧面为工作面，靠键与键槽的挤压力传递扭矩；轴上的键槽用盘铣刀或指状铣刀加工，轮毂槽用拉刀或插刀加工。普通平键如图 7-1-2 所示。普通平键应用最广，它适用于高精度、高速或冲击、变载荷情况下的静连接。

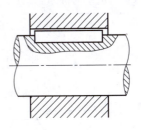

图 7-1-2　普通平键

普通平键有三种类型，如图 7-1-3 所示。

① 圆头普通平键（A型），如图 7-1-3（a）所示。圆头普通平键的轴槽是用指状铣刀加工的，键在槽中固定良好，但槽在轴上引起的应力集中较大，这种结构应用最为广泛。

② 方头普通平键（B型），如图 7-1-3（b）所示。方头普通平键的键槽是用盘铣刀加工的，轴的应力集中较小，但不利于键的固定，这种结构一般用在轴中端，需要螺钉固定。

③ 半圆头普通平键（C型），如图 7-1-3（c）所示，这种结构多用于轴端与毂的连接。

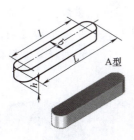
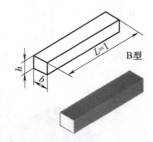
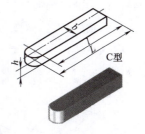

图 7-1-3　普通平键的结构与类型

（2）导向平键与滑键　导向平键与滑键用于动连接，即轴与轮毂之间有相对轴向移动的连接。

导向平键，如图 7-1-4（a）所示，键不动，轮毂轴向移动。

滑键，如图 7-1-4（b）所示，键随轮毂移动。导向平键一般较长，当被连接零件滑移的距离较大时，则采用滑键。

平键连接装拆方便，对零件对中性无影响，容易制造，作用可靠，多用于高精度连接。但只能周向固定，不能承受轴向力。

2. 半圆键

半圆键与平键一样，都是以两侧面为工作面。如图 7-1-5（a）所示。

半圆键呈半圆形，能自动适应轮毂装配，定心性好；但因键槽较深，对轴的强度削弱较大，故仅适用于轻载或位于轴端，特别是锥形轴端的连接，如图 7-1-5（b）所示。

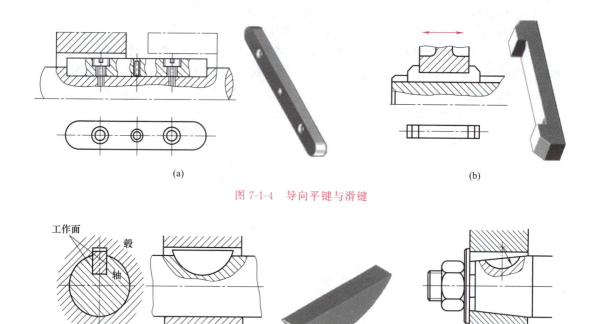

(a)

(b)

图 7-1-4　导向平键与滑键

(a)

(b)

图 7-1-5　半圆键连接

3. 花键连接

花键连接是由多个键齿与键槽在轴和轮毂孔的周向均布而成，如图 7-1-6（a）所示，适用于动、静连接。键齿的两侧面是工作面。通过均匀周向分布多齿传递载荷，花键连接与平键连接相比，承载能力强，对轴强度削弱小，定心性和导向性好。但花键结构复杂，加工工艺繁杂，制造成本高，多用于载荷较大和定心精度要求较高的场合或轮毂经常做轴向滑移的场合。

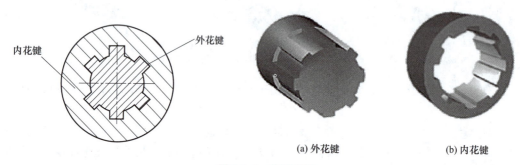

(a) 外花键　　　　(b) 内花键

图 7-1-6　花键连接

花键按其齿形不同，分为矩形花键、渐开线花键和三角形花键。

（1）矩形花键　如图 7-1-7（a）所示。内径定心，定心精度高，稳定性好，配合面均要研磨，以消除热处理后的变形，应用广泛。

（2）渐开线花键　如图 7-1-7（b）所示。定心方式为齿侧定心，有利于各齿均匀承载。当传递较大的转矩且轴径也大时，应采用渐开线花键连接。

（3）三角形花键　如图 7-1-7（c）所示。定心方式为齿侧定心。齿数较多，键齿细小，对轴强度削弱小。适用于轴与薄壁零件的连接。

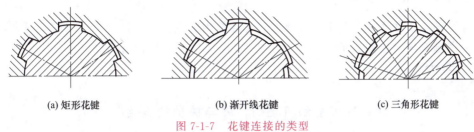

图 7-1-7　花键连接的类型

二、紧键连接

常见的紧键连接有楔键连接和切向键连接两种。

1. 楔键连接

楔键能在轴上作轴向固定零件，可承受不大的单向轴向力。键的上、下面为工作面，上表面制成 1∶100 的斜度，如图 7-1-8 所示。

楔键楔紧后会使轴与轮毂产生偏心，因而楔键仅适用于对定心精度要求不高、载荷平稳的低速场合。

楔键分为普通楔键和钩头楔键两种。普通楔键又分为圆头（A 型）和方头（B 型）两种形式。钩头楔键的钩头是为了便于拆卸。

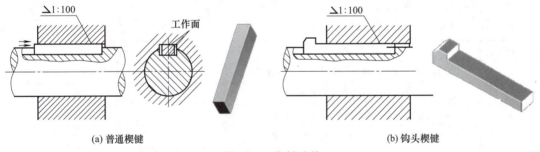

图 7-1-8　楔键连接

2. 切向键连接

切向键是由两个单边楔键组成，其上、下面均为工作面。装配时，两个键分别从轮毂两端楔入，靠工作面的挤压传递转矩，如图 7-1-9 所示。

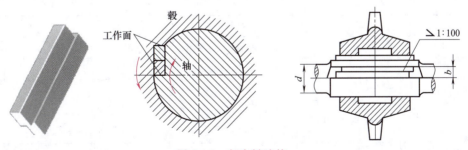

图 7-1-9　切向键连接

一个切向键只能传递单向转矩，传递双向转矩时，必须用两个切向键，两键应错开 120°～135°。切向键用于低速、重载、定心精度要求不高的场合。

三、键连接的失效形式

普通平键属于静连接，其主要失效形式是连接中强度较弱零件的工作面被压溃。导向平键和滑键连接属于动连接，其主要失效形式是工作面磨损严重。

汽车发动机正时齿轮与曲轴的连接

1．工作场地
汽车发动机拆装室。
2．工作工具
汽车发动机实物、图片或汽车发动机仿真拆装软件。
3．计划与实施
拆装汽车发动机曲轴部件结构，结合键的相关知识，解决下列问题。
（1）分组讨论，思考下列问题
① 正时齿轮与曲轴之间通过什么结构实现连接？
② 正时齿轮与曲轴之间连接件的工作面是哪个面？
③ 正时齿轮与曲轴之间连接件实现正时齿轮的周向固定还是轴向固定？
④ 正时齿轮与曲轴之间的连接是属于静连接还是动连接？
⑤ 正时齿轮与曲轴之间连接件的主要失效形式是什么？
（2）拆装汽车发动机曲轴部件结构，完成下列表格。

序号	问题	结论
1	正时齿轮与曲轴之间通过什么结构实现连接	
2	连接件的工作面是哪个面	
3	连接件是否实现正时齿轮的周向固定	
4	连接件是否实现正时齿轮的轴向固定	
5	连接是属于静连接还是动连接	
6	连接件的主要失效形式是什么	

4．技能考核
根据汽车发动机正时齿轮与曲轴的连接，填写下表。

班级		项目名称	
姓名		项目任务名称	
学号		完成时间	
实训项目		实训设备	
拆装分析结果	键连接类型	□ 普通平键连接 □ 半圆键连接	□ 花键连接 □ 导向平键连接
	键工作表面	□ 上、下表面	□ 两侧面
	键连接松紧类型	□ 松键连接	□ 紧键连接
	键连接动静类型	□ 静连接	□ 动连接

小结

1. 键连接由键、轴与轮毂组成，主要用来实现轴和轴上零件（如带轮、齿轮和联轴器等）之间的周向固定，以传递运动和转矩，有的还能实现轴上零件的轴向固定或滑动。键是标准件，一般用 45 钢制成，在汽车及其他机械中有广泛的应用，如变速器中的齿轮和轴的连接等。

2. 键连接分为松键连接和紧键连接两类。松键连接包括平键、半圆键和花键三种，它们的工作面都是两侧面；紧键连接包括楔键和切向键两种，它们的工作面为上、下表面。

3. 键连接的失效形式与其连接类型有关系。静连接键的主要失效形式是连接中强度较弱零件的工作面被压溃；动连接键的主要失效形式是工作面磨损。

拓展训练

一、填空题

1. 平键连接中当采用双键连接时，两键相距＿＿＿＿＿＿＿＿布置。
2. 键的截面尺寸是按＿＿＿＿＿＿＿＿从标准中选取。
3. 普通平键有三种形式，即＿＿＿＿、＿＿＿＿和＿＿＿＿。
4. A 型平键的键槽采用＿＿＿＿铣刀加工。
5. 平键连接中的工作面为＿＿＿＿＿面，楔键连接中的工作面为＿＿＿＿＿面。
6. 构成静连接的普通平键连接的主要失效形式是工作面＿＿＿＿＿＿；构成动连接的导向平键和滑键连接的主要失效形式是工作面＿＿＿＿＿＿。

二、选择题

1. 能构成紧连接的两种键为（　　）。
   A. 楔键和半圆键　　　　　　B. 半圆键和切向键
   C. 楔键和切向键　　　　　　D. 平键和半圆键

2. A 型普通平键的公称长度为 L，宽度为 b 时，其工作长度＝（　　）。
   A. $L-2b$　　　　　　　　　B. $L-b$
   C. L　　　　　　　　　　　D. $L-b/2$

3. 一般采用（　　）加工 B 型普通平键的键槽。
   A. 指状铣刀　　　　　　　　B. 盘形铣刀
   C. 插刀　　　　　　　　　　D. 铰刀

4. 半圆键的主要优点是（　　）。
   A. 对轴的强度影响较小　　　B. 工艺性好，安装方便
   C. 承受载荷的能力强　　　　D. 键槽的应力集中小

5. 设计键连接时，键的截面尺寸 $b×h$ 通常根据（　　）由标准中选择。
   A. 传递转矩的大小　　　　　B. 传递功率的大小
   C. 轴的直径

6. 平键标记：键 B16×10×100 GB/T 1096—2003 中，16×10×100 表示的是（　　）。
   A. 键宽、键长和键高　　　　　　　B. 键宽、键高轴径
   C. 键高、轴径和键长　　　　　　　D. 键宽、键高和键长
7. 花键连接的主要缺点是（　　）。
   A. 应力集中　　　　　　　　　　　B. 成本高
   C. 对中性和导向性差　　　　　　　D. 对轴的强度影响大
8. 普通平键连接的主要用途是使轴与轮毂之间（　　）。
   A. 沿轴向固定并传递轴向力　　　　B. 沿轴向可做相对滑动并具有导向作用
   C. 沿周向固定并传递转矩　　　　　D. 安装与拆卸方便
9. 键的长度主要是根据（　　）来选择。
   A. 传递转矩的大小　　　　　　　　B. 传递功率的大小
   C. 轮毂的宽度　　　　　　　　　　D. 轴的直径
10. 平键连接如不能满足强度条件要求时，可在轴上安装一对平键，使它们沿圆周相隔（　　）。
    A. 90°　　　　　　　　　　　　　　B. 120°
    C. 135°　　　　　　　　　　　　　D. 180°
11. 适用于定心精度要求不高、载荷较大的轴与毂静连接的是（　　）
    A. 平键　　　　　　　　　　　　　B. 花键
    C. 切向键　　　　　　　　　　　　D. 滑键
12. 根据装配时的（　　），键连接可分为松键连接和紧键连接两种类型。
    A. 难易程度　　　　　　　　　　　B. 精确程度
    C. 松紧程度　　　　　　　　　　　D. 装配方式
13. 普通平键根据（　　）不同，可分为 A 型、B 型和 C 型三种类型。
    A. 尺寸的大小　　　　　　　　　　B. 端部形状
    C. 截面形状　　　　　　　　　　　D. 安装位置
14. 楔键连接对轴上零件能做周向固定，且（　　）。
    A. 不能承受轴向力　　　　　　　　B. 能承受轴向力
    C. 能承受单方向的轴向力　　　　　D. 能承受双方向的轴向力

三、判断题

1. 松键连接装配时不需要拧紧，键的上表面与轮毂键槽底面之间留有间隙。（　　）
2. A、B 和 C 型三种普通平键的区别，主要是端部形状不同。（　　）
3. 半圆键连接由于轴上键槽较深，故对轴的强度削弱较大。（　　）
4. 导向平键和滑键都适用于轴上零件移动量大的场合。（　　）
5. 花键连接是一种适用于轴与轮毂间的动、静连接方式。（　　）

四、简答题

1. 常用的普通平键有哪几种类型？各用于什么场合？

2. 平键连接有哪些失效形式？
3. 简述平键连接和楔键连接的工作原理。
4. 与平键连接相比，花键连接有哪些特点？
5. 采用双键连接，为什么平键要沿周向隔180°布置？采用楔键要相隔90°～120°？采用半圆键要布置在同一母线上？

任务二　螺纹连接在汽车上的应用

任务导入 >>>

汽车上各零部件间的连接大都是螺纹连接的形式，结合螺纹连接的相关知识，对发动机气缸盖与气缸体连接螺钉、变速器壳体连接螺钉进行分析。

任务目标 >>>

1. 了解螺纹连接的基本结构和基本参数。
2. 掌握螺纹连接的类型及其在汽车上的应用。
3. 学会螺纹连接的预紧和防松操作。

相关知识 >>>

一、螺纹的形成及分类

如图7-2-1所示，将底边长为πd_2的直角三角形ABC纸片放在直径为d_2的圆柱面上，并使其底边BC和圆柱面底周边相重合，则斜边AB在圆柱面上形成的一条曲线即为螺旋线。再取一个通过圆柱面的轴线的平面N（矩形、三角形、梯形），使其沿螺旋线移动，则此牙型平面的空间轨迹即构成螺纹，如图7-2-2所示。常见螺纹的特点及应用如表7-2-1所示。

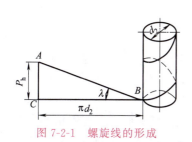

图7-2-1　螺旋线的形成

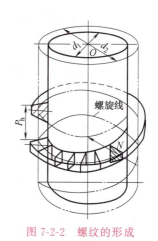

图7-2-2　螺纹的形成

表 7-2-1 常见螺纹的特点及应用

螺纹类型		牙型	特点及应用
连接螺纹	普通螺纹		普通螺纹又称为三角形螺纹,牙型为等边三角形,牙型角为60°,内外螺纹旋合留有径向间隙。同一公称直径按螺距大小不一分为粗牙和细牙。细牙螺纹的螺距小,升角小,自锁性较好,强度高,但因牙细不耐磨,容易滑扣。细牙螺纹常用于薄壁或受冲击、振动和变载荷的细小零件连接中,也可作为微调机构的调整螺纹。一般连接多用粗牙螺纹
	非密封管螺纹		牙型为等腰三角形,牙型角为55°,牙顶有较大的圆角,内外螺纹旋合无径向间隙,管螺纹为英制螺纹,牙型代号为管子内螺纹的大径。适用于管接头、旋塞、阀门及其他附件。若要求连接后具有密封性,可压紧被连接件螺纹副外的密封面,也可在密封面间添加密封物
	密封管螺纹		牙型为等腰三角形,牙型角为55°,牙顶有较大的圆角,螺纹分布在锥度为1:16的圆锥管壁上。包括圆锥内螺纹与圆锥外螺纹和圆柱内螺纹与圆柱外螺纹两种连接形式。螺纹旋合后,利用本身的变形就可以保证连接的紧密性,不需要任何填料,密封简单。适用于管子、管接头、旋塞、阀门及其他附件
传动螺纹	矩形螺纹		牙型为正方形,牙型角为0°,其传动效率比其他螺纹高,但牙型强度弱,螺旋副磨损后,间隙难以修复和补偿,传动精度较低。矩形螺纹未标准化,目前已逐渐被梯形螺纹所取代
	梯形螺纹		牙型为等腰梯形,牙型角为30°。内外螺纹以锥面贴紧,不易松动。与矩形螺纹相比,传动效率低,但工艺性好,牙根强度高,对中性好,梯形螺纹是常用的传动螺纹
	锯齿形螺纹		牙型为不等腰梯形,牙型角为33°,工作面的牙侧角为3°,非工作面的牙侧角为30°。锯齿形螺纹兼有矩形螺纹传动效率高、梯形螺纹牙型强度高的特点,但只能用于单向力的螺纹传动中,如螺旋压力机

二、螺纹的参数

螺纹的基本参数包括牙型角、直径(大径、中径、小径)、线数、螺距和导程、旋向、牙型角和升角等,螺纹已标准化。螺纹的主要参数如图7-2-3所示。

1. 牙型角

从通过螺纹轴线的剖面上,螺纹的轮廓形状称为牙型。常见的牙型有三角形、梯形、矩形和锯齿形等。两个相邻牙侧面的夹角称为牙型角,用 α 表示。不同的螺纹牙型角不同,三

项目七 汽车零部件的连接

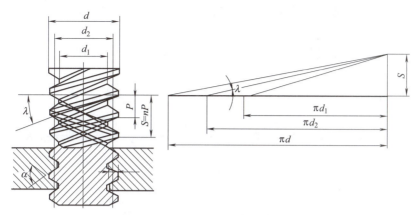

图 7-2-3 螺纹的主要参数

角形螺纹牙型角 $\alpha=60°$，梯形螺纹牙型角 $\alpha=30°$，矩形螺纹牙型角 $\alpha=0°$ 等。

2. 直径

（1）大径（d、D） 与外螺纹牙顶或内螺纹牙底相重合的假想圆柱面或圆锥面的直径，在标准中也作公称直径。

（2）小径（d_1、D_1） 与外螺纹牙底或内螺纹牙顶相重合的假想圆柱面或圆锥面的直径，在强度计算中常作为危险剖面的计算直径。

（3）中径（d_2、D_2） 母线通过牙型上凸起和沟槽两者宽度相等的假想圆柱面或圆锥面的直径。近似 $d_2=(d+d_1)/2$。

3. 线数

形成螺纹的螺旋线的条数称为线数。用字母 n 表示。按螺旋线的数目，螺纹还可分为单线螺纹（沿一条螺旋线形成的螺纹）和多线螺纹（沿两条或两条以上的周向等距分布的螺旋线形成的螺纹），连接螺纹多用单线螺纹，如图 7-2-4 所示。

多线螺纹

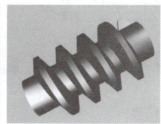

(a) 左旋　　　　(b) 右旋

图 7-2-4 单线与多线螺纹　　图 7-2-5 螺旋方向

左螺纹

右螺纹

4. 螺距和导程

相邻两牙在中径线上对应两点间的轴向距离称为螺距，用字母 P 表示。

同一条螺旋线上的相邻两牙在中径线上对应两点间的轴向距离称为导程，用字母 S 表示。

线数 n、螺距 P 和导程 S 之间的关系为：$S=n\times P$。

5. 旋向

根据螺纹的旋向不同，可分左螺纹（逆时针方向旋入的螺纹）和右螺纹（顺时针方向旋入的螺纹）。判断旋向时必须把螺纹的轴线竖起来，从螺旋线的下端向上看，螺旋线向左上倾斜，则为左旋螺纹；向右上倾斜，则为右旋螺纹，如图 7-2-5 所示。

6. 螺纹升角

中径圆柱面上，螺旋线的切线与垂直于螺纹轴线的平面之间所夹的锐角，称为螺纹升角。

螺纹升角影响螺纹连接的自锁性，相同大径的螺纹，其螺距越大，则升角越大，自锁性越差。

为了获得良好的自锁性，通常选择用细牙螺纹。汽车车轮与轴的连接采用细牙螺纹连接，保证自锁性，防止松脱。

三、螺纹连接件

常见的螺纹连接件有螺栓、螺母、垫圈等，其结构形式和尺寸均已标准化。螺纹连接件的结构特点及应用如表 7-2-2 所示。

表 7-2-2 常见的螺纹连接件

螺栓		应用最广。螺杆可制成全螺纹或者部分螺纹。为了满足工程上的不同需要，螺栓的头部有各种不同形状，有六角头、内六角头和方头等，最常见的是六角头
双头螺柱		双头螺柱两端都制有螺纹，两端的螺纹可以相同，也可以不同。其安装方式是一端旋入被连接件的螺纹孔中，另一端用来安装螺母，以固定其他零件
螺钉		螺钉的头部有各种形状，为了明确表示螺钉的特点，通常以其头部的形状来命名，如：圆头螺钉、内六角圆柱螺钉、沉头螺钉、滚花螺钉、自攻螺钉和吊环螺钉等。但在许多情况下，螺栓也可以用作螺钉
紧定螺钉		紧定螺钉常用的末端形式有平端、锥端、圆柱端等，头部的形状也有开槽、内六角等。主要用于小载荷的情况下。例如，以传递圆周力为主的情况、防止传动零件的轴向窜动等
螺母		螺母是和螺栓相配套的标准零件，其外形为六角形的螺母最为常用，其厚度有厚的、标准的和扁的，其中以标准的应用最广。另外，还有圆形螺母及其他特殊形状的螺母，如凸缘螺母、盖形螺母、蝶形螺母等
垫圈		垫圈是标准件，品种最多，但是，应用最多、最常见的有平垫圈和弹簧垫圈两种。其作用是保护被连接件的表面不被擦伤，增大螺母与被连接件间接触面积，防止自动松脱

四、螺纹连接的类型

根据螺纹连接件的类型不同,螺纹连接分为螺栓连接、双头螺柱连接、螺钉连接和紧定螺钉连接。螺纹连接的类型、结构、特点及应用见表 7-2-3。

表 7-2-3　螺纹连接的类型、结构、特点及应用

类型		结构	特点	应用	
螺栓连接	普通螺栓连接		被连接件上的通孔与螺栓间留有间隙,孔的直径大约是螺栓公称直径的1.1倍,通孔的加工精度要求较低,结构简单,装拆方便	适用于传递轴向载荷,且被连接件的厚度不大,能从两边进行安装的场合	普通螺栓连接
	铰制孔螺栓连接		孔与螺栓杆多采用基孔制过渡配合,能精确固定被连接件的相对位置,并能承受较大的横向载荷。但对孔的加工精度要求较高,成本较高。因为螺栓主要承受剪切力,故铰制孔螺栓又称为受剪螺栓	适用于需要精确定位或需承受大横向载荷的场合	铰制孔螺栓连接
双头螺柱连接			被连接件之一较厚,在其上制盲孔,且在盲孔上切制螺纹。薄件制通孔无螺纹,用双头螺柱加螺母连接。多次装拆不损坏被连接件	适用于被连接件之一太厚,不宜制成通孔,且需要经常拆卸的场合	双头螺柱连接
螺钉连接			螺钉直接拧入被连接件的螺纹孔中,不必用螺母,结构简单紧凑,与双头螺柱连接相比外观整齐美观。多次装拆易损坏被连接件	适用于被连接件之一太厚,不宜制成通孔,且不经常拆卸的场合	螺钉连接

续表

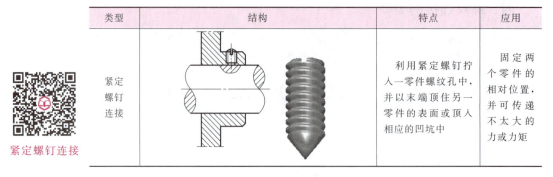

类型	结构	特点	应用
紧定螺钉连接		利用紧定螺钉拧入一零件螺纹孔中,并以末端顶住另一零件的表面或顶入相应的凹坑中	固定两个零件的相对位置,并可传递不太大的力或力矩

紧定螺钉连接

五、螺纹连接的预紧与防松

1. 螺纹连接的预紧

在实际上,绝大多数螺纹连接在装配时都必须拧紧,使其在承受工作载荷之前,预先受到的作用力称为预紧力。预紧的目的在于增强连接的可靠性和紧密性,以防止受载后被连接件间出现缝隙和发生相对滑移。

预紧力过小,紧固件可能松脱,被连接件可能出现滑移或分离;预紧力过大,紧固件可能滑扣或被剪断。因此,必须在拧紧螺栓时控制拧紧力矩,从而控制预紧力。

通常,拧紧力矩 T(N·mm)和螺栓轴向预紧力 F_0 间的关系为:

$$T \approx 0.2 F_0 d$$

式中 d——螺纹大径,mm。

螺纹连接的预紧由测力矩扳手(图7-2-6)或定力矩扳手(图7-2-7)来控制操作完成。

图7-2-6 测力矩扳手

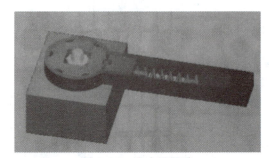

图7-2-7 定力矩扳手

2. 螺纹连接的防松

单线螺纹满足自锁条件,施加预紧力后,一般不会松动。但在变载荷、冲击、振动作用下,预紧力会降低,导致螺旋副相对转动,使螺纹连接松动。因此,螺纹连接必须采取适当的防松措施。常用的防松方法及特点见表7-2-4。

六、螺纹连接的失效

根据连接在应用场合的特点,对于受拉螺栓如普通螺栓,其主要失效形式是螺栓杆或螺纹部分的塑性变形和螺杆的疲劳断裂;对于受剪螺栓如铰制孔螺栓,其主要失效形式是螺栓杆被剪断、螺栓杆或孔壁被压溃;对于经常拆卸的螺纹连接,其主要失效形式是因为磨损产生滑扣。

项目七 汽车零部件的连接

表 7-2-4 常用的防松方法及特点

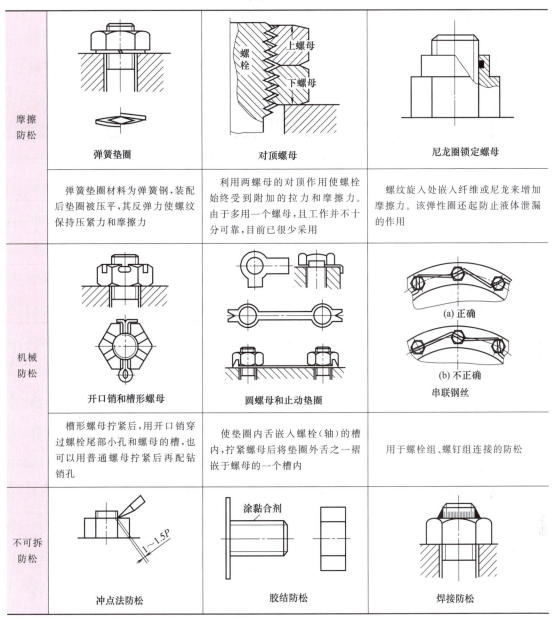

摩擦防松	弹簧垫圈	对顶螺母	尼龙圈锁定螺母
	弹簧垫圈材料为弹簧钢，装配后垫圈被压平，其反弹力使螺纹保持压紧力和摩擦力	利用两螺母的对顶作用使螺栓始终受到附加的拉力和摩擦力。由于多用一个螺母，且工作并不十分可靠，目前已很少采用	螺纹旋入处嵌入纤维或尼龙来增加摩擦力。该弹性圈还起防止液体泄漏的作用
机械防松	开口销和槽形螺母	圆螺母和止动垫圈	串联钢丝
	槽形螺母拧紧后，用开口销穿过螺栓尾部小孔和螺母的槽，也可以用普通螺母拧紧后再配钻销孔	使垫圈内舌嵌入螺栓（轴）的槽内，拧紧螺母后将垫圈外舌之一褶嵌于螺母的一个槽内	用于螺栓组、螺钉组连接的防松
不可拆防松	冲点法防松	胶结防松	焊接防松

任务实施

螺纹连接在汽车上的应用分析

1. 工作场地

汽车整车实训室。

2. 工作工具

汽车整车实物、图片或汽车整车仿真拆装软件。

3. 计划与实施

观察汽车整车构造，结合螺纹的相关知识，解决下列问题。

汽车机械基础

(1) 分组讨论,思考下列问题。

① 汽车发动机气缸盖与缸体之间的连接方式是什么?

② 汽车变速器壳体盖与体之间的连接方式是什么?

③ 汽车车轮与轴的连接采用细牙螺纹连接?

④ 输入轴上的齿轮与轴的连接是属于静连接还是动连接?

⑤ 该连接主要的失效形式是什么?

(2) 观察汽车螺纹连接情况,完成下列表格。

序号	问题		结论
1	汽车发动机气缸盖与缸体之间的连接		
2	汽车变速器壳体盖与体之间的连接		
3	螺纹连接的主要失效形式	受拉螺栓(普通螺栓)	
		受剪螺栓如铰制孔螺栓	
		经常拆卸的螺纹连接	

4. 技能考核

根据螺纹连接在汽车上的应用情况,填写下表。

班级			项目名称	
姓名			项目任务名称	
学号			完成时间	
实训项目			实训设备	
观察分析结果	汽车发动机气缸盖与缸体之间的连接	□ 普通螺栓 □ 双头螺柱		□ 普通螺钉 □ 紧定螺钉
	汽车变速器壳体盖与体之间的连接	□ 普通螺栓 □ 双头螺柱		□ 普通螺钉 □ 紧定螺钉
	汽车车轮与轴的连接类型	□ 粗牙普通螺纹		□ 细牙普通螺纹
	受拉螺栓(普通螺栓)的主要失效形式	□ 螺栓杆塑性变形 □ 螺杆疲劳断裂		□ 螺纹塑性变形 □ 螺纹滑扣
	受剪螺栓(铰制孔螺栓)	□ 螺栓杆塑性变形 □ 螺栓杆被压溃		□ 螺栓杆被剪断 □ 螺栓孔壁被压溃
	经常拆卸的螺纹连接	□ 螺栓杆塑性变形 □ 螺杆疲劳断裂		□ 螺纹塑性变形 □ 螺纹滑扣
自我评价	良好□ 合格□ 不合格□			
小组评价	良好□ 合格□ 不合格□			组长签名:
教师评价	良好□ 合格□ 不合格□			教师签名:

小结

1. 螺纹连接是一种可拆连接，包含螺栓连接、双头螺柱连接、螺钉连接以及紧定螺钉连接4种基本类型。

2. 为了增强连接的可靠性、紧密性和紧固性，螺纹连接在承受载荷前需要拧紧，使螺纹连接受到一定的预紧力作用。对于重要连接，要借助测力矩扳手或定力矩扳手来控制预紧力。

3. 螺纹连接防松的根本问题是防止螺母与螺栓杆的相对运动。常见的防松方法有摩擦防松、机械防松以及不可拆防松。

4. 不同的工作状况，螺纹连接的失效形式不同。对于受拉螺栓（普通螺栓），其主要失效形式是螺栓杆或螺纹部分的塑性变形和螺杆的疲劳断裂；对于受剪螺栓（铰制孔螺栓），其主要失效形式是螺栓杆被剪断、螺栓杆或孔壁被压溃；对于经常拆卸的螺纹连接，其主要失效形式是因为磨损产生滑扣。

拓展训练

一、填空题

1. 按螺纹位置的不同，螺纹可分为_____和_____两大类。
2. 按螺纹旋向不同，螺纹可分为_____和_____；
按螺纹线数不同，螺纹可分为_____和_____；
按螺纹牙型不同，螺纹可分为_____、_____、_____和_____。
3. 普通螺纹多用于_____，梯形螺纹多用于_____。
4. 螺纹连接的基本类型有_____、_____、_____和_____。
5. 螺距是指相邻两牙在_____对应两点间的轴线距离。
6. 导程是指_____上的相邻两牙在_____对应两点间的轴线距离。
7. 对于受拉的普通螺栓，其主要失效形式是螺栓杆或螺纹部分的_____和螺杆的_____；对于受剪的铰制孔螺栓，其主要失效形式是螺栓杆_____、螺栓杆或孔壁_____；对于经常拆卸的螺纹连接，会因磨损产生_____。

二、选择题

1. 公制三角形螺纹牙型角为（　　）。
A. 33°　　　　B. 60°　　　　C. 55°　　　　D. 30°

2. 下列螺纹标记中，表示细牙普通螺纹的是（　　）。
A. M24×1.5　　B. M12-6H　　C. Tr42×8LH　　D. Tr24×9（p3）

3. 螺杆原地旋转，螺母直线移动的应用实例是（　　）。
A. 千斤顶　　　B. 举升器　　　C. 台虎钳　　　D. 机床走刀机构

4. 下列螺纹中，不用于传动的是（　　）。
A. 管螺纹　　　B. 锯齿形螺纹　　C. 矩形螺纹　　D. 梯形螺纹

5. 常见的连接螺纹是（　　）。
A. 单线左旋　　B. 单线右旋　　C. 双线左旋　　D. 双线右旋

6. 当两被连接件之一较厚且要经常拆卸时，可采用（　　）连接。
   A. 普通螺栓　　　B. 双头螺柱　　　C. 普通螺钉　　　D. 紧定螺钉
7. 下列连接不需要螺母的是（　　）。
   A. 普通螺栓　　　B. 双头螺柱　　　C. 普通螺钉　　　D. 紧定螺钉
8. 普通螺纹的公称直径是指（　　）。
   A. 螺纹大径　　　B. 螺纹小径　　　C. 螺纹中径　　　D. 平均直径
9. 在螺纹连接的防松方法中，开口销和槽形螺母属于（　　）防松。
   A. 机械　　　　　B. 摩擦力　　　　C. 永久　　　　　D. 固定
10. 双线螺杆在螺母中转动一周轴向移动的距离称为（　　）。
    A. 螺距　　　　　B. 导程　　　　　C. 旋合长度　　　D. 配合长度
11. 螺钉连接的特点是（　　）
    A. 两个被连接件都是通孔　　　　　B. 一个被连接件是通孔，另一个是盲孔
    C. 连接时必须使用螺母　　　　　　D. 适用于经常拆卸的场合
12. 汽车发动机气缸体与气缸盖的连接往往采用（　　）。
    A. 螺栓连接　　　B. 螺钉连接　　　C. 双头螺柱连接　D. 紧钉螺钉连接
13. 发动机的进气管、排气管、油底壳、连杆大头均采用（　　）连接。
    A. 螺栓　　　　　B. 螺钉　　　　　C. 双头螺柱　　　D. 紧定螺钉
14. 在常用的螺旋传动中，传动效率最高的螺纹是（　　）。
    A. 普通螺纹　　　B. 梯形螺纹　　　C. 锯齿形螺纹　　D. 矩形螺纹
15. 在常用的螺纹连接中，自锁性能最好的螺纹是（　　）。
    A. 三角形螺纹　　B. 梯形螺纹　　　C. 锯齿形螺纹　　D. 矩形螺纹
16. 在拧紧螺栓连接时，控制拧紧力矩有很多方法，例如（　　）。
    A. 增加拧紧力　　B. 增加扳手力臂　C. 使用测力矩扳手或定力矩扳手
17. 螺纹连接防松的根本问题在于（　　）。
    A. 增加螺纹连接的轴向力　　　　　B. 增加螺纹连接的横向力
    C. 防止螺纹副的相对转动　　　　　D. 增加螺纹连接的刚度
18. 螺纹连接预紧的目的之一是（　　）。
    A. 增加连接的可靠性和紧密性　　　B. 增加被连接件的刚性
    C. 增加被连接件的稳定性　　　　　D. 增加被连接件的强度

三、判断题

1. 螺纹连接是汽车结构中最主要的可拆连接形式。（　　）
2. 因为普通螺纹的摩擦力大、强度高、自锁性能好，所以在汽车中的应用很广泛。
   （　　）
3. 在孔内表面上切制的螺纹称为外螺纹。（　　）
4. 螺栓连接是将螺栓穿过被连接件的孔，然后拧紧螺母，将被连接件连接起来。
   （　　）
5. 螺栓连接的防松就是防止螺纹副的相对转动。（　　）
6. 螺栓连接在装配时要拧紧螺母，使螺栓连接受到预紧力的作用。（　　）
7. 螺栓的标准尺寸为中径。（　　）

项目七 汽车零部件的连接

8. 三角螺纹具有较好的自锁性能，在振动或交变载荷作用下不需要防松。（　）
9. 同一直径的螺纹按螺旋线数不同，可分为粗牙和细牙两种。（　）
10. 连接螺纹大多采用多线的梯形螺纹。（　）

四、简答题

1. 螺纹连接为什么要预紧？如何控制预紧力？
2. 试述螺栓连接的适用条件和特点。
3. 试述双头螺柱连接的适用条件和特点。

任务三　其他紧固连接在汽车上的应用

任务导入

汽车上各零部件间的连接还包括除键、螺纹等连接以外的一些其他紧固连接方式。如车轮主轴防松销连接、汽车车身框架的焊接、离合器片中的铆接、汽车挡风玻璃的胶接和车轮轴承与轮毂的过盈配合连接等，结合其他紧固连接相关知识，对汽车各部位部件连接的特点进行分析。

任务目标

1. 能叙述其他紧固连接的常见类型及其在汽车上的应用。
2. 能概括不同连接方法所起的作用。
3. 学会销连接的拆装方法。

相关知识

一、销连接

销连接也是汽车机械中常用的一种重要连接方式，主要用来固定零件之间的相对位置，当载荷不大时也可以用作传递载荷的连接，同时可以作为安全装置中的过载剪断元件。

销连接的类型有以下几种：

定位销［图 7-3-1 (a)］，主要用于固定零件之间的相对位置。

连接销［图 7-3-1 (b)］，主要用于轴与轮毂的连接或其他零件的连接，并可传递不大的载荷。

安全销［图 7-3-1 (c)］，主要用于安全保护装置中的过载剪断元件。

圆柱销，不能用于多次装拆，否则定位精度下降。

圆锥销［图 7-3-1 (d)］，1∶50 锥度，可自锁，定位精度高，允许多次装拆，且便于拆卸。

另外还有许多特殊形式的销，如带螺纹锥销、开尾圆锥销［图 7-3-1 (e)］、开口销、

197

槽销等多种形式。

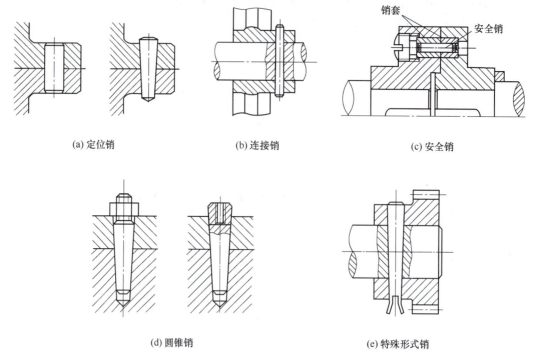

图 7-3-1　销连接类型

二、焊接

焊接是利用局部加热的方法使两个以上的金属元件在连接处形成分子间的结合而构成的不可拆连接。常见的焊接有电弧焊、氩弧焊、CO_2 气体保护焊、氧气-乙炔焊、激光焊、电渣压力焊等多种，其中电弧焊应用最广。

电弧焊利用电焊机的低压电流，通过电焊条（为一个电极）与被焊件（另一个电极）间形成的电路，在两极间引起电弧来熔融被焊接部分的金属和焊条，使熔化金属混合并填充接缝而形成焊缝。被焊接材料主要为低碳钢和低碳合金钢，有时也有中碳钢，但其焊接性低于低碳钢。焊条材料一般应与被焊接材料相同或接近。与铆接相比较，焊接具有质量轻、强度高、工艺简单等优点，因此应用日益广泛。在单件生产情况下，对结构形状复杂或尺寸较大的零件，如变速器体、汽车机架等件，采用焊接代替铸造，可使制造周期缩短，成本降低；大的锻件也可以用分制造后再经焊接成为整体的办法获得，方便制造，并可降低成本。图 7-3-2 所示为焊接应用实例。

三、粘接

粘接是借助胶黏剂在固体表面上所产生的黏合力，将同种或不同种材料牢固地连接在一起的方法。随着合成高分子胶黏剂的出现，粘接技术正越来越广泛用于汽车制造为中。

胶黏剂的主要功能是将被粘接材料连接在一起。粘接组件内的应力传递与传统机械坚固相比，应力分布更均匀，而且粘接的组件结构比机械紧固（如铆接、焊接、过盈连接和螺栓连接等方式）强度高、成本低、质量轻。

项目七 汽车零部件的连接

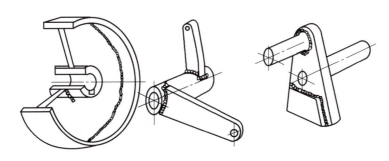

图 7-3-2 焊接应用实例

用胶黏剂粘接的组件外观平整光滑,功能特性不下降,这一点对结构型粘接尤为重要。粘接接头中应力分布十分均匀,可使被粘接物的强度和刚度全部得以体现,而且还可减轻质量,故而汽车、飞机等窗户与金属框架粘接常用胶黏剂来完成。

常用的胶黏剂有酚醛树脂、聚氨酯、环氧树脂等。粘接接头设计,应量使胶层受剪,如图 7-3-3(a)所示,避免出现扯离或剥离的现象;为避免接头边缘的剥离,可采用固件,如图 7-3-3(b)所示;采用卷边,如图 7-3-3(c)所示;或做成凹座,如图 7-3-3(d)所示。由于胶黏剂的强度一般低于金属零件的强度,所以应使接头具有足够的粘接面积。

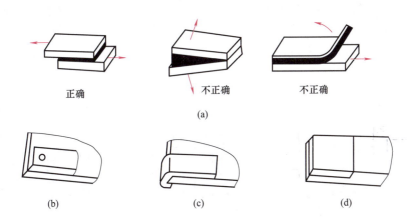

图 7-3-3 粘接接头的设计

四、铆接

铆钉连接(简称铆接)是指借助铆钉形成的不可拆卸的连接,如图 7-3-4 所示。铆钉已标准化,一般都采用钢制实心铆钉。铆钉头有多种形式,其中以半圆头铆钉应用最广,其他钉头形式只用于特殊情况,如沉着铆钉,用于连接表面光滑的场合;平截头铆钉,用于要求耐腐蚀的场合。

铆钉和被铆件一起形成铆缝。根据工作要求,铆缝分为强固铆缝、强密铆缝及紧密铆缝等。铆接具有工艺简单、耐冲击和牢固可靠等优点;但其结构一般较为笨重,被连接件上由于有钉孔而受到较大的削弱,铆接时噪声很大,影响工人健康。近年来,由于某种原因焊接、粘接及高强度螺栓摩擦焊的发展,铆接的应用已逐渐减少。

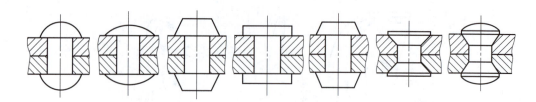

图 7-3-4 铆接实图

五、过盈配合连接

过盈配合连接是利用包容件（如毂）与被包容件（如轴）间存在过盈量实现的连接，如图 7-3-5（a）所示。圆柱面过盈连接后，由于材料的弹性，在配合面之间的径向变形产生压力 p，工作时靠此压力产生的摩擦力来传递转矩 T 和轴向力 F_a，如图 7-3-5（b）所示。其承载能力主要取决于过盈的大小。

过盈量不大时，一般用压入法装配。为方便压入，孔口和轴端的倒角尺寸均有一定的要求，如图 7-3-5（c）所示。过盈量过大时，可用温差装配，即加热包容件或冷却被包容件以形成装配间隙。用温差法装配，不像压入法那样会擦伤配合表面。一般情况下，拆开过盈连接要用很大的力，常会使零件配合表面或整个零件损坏，故属于不可拆连接。但如果装配过盈量不大，或者过盈量虽大而采取适当的装拆方法，则这种连接也是可拆的。近年来，利用高压油压入连接的配合表面来拆卸过盈连接时，配合表面不受损坏，可实现多次装拆，应用日渐广泛。

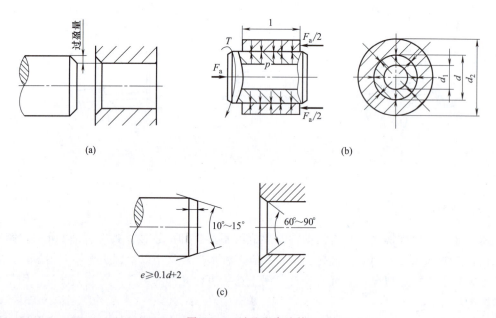

图 7-3-5 过盈配合连接

过盈连接结构简单，同轴性好，对轴的削弱小，耐冲击性能好，对配合面的加工能力精度要求高。滚动轴承内圈与轴、蜗轮齿圈与轴芯均为过盈连接实例。

项目七　汽车零部件的连接

任务实施

其他紧固连接在汽车上的应用认识

1. 工作场地

汽车整车实训室。

2. 工作工具

（1）汽车整车实物、图片或汽车整车仿真拆装软件；

（2）常用的拆装工具。

3. 计划与实施

观察汽车整车结构，结合销连接、铆接、焊接、过盈配合等紧固连接相关知识，解决下列问题。

（1）分组讨论，思考下列问题。

① 用于经常拆卸的场合，能保证定位精度和连接可靠性的是哪种销？

② 要求不通孔连接且拆装方便，应选择哪种销连接？

③ 同一接合面上的定位销数目不得少于几个？

④ 举例说明焊接在汽车上的应用。

⑤ 举例说明铆接在汽车上的应用。

⑥ 举例说明过盈配合连接在汽车上的应用。

⑦ 举例说明粘接在汽车上的应用。

（2）根据其他紧固连接在汽车上的应用情况，完成下列表格。

序号	问题	结论
1	按形状分，销的类型	
2	按作用分，销的类型	
3	经常拆卸，能保证定位精度和连接可靠性的销	
4	要求不通孔连接且拆装方便的销连接	
5	同一接合面上的定位销数目	
6	焊接在汽车上的应用举例	
7	铆接在汽车上的应用举例	
8	粘接在汽车上的应用举例	

4. 技能考核

请完成"其他紧固连接在汽车上的应用认识"项目训练后，填写下表。

班级		项目名称	
姓名		项目任务名称	
学号		完成时间	
实践项目		实践设备	
其他紧固连接在汽车上的应用认识		完成任务计划与实施表格	

续表

自我评价	良好□ 合格□ 不合格□	
小组评价	良好□ 合格□ 不合格□	组长签名：
教师评价	良好□ 合格□ 不合格□	教师签名：

小结

1. 销根据形状可分为圆柱销、圆锥销、槽销、开口销以及特殊形状的销等。其中的圆柱销、圆锥销、开口销均已标准化。圆柱销靠过盈与销孔配合，适用于不常拆卸的场合。圆锥销具有 1：50 的锥度，适用于经常拆卸的场合。

2. 端部带螺纹的圆锥销，可以用于不通孔或拆卸困难的场合。开尾圆锥销在装入销孔后，把末端开口撑开，能保证销不致松脱，适用于有冲击和振动的场合。

3. 焊接是利用局部加热的方法使两个以上的金属材料元件在连接处形成分子间的结合而构成的不可拆连接；粘接是借助胶黏剂在固体表面上所产生的黏合力，将同种或不同种材料牢固地连接在一起的方法；铆接是借助铆钉形成的不可拆卸连接；过盈配合连接是利用包容件与被包容件间存在过盈量实现的连接。

拓展训练

一、填空题

1. 根据工作过程中的作用不同，销连接可分为_____、_____和_____。
2. 根据销的形状不同，销连接可分为_____、_____和特殊销。
3. 定位销在机械中起_____作用，一般不受载荷或只受很小的载荷，其直径可按结构确定，数目一般不小于_____个。
4. 连接销在机械中起_____作用，能传递较小的载荷。
5. 安全销是安全装置中的过载剪断元件。其直径按销的_____计算，当过载 20%～30% 时即被剪断。

二、选择题

1. 定位销在机械中起定位作用，一般（   ）。
   A. 不受载荷或只受很小的载荷　　B. 传递较小载荷
   C. 承受较大的载荷　　　　　　　D. 传递较大载荷
2. 安全销的直径应按销的（   ）计算，当过载 20%～30% 时即被剪断。
   A. 拉伸强度　　B. 压缩强度　　C. 剪切强度　　D. 弯曲强度
3. 连接销用于连接或锁定零件，能（   ）的载荷。
   A. 不受载荷或只受很小的载荷　　B. 传递较小载荷
   C. 承受较大的载荷　　　　　　　D. 传递较大载荷
4. 圆柱销主要用于定位，为保证定位精度，对其要求是（   ）。

A. 不宜经常拆卸　　B. 可以经常拆卸　　C. 无所谓拆卸

5. 下列属于不可拆的连接方式是（　　）。
A. 键连接　　　　B. 销连接　　　　C. 螺纹连接　　　　D. 焊接

6. 为保证被连接件多次拆装而不影响定位精度，可选用（　　）。
A. 圆柱销　　　　B. 圆锥销　　　　C. 开口销　　　　D. 异形销

三、判断题

1. 开口销打入销孔后尾部张开防松，主要应用于有冲击、振动的场合。（　　）
2. 圆柱销主要起定位或连接作用，用于不常拆卸的场合。（　　）
3. 圆锥销有 1∶50 的锥度，便于安装，定位精度高，能自锁。（　　）
4. 安全销主要用于在传动装置上起过载保护。（　　）
5. 活塞销连接活塞和连杆小头，将活塞所承受的气体压力传给连杆。（　　）
6. 销可用来传递动力或转矩。（　　）
7. 汽车的转向主销一般都是采用圆锥销。（　　）
8. 汽车发动机上的活塞销一般有两种。（　　）

四、简答题

1. 销有哪些类型？各适用于哪些场合？
2. 什么是焊接、粘接、铆接以及过盈配合连接？

项目八

汽车液压与液力传动

任务一 汽车供给系统液压传动认识

任务导入

液压传动在汽车上应用广泛，如汽车制动系统（如图 8-1-1 所示）、发动机润滑系统、变速器控制系统、动力转向系统都是采用的液压传动。本任务通过学习液压系统基础知识、液压元件的类型及工作过程，进一步认识汽车供给系统液压传动。

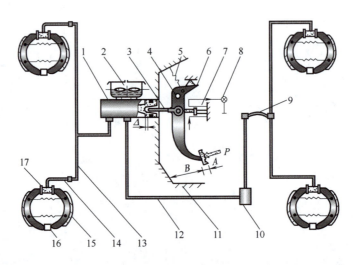

图 8-1-1 汽车液压传动

1—制动主缸；2—储油罐；3—推杆；4—支承销；5—回位弹簧；6—制动踏板；7—制动灯开关；
8—指示灯；9—软管；10—比例阀；11—地板；12—后桥油管；13—前桥油管；
14—软管；15—制动蹄；16—支承座；17—轮缸

项目八 汽车液压与液力传动

任务目标

1. 掌握液压传动系统的组成及工作原理。
2. 掌握液压元件的结构组成。
3. 掌握主要液压元件的工作原理及图形符号。
4. 认识液压传动在汽车供给系统中的应用。

相关知识

一、液压传动系统工作原理

液压传动是以液体作为工作介质并以压力能的方式来进行能量传递和控制的一种传动形式。

液压传动的工作原理,可以用一个液压千斤顶的工作原理来说明。如图 8-1-2 所示为液压千斤顶工作原理。大油缸 9 和大活塞 8 组成举升液压缸。杠杆手柄 1、小油缸 2、小活塞 3、单向阀 4 和 7 组成手动液压泵。关闭截止阀 11,提起手柄使小活塞向上移动,小活塞下端油腔容积增大,形成局部真空,这时单向阀 4 打开,通过吸油管 5 从油箱 12 中吸油;用力压下手柄,小活塞下移,小活塞下腔压力升高,单向阀 4 关闭,单向阀 7 打开,小油缸下腔的油液经管道 6 输入大油缸 9 的下腔,迫使大活塞 8 向上移动,顶起重物。再次提起手柄吸油时,单向阀 7 自动关闭,使油液不能倒流,从而保证了重物不会自行下落。不断地往复扳动手柄,就能不断地把油液压入大油缸下腔,使重物逐渐地升起。如果打开截止阀 11,大油缸下腔的油液通过管道 10、截止阀 11 流回油箱,重物就向下移动。这就是液压千斤顶的工作原理。

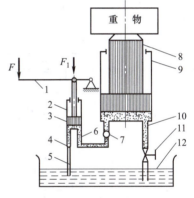

图 8-1-2 液压千斤顶工作原理图

1—杠杆手柄;2—小油缸;3—小活塞;
4,7—单向阀;5—吸油管;6,10—管道;8—大活塞;9—大油缸;
11—截止阀;12—油箱

通过对上面液压千斤顶工作过程的分析,可以初步了解到液压传动的基本工作原理。液压传动是利用有压力的油液作为传递动力的工作介质。压下杠杆时,小油缸 2 输出压力油,将机械能转换成油液的压力能,压力油经过管道 6 及单向阀 7,推动大活塞 8 举起重物,将油液的压力能又转换成机械能。大活塞 8 举升的速度取决于单位时间内流入大油缸 9 中油容积的多少。由此可见,液压传动是一个不同能量的转换过程。

1. 液压系统的组成

根据对千斤顶分析,液压系统由以下组成:

① 动力元件:它是供给液压系统压力油,把机械能转换成液压能的装置。最常见的形式是液压泵。

② 执行元件:它是把液压能转换成机械能的装置。其形式有作直线运动的液压缸,有作回转运动的液压马达,它们又称为液压系统的执行元件。

③ 控制元件:它是对系统中的压力、流量或油液流动方向进行控制或调节的装置。如溢流阀、节流阀、换向阀等。

④ 辅助元件：上述三部分之外的其他装置，例如油箱、滤油器、油管等。它们对保证系统正常工作是必不可少的。

⑤ 工作介质：传递压力的工作介质，通常为液压油，同时还可起到润滑、冷却和防锈的作用。

2. 液压传动系统图的图形符号

图 8-1-3 所示为机床工作台液压系统工作原理图，它有直观性强、容易理解的优点，当液压系统发生故障时，根据原理图检查十分方便，但图形比较复杂，绘制比较麻烦。我国已经制定了一种用规定的图形符号来表示液压原理图中的各元件和连接管路的国家标准，即"液压系统图图形符号（GB/T 786.1—2009）"，对于这些图形符号有以下几条基本规定。

① 符号只表示元件的职能，连接系统的通路，不表示元件的具体结构和参数，也不表示元件在机器中的实际安装位置。

② 元件符号内的油液流动方向用箭头表示，线段两端都有箭头的，表示流动方向可逆。

③ 符号均以元件的静止位置或中间位置表示，当系统的动作另有说明时，可作例外。

如图 8-1-4 所示为图 8-1-3 所示机床工作台液压系统工作原理图用国标符号绘制的工作原理图。使用国标图形符号可使液压系统图简单明了，且便于绘图。

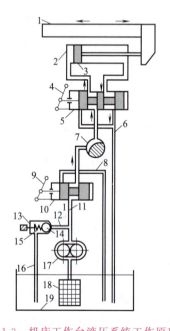

图 8-1-3 机床工作台液压系统工作原理图
1—工作台；2—液压缸；3—活塞；4—换向手柄；5—换向阀；
6,8,16—回油管；7—节流阀；9—开停手柄；10—开停阀；
11—压力管；12—压力支管；13—溢流阀；14—钢球；
15—弹簧；17—液压泵；18—滤油器；19—油箱

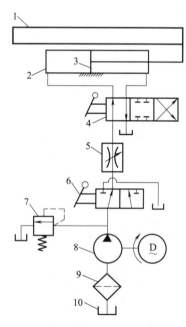

图 8-1-4 机床工作台液压系统的图形符号图
1—工作台；2—液压缸；3—油塞；4—换向阀；
5—节流阀；6—开停阀；7—溢流阀；
8—液压泵；9—滤油器；10—油箱

3. 液压传动的特点

（1）液压传动之所以能得到广泛的应用，是由于它具有以下的主要优点：

① 由于液压传动是油管连接，所以借助油管的连接可以方便灵活地布置传动机构，这是比机械传动优越的地方。

② 液压传动装置的重量轻、结构紧凑、惯性小。

③ 可在大范围内实现无级调速。借助阀或变量泵、变量马达，可以实现无级调速，并可在液压装置运行的过程中进行调速。

④ 传递运动均匀平稳，负载变化时速度较稳定。

⑤ 液压装置易于实现过载保护——借助于设置溢流阀等，同时液压件能自行润滑，因此使用寿命长。

⑥ 液压传动容易实现自动化——借助于各种控制阀，特别是采用液压控制和电气控制结合使用时，能很容易地实现复杂的自动工作循环，而且可以实现遥控。

⑦ 液压元件已实现了标准化、系列化和通用化，便于设计、制造和推广使用。

（2）液压传动的缺点是：

① 液压系统中的漏油等因素，影响运动的平稳性和正确性，使得液压传动不能保证严格的传动比。

② 液压传动对油温的变化比较敏感，温度变化时，液体黏性变化，引起运动特性的变化，使得工作的稳定性受到影响，所以它不宜在温度变化很大的环境条件下工作。

③ 为了减少泄漏，以及为了满足某些性能上的要求，液压元件的配合件制造精度要求较高，加工工艺较复杂。

④ 液压传动要求有单独的能源，不像电源那样使用方便。

⑤ 液压系统发生故障不易检查和排除。

二、液压泵

液压泵是液压系统的动力元件，它将原动机（电动机或内燃机）输出的机械能转换为工作液体的压力能，是一种能量转换装置。

1. 液压泵的工作原理及特点

（1）液压泵的工作原理　如图 8-1-5 所示为一单柱塞液压泵的工作原理图。图中柱塞 2 装在缸体 3 中形成一个密封容积 V，柱塞在弹簧 4 的作用下始终压紧在偏心轮 1 上。原动机驱动偏心轮 1 旋转使柱塞 2 作往复运动，使密封容积 V 的大小发生周期性的交替变化。当 V 由小变大时就形成部分真空，使油箱中油液在大气压作用下，经吸油管顶开单向阀 6 进入密封容积 V 而实现吸油；反之，当 V 由大变小时，密封容积 V 中吸满的油液将顶开单向阀 5 流入系统而实现压油。这样液压泵就将原动机输入的机械能转换成液体的压力能，原动机驱动偏心轮不断旋转，液压泵就不断地吸油和压油。液压泵都是依靠密封容积变化的原理来进行工作的，故一般称为容积式液压泵。

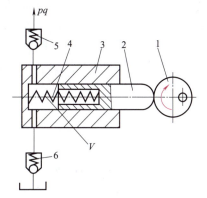

图 8-1-5　液压泵工作原理图
1—偏心轮；2—柱塞；3—缸体；
4—弹簧；5,6—单向阀

（2）液压泵的特点　单柱塞液压泵具有一切容积式液压泵的基本特点：

① 具有若干个密封且又可以周期性变化空间。

② 油箱内液体的绝对压力必须恒等于或大于大气压力。这是容积式液压泵能够吸入油液的外部条件。因此，为保证液压泵正常吸油，油箱必须与大气相通。

③ 具有相应的配流机构，将吸油腔和排油腔隔开，保证液压泵有规律地、连续地吸、排油。液压泵的结构原理不同，其配油机构也不相同。如图 8-1-5 中的单向阀 5、6 就起到配油机构的作用。

2. 液压泵的主要性能参数

（1）压力

① 工作压力。液压泵实际工作时的输出压力称为工作压力。工作压力的大小取决于外负载的大小和排油管路上的压力损失，而与液压泵的流量无关。

② 额定压力。液压泵在正常工作条件下，按试验标准规定连续运转的最高压力称为液压泵的额定压力。

③ 最高允许压力。在超过额定压力的条件下，根据试验标准规定，允许液压泵短暂运行的最高压力值，称为液压泵的最高允许压力。

（2）排量和流量

① 排量 V。液压泵每转一周，由其密封容积几何尺寸变化计算而得的排出液体的体积称为液压泵的排量。排量可调节的液压泵称为变量泵，排量为常数的液压泵则称为定量泵。

② 理论流量 q_i。理论流量是指在不考虑液压泵的泄漏流量的情况下，在单位时间内所排出的液体体积的平均值。显然，如果液压泵的排量为 V，其主轴转速为 n，则该液压泵的理论流量 q_i 为：

$$q_i = Vn$$

③ 实际流量 q。液压泵在某一具体工况下，单位时间内所排出的液体体积称为实际流量，它等于理论流量 q_i 减去泄漏流量 Δq，即：

$$q = q_i - \Delta q$$

④ 额定流量 q_n。液压泵在正常工作条件下，按试验标准规定（如在额定压力和额定转速下）必须保证的流量。

（3）功率和效率

① 容积损失。容积损失是指液压泵流量上的损失，液压泵的实际输出流量总是小于其理论流量，其主要是由于液压泵内部高压腔的泄漏、油液的压缩以及在吸油过程中由于吸油阻力太大、油液黏度大以及液压泵转速高等而导致油液不能全部充满密封工作腔。液压泵的容积损失用容积效率来表示，它等于液压泵的实际输出流量 q 与其理论流量 q_i 之比，即：

$$\eta_i = \frac{q}{q_i} = \frac{q_i - \Delta q}{q_i} = 1 - \frac{\Delta q}{q_i}$$

因此液压泵的实际输出流量 q 为

$$q = q_i \eta_v = Vn\eta_v$$

式中　V——液压泵的排量，m^3/r（L/min）；

n——液压泵的转速，r/s。

液压泵的容积效率随着液压泵工作压力的增大而减小，且随液压泵的结构类型不同而异，但恒小于 1。

② 机械损失。机械损失是指液压泵在转矩上的损失。液压泵的实际输入转矩 T_0 总是大于理论上所需要的转矩 T_i，其主要原因是液压泵体内相对运动部件之间因机械摩擦而引起的摩擦转矩损失以及液体的黏性而引起的摩擦损失。液压泵的机械损失用机械效率表示，它等于液压泵的理论转矩 T_i 与实际输入转矩 T_0 之比，设转矩损失为 ΔT，则液压泵的机械效

率为：

$$\eta_m = \frac{T_i}{T_0} = \frac{1}{1+\frac{\Delta T}{T_i}}$$

③ 输入功率 p_i。液压泵的输入功率是指作用在液压泵主轴上的机械功率，当输入转矩为 T_0，角速度为 ω 时，有：

$$p_i = T_0 \omega$$

④ 输出功率 p。液压泵的输出功率是指液压泵在工作过程中的实际吸、压油口间的压差 Δp 和输出流量 q 的乘积，即：

$$p = \Delta p q$$

⑤ 液压泵的总效率 η。液压泵的总效率是指液压泵的输出功率与其输入功率的比值，即：

$$\eta = \frac{p}{p_i} = \frac{\Delta p q}{T_0 \omega} = \frac{\Delta p q_i \mu_v}{\frac{T_i \omega}{\eta_m}} = \eta_v \eta_m$$

其中，$\Delta p q_i / \omega$ 为理论输入转矩 T_i。

液压泵的总效率等于其容积效率与机械效率的乘积，所以液压泵的输入功率也可写成：

$$p_i = \frac{\Delta p q}{\eta}$$

3. 液压泵的分类

常用液压泵按结构分类有齿轮式、叶片式和柱塞式三种。另外根据其输出流量是否可调节分为定量泵和变量泵。如图 8-1-6 所示为各种液压泵的图形符号，图（a）为单向定量液压泵；图（b）为单向变量液压泵；图（c）为双向定量液压泵；图（d）为双向变量液压泵。

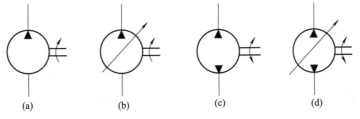

图 8-1-6 液压泵的图形符号

（1）齿轮泵 齿轮泵是液压系统中广泛采用的一种液压泵，它一般做成定量泵，按结构不同，齿轮泵分为外啮合齿轮泵和内啮合齿轮泵，而以外啮合齿轮泵应用最广。

齿轮泵

① 外啮合齿轮泵。如图 8-1-7 所示为外啮合齿轮泵的工作原理图。泵主要由主、从动齿轮，驱动轴，泵体及侧板等零件构成。泵体内相互啮合的主、从动齿轮 2 和 3 与两端盖及泵体一起构成密封工作容积，齿轮的啮合点将左、右两腔隔开，形成了吸、压油腔，当齿轮按图示方向旋转时，右侧吸油腔内的轮齿脱离啮合，密封工作腔容积不断增大，形成部分真空，油液在大气压力作用下从油箱经吸油管进入吸油腔，并被旋转的轮齿带入左侧的压油腔。左侧压油腔内的轮齿不断进入啮合，使密封工作腔容积减小，油液受到挤压被排往系统，这就是齿轮泵的吸油和压油过程。在齿轮泵的啮合过程中，啮合点

沿啮合线，把吸油区和压油区分开。

② 内啮合齿轮泵。内啮合齿轮泵有渐开线齿轮泵和摆线齿轮泵（摆线转子泵）两种。它们的工作原理和主要特点与外啮合齿轮泵完全相同。在渐开线齿形的内啮合齿轮泵中，小齿轮和内齿轮之间要装一块隔板，以便把吸油和排油腔隔开，如图8-1-8所示。

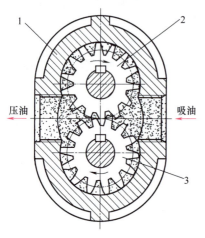

图 8-1-7 外啮合齿轮泵工作原理图
1—泵体；2—主动轮；3—从动轮

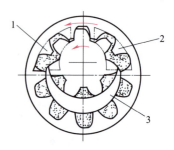

图 8-1-8 渐开线内啮合齿轮泵
1—吸油腔；2—排油腔；3—隔板

内啮合齿轮泵结构紧凑，尺寸小，重量轻，由于齿轮转向相同，相对滑动速度小，磨损小，使用寿命长，流量脉动远比外齿轮泵小，因而压力脉动和噪声都较小；内啮合齿轮泵容许使用高转速（高转速下的离心力能使油液更好地充入密封工作腔），可获得较大的容积效率。摆线内啮合齿轮泵结构更简单，而且由于啮合的重叠系数大，传动平稳，吸油条件更为良好。内啮合齿轮的缺点是齿形复杂，加工精度要求高，需要专门的制造设备，造价较贵。汽车自动变速器上采用的液压泵大都是内啮合的齿轮泵。

摆线转子泵的额定压力一般为 2.5MPa、4MPa，这种泵作为补油泵和润滑泵使用。广泛应用于大、中型车辆的液压转向系统中。

图8-1-9所示为摆线转子泵。结构中的内转子靠轴承定位，外转子靠泵体配合定位，泵体和前、后盖靠锥销定位，以保证内外转子的偏心量和轴承的轴度。在前后盖上对应于吸油区和排油区开挖配油窗口，并在前盖上钻有进油口和出油口。在后盖上开挖配油窗口是为了保持转子两端面转向压力的平衡。

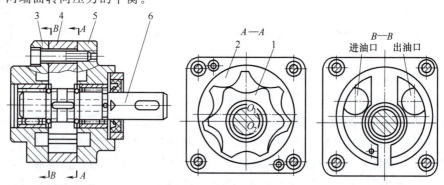

图 8-1-9 摆线转子泵
1—内转子；2—外转子；3—前盖；4—泵体；5—后盖；6—主动轴

(2) 叶片泵 叶片泵的结构较齿轮泵复杂，但其工作压力较高，且流量脉动小，工作平稳，噪声较小，寿命较长。叶片泵按其每个工作腔在泵每转一周时吸油、排油次数，分单作用式叶片泵和双作用式叶片泵。

① 单作用式叶片泵 单作用式叶片泵的工作原理如图 8-1-10 所示，由转子、定子、叶片、配油盘和端盖等部件组成。定子具有圆柱形内表面，定子和转子间有偏心距 e，叶片装在转子槽中，并可在槽内灵活滑动，当转子回转时，由于离心力的作用，使叶片紧靠在定子内壁，这样在定子、转子、叶片和两侧配油盘间就形成若干个密封的工作区间，当转子按图示的方向回转时，在图的右部，叶片逐渐伸出，叶片间的工作空间逐渐增大，产生真空，从吸油口吸油，这就是吸油腔。在图的左部，叶片被定子内壁逐渐压进槽内，工作空间逐渐减小，将油液从压油口压出，这就是

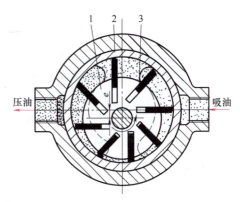

图 8-1-10 单作用式叶片泵工作原理
1—转子；2—定子；3—叶片

压油腔。在吸油腔和压油腔间有一段封油区，把吸油腔和压油腔隔开，叶片泵转子每转一周，每个工作空间完成一次吸油和压油，故称单作用式叶片泵。转子上受单方向的液压不平衡作用力，故又称非平衡式泵，其轴承受负载较大。改变定子与转子间偏心量，便可改变泵的排量，故这种泵称为变量泵。

单作用式叶片泵的流量也是有脉动的，泵内叶片数越多，流量脉动率越小。此外，奇数叶片泵的脉动率比偶数叶片泵的脉动率小，所以单作用式叶片泵的叶片数总取奇数，一般为 13 片或 15 片。

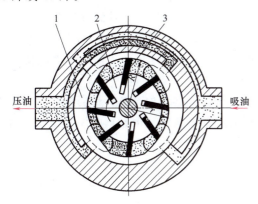

图 8-1-11 双作用式叶片泵工作原理
1—定子；2—转子；3—叶片

② 双作用式叶片泵 双作用式叶片泵的工作原理如图 8-1-11 所示，它是由定子 1、转子 2、叶片 3 和配油盘（图中未画出）等组成。转子和定子中心重合，定子内表面近似为椭圆形，该椭圆形由两段长半径圆弧、两段短半径圆弧和四段过渡曲线组成。当转子转动时，叶片在离心力和（建压后）根部压力油的作用下，在转子槽内向外移动而压向定子内表面，由叶片、定子的内表面、转子的外表面和两侧配油盘间就形成若干个密封空间，当转子按图示方向顺时针旋转时，处在小圆弧上的密封空间经过渡曲线而运动到大圆弧的过程中，叶片外伸，密封空间的容积增大，要吸入油液；再从大圆弧经过渡曲线运动到小圆弧的过程中，叶片被定子内壁逐渐压过槽内，密封空间容积变小，将油液从压油口压出。因而，转子每转一周，每个工作空间要完成两次吸油和压油，称之为双作用式叶片泵。这种叶片泵由于有两个吸油腔和两个压油腔，并且各自的中心夹角是对称的，作用在转子上的油液压力相互平衡，因此双作用式叶片泵又称为卸荷式叶片泵，为了要使径向力完全平衡，密封空间数（即叶片数）应当是双数。

柱塞泵

（3）柱塞泵　柱塞泵是靠柱塞在缸体中作往复运动造成密封容积的变化来实现吸油与压油的液压泵，与齿轮泵和叶片泵相比，这种泵有许多优点。第一，构成密封容积的零件为圆柱形的柱塞和缸孔，加工方便，可得到较高的配合精度，密封性能好，在高压工作仍有较高的容积效率；第二，只需改变柱塞的工作行程就能改变流量，易于实现变量；第三，柱塞泵中的主要零件均受压应力作用，材料强度性能可得到充分利用。由于柱塞泵压力高，结构紧凑，效率高，流量调节方便，故在需要高压、大流量、大功率的系统中和流量需要调节的场合，如龙门刨床、拉床、液压机、工程机械、矿山冶金机械、船舶上得到广泛的应用。柱塞泵按柱塞的排列和运动方向不同，可分为径向柱塞泵和轴向柱塞泵两大类。轴向柱塞泵应用较广。

① 轴向柱塞泵工作原理　轴向柱塞泵是将多个柱塞配置在一个共同缸体的圆周上，并使柱塞中心线和缸体中心线平行的一种泵。如图 8-1-12 所示为直轴式轴向柱塞泵的工作原理，这种泵主体由斜盘1、柱塞2、缸体3和配油盘4等组成。柱塞沿圆周均匀分布在缸体内。斜盘轴线与缸体轴线倾斜一角度，柱塞靠机械装置（如弹簧）或在低压油作用下压紧在斜盘上，

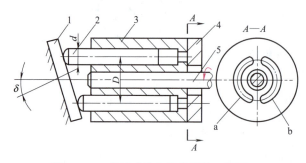

图 8-1-12　直轴式轴向柱塞泵的工作原理
1—斜盘；2—柱塞；3—缸体；4—配油盘；5—传动轴

斜盘1和配油盘4固定不转，当原动机通过传动轴使缸体转动时，由于斜盘的作用，迫使柱塞在缸体内作往复运动，并通过配油盘的配油窗口进行吸油和压油。如图 8-1-12 中所示回转方向，当缸体转角在 $\pi \sim 2\pi$ 范围内，柱塞向外伸出，柱塞底部缸孔的密封工作容积增大，通过配油盘的吸油窗口吸油；在 $0 \sim \pi$ 范围内，柱塞被斜盘推入缸体，使缸孔容积减小，通过配油盘的压油窗口压油。缸体每转一周，每个柱塞各完成吸、压油一次，如改变斜盘倾角 δ，就能改变柱塞行程的长度，即改变液压泵的排量，改变斜盘倾角 δ 方向，就能改变吸油和压油的方向，即成为双向变量泵。

轴向柱塞泵的优点是结构紧凑，径向尺寸小，惯性小，容积效率高，目前最高压力可达 40.0MPa，甚至更高。一般用于工程机械、压力机等高压系统中。但其轴向尺寸较大，轴向作用力也较大，结构比较复杂。

② 轴向柱塞泵的结构特点

a. 典型结构。图 8-1-13 所示为斜盘式轴向柱塞泵的结构图。柱塞的球状头部装在滑履5内，以缸体作为支承的弹簧8通过钢球推压回程盘3，回程盘和柱塞滑履一同转动。在排油过程中借助斜盘2推动柱塞作轴向运动；在吸油时依靠回程盘、钢球和弹簧组成的回程装置将滑履紧紧压在斜盘表面上滑动，弹簧8一般称之为回程弹簧，这样的泵具有自吸能力。在滑履与斜盘相接触的部分有一油室，它通过柱塞中间的小孔与缸体中的工作腔相连，压力油进入油室后在滑履与斜盘的接触面间形成了一层油膜，起着静压支承的作用，使滑履作用在斜盘上的力大大减小，因而磨损也减小。传动轴9通过左边的花键带动缸体6旋转，由于滑履5贴紧在斜盘表面上，柱塞在随缸体旋转的同时在缸体中作往复运动。缸体中柱塞底部的密封工作容积是通过配流盘10与泵的进出口相通的。随着传动轴的转动，液压泵就连续地吸油和排油。

b. 变量机构。若要改变轴向柱塞泵的输出流量，只要改变斜盘的倾角，即可改变轴向柱塞泵的排量和输出流量。

如图 8-1-13 所示，转动手轮 15，使丝杠 14 转动，带动变量活塞 13 作轴向移动（因导向键的作用，变量活塞只能作轴向移动，不能转动）。通过轴销 12 使斜盘 2 绕变量机构壳体上的圆弧导轨面的中心（即钢球中心）旋转，从而使斜盘倾角改变，达到变量的目的。

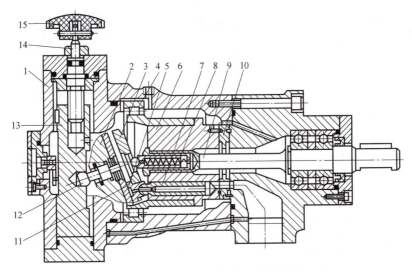

图 8-1-13　斜盘式轴向柱塞泵结构图

1—变量结构；2—斜盘；3—回程盘；4—缸体外大轴；5—滑履；6—缸体；7—柱塞；8—弹簧；9—传动轴；
10—配流盘；11—斜盘耐磨板；12—轴销；13—变量活塞；14—丝杠；15—手轮

三、液压缸

液压缸是将液压泵输出的压力能转换为机械能的执行元件，它主要是用来输出直线运动（也包括摆动运动）。液压缸按其结构形式，可以分为活塞缸、柱塞缸和摆动缸三类。活塞缸和柱塞缸实现往复运动，输出推力和速度，摆动缸则能实现小于 360° 的往复摆动，输出转矩和角速度。液压缸除单个使用外，还可以几个组合起来或和其他机构组合起来，以完成特殊的功用。

1. 活塞式液压缸

（1）双杆式活塞缸　双杆式活塞缸的活塞两端都有一根直径相等的活塞杆伸出，它根据安装方式不同又可以分为缸筒固定式和活塞杆固定式两种。如图 8-1-14（a）所示为缸筒固定式的双杆式活塞缸。它的进、出油口布置在缸筒两端，活塞通过活塞杆带动工作台移动，当活塞的有效行程为 l 时，整个工作台的运动范围为 $3l$，所以机床占地面积大，一般适用于小型机床。

双杆式活塞缸

当工作台行程要求较长时，可采用图 8-1-14（b）所示的活塞杆固定的形式，这时，缸体与工作台相连，活塞杆通过支架固定的机床上，动力由缸体传出。这种安装形式中，工作台的移动范围只等于液压缸有效行程 l 的两倍（$2l$），因此占地面积小。进出油口可以设置在固定不动的空心活塞杆两端，使油液从活塞杆中进出，也可设置在缸体的两端，但必须使用软管连接。

由于双杆式活塞缸两端的活塞杆直径通常是相等，因此它左、右两腔的有效面积也相

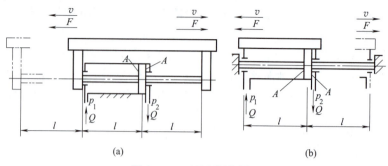

图 8-1-14　双杆式活塞缸

等。如果供油压力和流量不变，那么活塞往复运动时两个方向的输出推力和速度相等。

（2）单杆式活塞缸　如图 8-1-15 所示，活塞只有一端带活塞杆，单杆式液压缸也有缸体固定和活塞杆固定两种形式，但它们的工作台移动范围都是活塞有效行程的两倍。

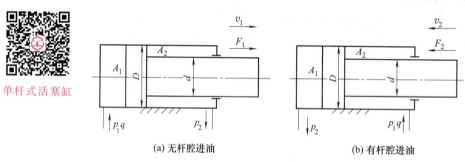

(a) 无杆腔进油　　　　　　　　　(b) 有杆腔进油

图 8-1-15　单杆式活塞缸

单杆式活塞缸由于活塞两端有效面积不等。如果以相同流量的压力油分别进入液压缸的左、右腔，活塞移动的速度与进油腔的有效面积成反比，即油液进入无杆腔时有效面积大，速度慢，进入有杆腔时有效面积小，速度快；而活塞上产生的推力则与进油腔的有效面积成正比。

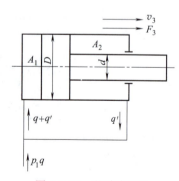

图 8-1-16　差动液压缸

（3）差动液压缸　如果向单杆活塞缸的左右两腔同时通压力油，如图 8-1-16 所示，即所谓的差动连接，作差动连接的单活塞杆液压缸称为差动液压缸，开始工作时差动缸左右两腔的油液压力相同，但是由于左腔（无杆腔）的有效面积大于右腔（有杆腔）的有效面积，故活塞向右运动，同时使右腔中排出的油液也进入左腔，加大了流入左腔的流量，从而也加快了活塞移动的速度。实际上活塞在运动时，由于差动缸两腔间的管路中有压力损失，所以右腔中油液的压力稍大于左腔油液压力。而这个差值一般都较小，可以忽略不计，由此可知，差动连接时液压缸的推力比非差动连接时小，速度比非差动连接时大，正好利用这一点，可使在不加大油液流量的情况下得到较快的运动速度，这种连接方式被广泛应用于组合机床的液压动力滑台和其他机械设备的快速运动中。

2. 柱塞缸

柱塞缸是一种单作用液压缸，其工作原理如图 8-1-17（a）所示，柱塞与工作部件连接，缸筒固定在机体上。当压力油进入缸筒时，推动柱塞带动运动部件向右运动，但反向退回时必须靠其他外力或自重驱动。柱塞缸通常成对反向布置使用，如图8-1-17（b）所示。

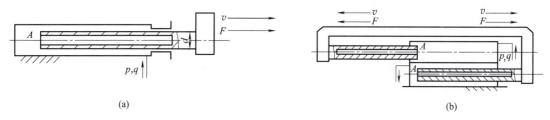

图 8-1-17　柱塞缸

柱塞式液压缸的主要特点是柱塞与缸筒无配合要求，缸筒内孔不需精加工，甚至可以不加工。运动时由缸盖上的导向套来导向，所以它特别适用在行程较长的场合。

3. 摆动缸

摆动式液压缸也称摆动液压马达。当它通入压力油时，它的主轴能输出小于360°的摆动运动，常用于夹紧装置、送料装置、转位装置以及需要周期性进给的系统中。图 8-1-18（a）所示为单叶片式摆动缸，它的摆动角度较大，可达300°。

图 8-1-18（b）所示为双叶片式摆动缸，它的摆动角度较小，它的输出转矩是单叶片式的两倍，而角速度则是单叶片式的一半。

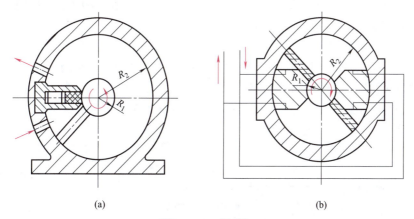

图 8-1-18　摆动缸

四、液压控制阀

在液压系统中，除需要液压泵供油和液压执行元件来驱动工作装置外，还要配备一定数量的液压控制阀来对液流的流动方向、压力的高低以及流量的大小进行预期的控制，以满足负载的工作要求。因此，液压控制阀是直接影响液压工作过程和工作特性的重要元件。

（1）液压控制阀的作用　液压控制阀是液压系统中控制液流流动方向、压力高低、流量大小的控制元件。

（2）液压控制阀分类

① 按用途分：压力控制阀、流量控制阀、方向控制阀。

② 按操纵方式分：人力操纵阀、机械操纵阀、电动操纵阀。

③ 按连接方式分：管式连接、板式及叠加式连接、插装式连接。

④ 按结构分：滑阀、座阀、射流管阀。

⑤ 按控制方式分：电液比例阀、伺服阀、数字控制阀。

⑥ 按输出参量可调节性分：开关控制阀、输出参量可调节的阀。

(3) 液压系统对阀的基本要求

① 工作可靠，动作灵敏，冲击振动小。

② 压力损失小。

③ 结构紧凑，安装调整维护使用方便，通用性好。

1. 方向控制阀

方向控制阀是控制液压系统中油液流动方向的，它分为单向阀和换向阀两类。

(1) 单向阀　单向阀应用很广。常用的单向阀分为普通单向阀和液控单向阀两种。

作用：控制油液的单向流动（单向导通，反向截止）。

性能要求：正向流动阻力损失小，反向时密封性好，动作灵敏。

单向阀的应用：

a. 常被安装在泵的出口，一方面防止压力冲击影响泵的正常工作，另一方面防止泵不工作时系统油液倒流经泵回油箱。

b. 被用来分隔油路以防止高低压干扰。

c. 与其他的阀组成单向节流阀、单向减压阀、单向顺序阀等复合阀。

d. 安装在执行元件的回油路上，使回油具有一定背压。作为背压阀的单向阀应更换刚度较大的弹簧，其正向开启压力为 0.3～0.5MPa。

① 普通单向阀　如图 8-1-19（a）所示为普通单向阀的结构原理图，压力油从阀体左端的通口流入时克服弹簧 3 作用在阀芯上的力，使阀芯向右移动，打开阀口，并通过阀芯上的径向孔 a、轴向孔 b 从网体右端的通口流出；但是压力油从阀体右端的通口流入时，液压力和弹簧力一起使阀芯压紧在阀座上，使阀口关闭，油液无法通过。普通单向阀图形符号如图 8-1-19（b）所示。

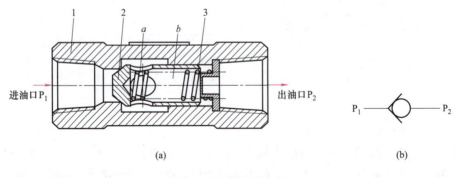

图 8-1-19　普通单向阀

1—阀体；2—阀芯；3—弹簧

② 液控单向阀　如图 8-1-20（a）所示为液控单向阀的结构原理图。当控制油口不通控制压力油时，主通道中的油液只能从进油口 P_1 流入，顶开阀芯从出油口 P_2 流出，相反方向则闭锁不通。当控制油口 K 接通控制压力油时，控制活塞被推往右移，借助于右端悬伸的顶杆将阀芯顶开，使进油口和出油口接通，因此油液在两个方向都可以流通。液控单向阀图形符号如图 8-1-20（b）所示。

项目八 汽车液压与液力传动

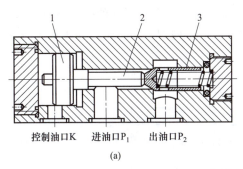

图 8-1-20 液控单向阀
1—活塞；2—顶杆；3—阀芯

（2）换向阀　换向阀是利用阀芯对阀体的相对运动，使油路接通，关断或变换液流的方向，从而实现液压执行元件及其驱动机构的启动、停止或变换运动方向。

液压传动系统对换向阀性能的主要要求是：油流经换向阀时压力损失要小；互不相通的油口间的泄漏要小；换向要平衡、迅速且可靠。

换向阀的种类很多，其分类方式也各有不同，一般说按阀芯相对于阀体的运动方式来分有滑阀和转阀两种；按操作方式来分有手动、机动、电磁动、液动和电液动等多种；按阀芯工作时在阀体中所处的位置有二位和三位等；按换向阀所控制区的通路数不同有二通、三通、四通和五通等。

系列化和规格化了的标准换向阀，有专门的工厂生产。

① 换向阀的工作原理　如图 8-1-21（a）所示为滑阀的工作原理图。当阀芯向右移动一定的距离时，由液压泵输出阻抗的压力油从阀的 P 口经 A 口输向液压油缸左腔，液压缸右腔的油经 B 口流向油箱，液压缸活塞向右运动；反之若阀芯向左移动某一距离时，液流反向，活塞向左运动。

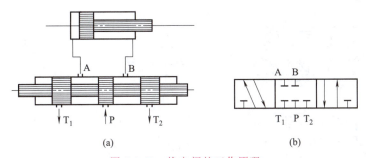

图 8-1-21　换向阀的工作原理

图 8-1-21（a）中的换向阀可绘制成如图 8-1-21（b）所示的图号，由于该换向阀阀芯相对于阀体有三个工作位置，通常用一个粗实线方框符号代表一个工作位置，因而有三个方框，即"三位"。而该换向阀共有 P、A、B、T_1 和 T_2 五个油口（用 P 表示进油口，O 或 T 表示回油口，A、B、C 等表示与执行元件连接的油口，K 表示控制油口），所以每一个方框中表示油路的通路与方框共有五个交点，即"五通"。在中间位置，由于各油口间互不相通，用"⊥"或"⊤"来表示，而当阀芯向左移动时，表示该换向阀左位工作，即 P 与 A、B 与 T_2 相通；反之，则 P 与 B、A 与 T_1 相通。

换向阀中阀芯相对于阀体的运动需要有外力操纵来实现，常用的操纵方式有：手动、机动、电磁动、液动和电液动,其符号如图 8-1-22 所示。不同的操纵方式与图 8-1-21 所示的换向阀的位和通路符号组合就可以得到不同的换向阀,如二位二通机动换向阀、三位四通电磁换向阀、三位五通液动换向阀等。

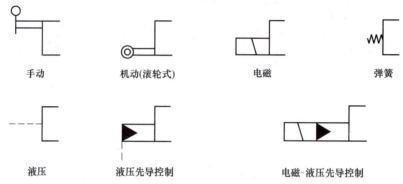

图 8-1-22　换向阀的操纵方式符号

常用的换向阀的结构原理及图形符号,如表 8-1-1 所示。

表 8-1-1　换向阀的结构原理及图形符号

名称	结构原理图	职能符号	使用场合	
二位二通阀			控制油路的接通与切断(相当于一个开关)	
二位三通阀			控制液流方向(从一个方向变换成另一个方向)	
二位四通阀			不能使执行元件在任意位置上停止运动	执行元件正反向运动时回油方式相同
三位四通阀			能使执行元件在任意位置上停止运动	
二位五通阀			不能使执行元件在任意位置上停止运动	执行元件正反向运动时可以得到不同的回油方式
三位五通阀			能使执行元件在任意位置上停止运动	

② 几种常用的换向阀

a. 手动换向阀，是利用手动杠杆改变阀芯位置实现换向的，如图 8-1-23（a）所示为自动复位式手动换向阀，放开手柄 1，阀芯 2 在弹簧力的作用下自动回复中位，该阀适用于动作频繁、工作持续时间短的场合，操作比较安全，常用于工程机械的液压传动系统中。

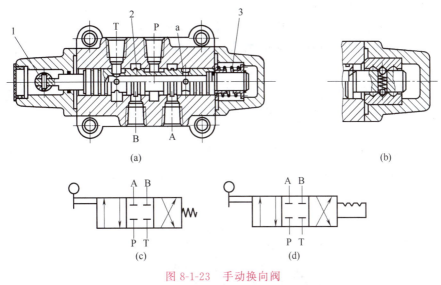

图 8-1-23　手动换向阀

1—手柄；2—阀芯；3—弹簧

如果将该阀阀芯右端弹簧门的部位改为图 8-1-23（b）的形式，即成为可在三个位置定位的手动换向阀，图 8-1-23（c）、（d）为其图形符号图。

b. 机动换向阀，又称行程阀，它主要用来控制机械运动部件的行程，它是借助于安装在工作台上的挡铁或轮使阀芯移动，从而控制油液的流动方向。机动换向阀通常是二位的，有二通、三通、四通和五通几种，其中二位二通机动阀又分常闭和常开两种。

如图 8-1-24（a）所示为滚轮式二位二通常闭式机动换向阀，在图示位置阀芯 2 被弹簧 3 压向左端，油腔 P 和 A 不通，当挡铁或凸轮压滚轮 1 使阀芯 2 移动到右端时，就使油腔 P 和 A 接通。如图 8-1-24（b）所示为其图形符号。

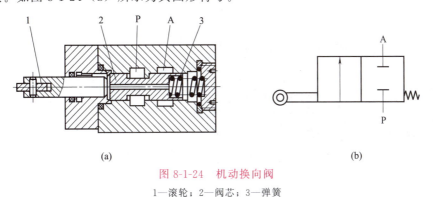

图 8-1-24　机动换向阀

1—滚轮；2—阀芯；3—弹簧

c. 电磁换向阀，是利用电磁铁的通电吸合与断电释放而直接推动阀芯来控制液流方向的，它是电气系统与液压系统之间的信号系统转换零件，它的电气信号系统由液压设备中的按钮开关、限位开关、行程式开关等电气元件发出，从而可以使液压系统方便地实现各种操作及自动顺序动作。

电磁铁按使用电源的不同,可分为交流和直流两种,按衔铁工作腔是否有油液又可分为"干式"和"湿式"。交流电磁铁启动力较大,不需要专门的电源,吸合、释放快,动作时间约为 0.01~0.03s;其缺点是若电源电压下降 15% 以上,则电磁铁吸力明显减小,若衔铁不动作,干式电磁铁会在 10~15min 后烧坏线圈(湿式电磁铁为 1~1.5H)且冲击及噪声较大,寿命低,因而在实际使用中交流电磁铁允许的切换频率一般为 10 次/min,且不得超过 30 次/min。直流电电磁铁工作较可靠,吸合、释放动作时间约为 0.05~0.08s,允许使用的换频率较高,一般可达 120 次/min,最高可过 300 次/min,且冲击小,体积小,寿命长,但需有专门的直流电源,成本较高。此外,还有一种整形电磁铁,其电磁铁是直流电的,但电磁铁本身带有整流器,通入的交流电经整流后再供给直流电磁铁。

如图 8-1-25(a)所示为二位三通交流电磁阀结构,在图示位置,油口 P 和 A 相通,油口 B 断开;当电磁铁通电吸合时,推杆 1 将阀芯 2 推向右端,这时油口 P 和 A 断开,而与 B 相通。当电磁铁断电释放时,弹簧 3 推动阀芯复位。如图 8-1-25(b)所示为其图形符号。

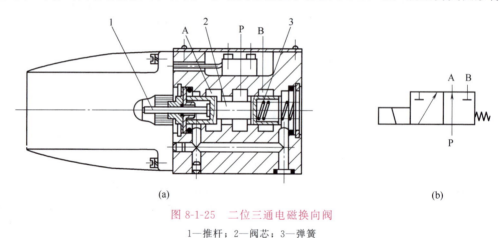

图 8-1-25 二位三通电磁换向阀

1—推杆;2—阀芯;3—弹簧

如前所述,电磁阀就其工作位置来说,有二位和三位等,二位电磁换向阀有一个电磁铁,靠弹簧复位;三位电磁换向阀有两个电磁铁,如图 8-1-26 所示为三位五通电磁换向阀的结构和图形符号。

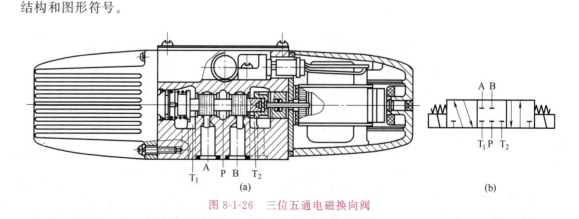

图 8-1-26 三位五通电磁换向阀

d. 液动换向阀,是利用控制油路的压力油来改变阀芯位置的换向阀,如图 8-1-27 所示为三位四通液动换向阀的结构和图形符号。阀芯是由其两端密封腔中油液的压差来移动的,当控制油路的压力油从阀右边的控制区油口 K_2 进入滑阀右腔时，K_1 接通回油，阀芯向左移动，使压力油口 P 与 B 相通，A 与 T 相通；当 K_1 接通压力油，K_2 接通回油时，阀芯向右移动，使得 P 与 A 相通，B 与 T 相通；当 K_1、K_2 都通回油时，阀芯在两端弹簧钢和定位作用下回到中间位置。

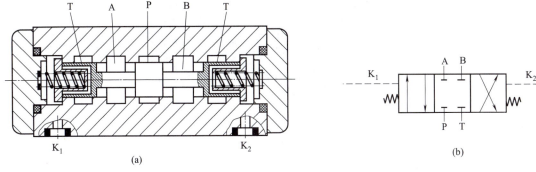

图 8-1-27 三位四通液动换向阀

e. 电液换向阀，在大型液压设备中，当通过阀的流量较大时，作用在滑阀上的摩擦力和液动力较大，此时电磁换向阀的电磁铁推力相对太小，需要用电液换向阀来代替电磁换向阀，电液换向阀是由电磁阀和液动滑阀组合而成。电磁阀起先导作用，它可以改变控制液流的方向，从而改变液动滑阀阀芯的位置，由于操纵液动滑阀的液压推力可以很大，所以主阀芯的尺寸可以做大很大，允许有较大的油液流量通过，这样用较小的电磁铁就能控制较大的液流。

如图 8-1-28 所示为弹簧对中型三位四通电液换向阀的结构和图形符号。当先导电磁阀左边的电磁铁通电后使其阀芯向右边位置移动，来自主阀 P 口或外接油口的控制压力油可经先导电磁阀的 A′口和左单向阀进入主阀左端容腔，并推动主阀阀芯向右移动，这时主阀阀芯右端容腔中的控制油液可通过右边的节流阀经先导电磁阀的 B′口和 T′口，再从主阀的 T 口或外接油口流回油箱（主阀阀芯的移动速度可由右边的节流阀调节），使主阀 P 与 A、B 和 T 的油路相通；反之，由先导电磁阀右边的电磁铁通电，可使 P 与 B、A 与 T 的油路相通；当先导电磁阀的两个电磁铁均不带电时，先导电磁阀阀芯在其对中弹簧作用下回到中位，此时来自主阀 P 口或外接油口的控制压力油不再进入主阀芯的左、右两容腔，主阀芯左右两腔的油液通过先导电磁阀中间位置的 A′、B′两油口与先导电磁阀 T′口相通，如图 8-1-28（b）所示，再从主阀的 T 口或外接油口流回油箱。主阀阀芯在两端对中弹簧的预压力的推动下，依靠阀体定位，准确地回到中位，此时主阀的 P、A、B 和 T 油口均不通。电液换向阀除了上述的弹簧对中以外还有液压对中的，在液压对中的电液换向阀中，先导式电磁阀在中位时，A′、B′两油口均与油口 P 连通，而 T′口则封闭，其他方面与弹簧对中的电液换向阀基本相似。

③ 三位换向阀的中位机能　对于各种操纵方式的三位四通和五通的换向阀，阀芯在中间位置时各油口的连通情况称为换向阀的中位机能，不同的中位机能，可以满足液压油系统的不同要求，表 8-1-2 所示为常见的三位四通换向阀的中位机能的型式、符号、特点及应用。

在分析和选择三位换向阀的中位机能时，通常考虑以下几点：

系统保压：当 P 口被堵塞时，系统保压，液压泵能用于多缸系统；当 P 口不太通畅地

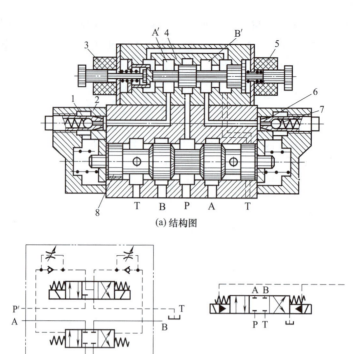

图 8-1-28 电液换向阀

1,6—节流阀;2,7—单向阀;3,5—电磁铁;4—电磁阀阀芯;8—主阀阀芯

与 T 口相通时,系统能保持一定的压力供控制油路使用。

系统卸荷:P 口通畅地与 T 口相通时,系统卸荷。

平稳性与精度:当液压缸 A、B 两口都堵塞时,换向过程中易产生液压冲击,换向不平稳,但换向精度高;反之,A、B 两口都通 T 口时,换向过程中工作部件不易制动,换向精度低,但液压冲击小。

启动平稳性:阀在中位时,液压缸某腔如通油箱,则启动时该腔内因无足够的油液起缓冲作用,启动不平稳。

液压缸"浮动"和在任意位置上的停止:阀在中位时,当 A、B 两油口互通时,卧式液压缸呈"浮动"状态,可利用其他机构移动工作台,调整其位置;当 A、B 两口堵塞与 P 口连接(在非差动情况下),则可以使液压缸在任意位置处停下来。

表 8-1-2　三位四通换向阀的中位机能

型式	符号	中位通路状况、特点及应用
O 型		四口全封闭,液压泵不卸荷,液压缸闭锁,可用于多个换向阀的并联工作。液压缸充满油,从静止到启动平稳;制动时运动惯性引起液压冲击较大;换向位置精度高
H 型		四口全接通,泵卸荷,液压缸处于浮动状态,在外力作用下可移动。液压缸从静止到启动有冲击;制动比 O 型平稳;换向位置变动大

续表

型式	符号	中位通路状况、特点及应用
Y型	![Y型符号]	P口封闭，A、B、T三口相通，泵不卸荷，液压缸浮动，在外力作用下可移动。液压缸从静止到启动有冲击；制动性能介于O型和H型之间
K型	![K型符号]	P、A、T口相通，B口封闭，泵卸荷，液压缸处于闭锁状态。两个方向换向时性能不同
M型	![M型符号]	P、T口相通，A、B口封闭，泵卸荷，液压缸闭锁，从静止到启动较平稳；制动性与O型相同；可用于泵卸荷液压缸锁紧的系统中
X型	![X型符号]	四口处于半开启状态，泵基本卸荷，但仍保持一定的压力。换向性能介于O型和H型之间
P型	![P型符号]	P、A、B口相通，T口封闭，泵与液压缸两腔相通，可组成差动连接。从静止到启动平稳；制动平稳；换向位置变动比H型的小，应用广泛

2. 压力控制阀

压力控制阀用来控制液压系统中的压力，以实现恒压、限压、减压或稳压，并利用系统中压力的变化控制执行元件动作的大小。压力控制阀是利用阀芯所受的液压作用力和弹簧力的平衡关系来进行工作的。压力控制阀主要有溢流阀、减压阀、顺序阀、压力继电器等。

(1) 溢流阀 溢流阀的主要功用是控制和调整液压系统的压力，以保证系统压力恒定不定。常用的溢流阀按其结构形式和基本动作方式可归结为直动式和先导式两种。直动式用于低压，先导式用于中、高压。

① 直动式溢流阀 直动式溢流阀是依靠系统中的压力油直接作用在阀芯上与弹簧力相平衡，以控制阀芯的启闭动作。如图8-1-29所示是一种低压直动式溢流阀，P是进油口，T是回油口，进口压力油经阀芯3中间的阻尼孔a作用在阀芯的底部端面上，当进油压力较小时，阀芯在弹簧2的作用下处于下端位置，将P和T两油口隔开。当进油压力升高，在阀芯下端所产生的作用力超过弹簧的压紧力F_S时，阀芯上升，阀口被打开，将多余的油液流回油箱，阀芯上的阻尼孔a用来对阀芯的动作产生阻尼，以提高阀的工作

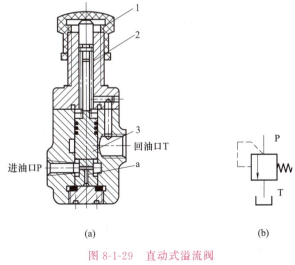

图 8-1-29　直动式溢流阀

1—调整螺帽；2—弹簧；3—阀芯

平衡性，调整螺帽1可以改变弹簧的压紧力，这样也就调整了溢流阀进口处的油液压力。

这种溢流阀因液压油直接作用于阀芯，故称直动式溢流阀。直动式溢流阀一般只能用于低压小流量处。因控制较高压力或较大流量时，需要安装刚度较大的硬弹簧，不但手动调节困难，而且阀口开度略有变化便引起较大的压力波动，调压稳定性差。

② 先导式溢流阀　先导式溢流阀的结构和图形符号如图8-1-30所示。它由先导阀和主阀两部分组成。液压力同时作用于主阀芯和先导阀芯上。当先导阀未打开时，阀腔中油液没有流动，作用在主阀芯上下两个方向的液压力平衡，主阀芯在弹簧的作用下处于最下端位置，阀口关闭。当进油压力增大到使先导阀打开时，液流通过主阀芯上的阻尼孔 e 流回油箱。由于阻尼孔的阻尼作用，使主阀芯所受到的上下两个方向的液压力不相等，主阀芯在压差的作用下上移，打开阀口，实现溢流。调节先导阀的调压弹簧，便可调整溢流压力。

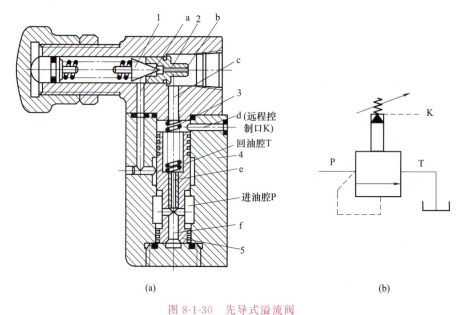

图 8-1-30　先导式溢流阀

1—先导阀芯；2—先导阀座；3—主阀弹簧；4—主阀体；5—主阀芯

先导式溢流阀有一个远程控制口K，如果将K口用油管接到另一个远程调压阀（远程调压阀的结构和溢流阀的先导控制部分一样），调节远程调压阀的弹簧力，即可调节溢流阀主阀芯上端的液压力，从而对溢流阀的溢流压力实现远程调压。但是，远程调压阀所能调节的最高压力不得超过溢流阀本身先导阀的调整压力。当远程控制口K通过二位二通阀接通油箱时，主阀芯上端的压力接近于零，主阀芯上移到最高位置，阀口开得很大。由于主阀弹簧较软，这时溢流阀P口处压力很低，系统的油液在低压下通过溢流阀流回油箱，实现卸荷。

先导式溢流阀的先导部分结构尺寸较小，调压弹簧不必很强，因此压力调整比较轻便。但是先导式溢流阀要先导阀和主阀都动作后才能起控制作用，因此反应不如直动式溢流阀灵敏。

在液压系统中用来维持恒定的系统压力是溢流阀的主要用途。它常用于节流调速系统中，和流量控制阀配合使用，调节进入系统的流量，并保持系统的压力基本恒定。如图8-1-31（a）所示，溢流阀2并联于系统中，进入液压缸4的流量由节流阀3调节。由于定量泵 1 的流量大于液压缸 4 所需的流量，油压升高，将溢流阀 2 打开，多余的油液经溢流阀 2 流回油箱。因此，在这里溢流阀的功用就是在不断的溢流过程中保持系统压力基本不变。

用于过载保护的溢流阀一般称为安全阀。如图 8-1-31（b）所示的变量泵调速系统。在正常工作时，安全阀 2 关闭，不溢流，只有在系统发生故障压力升至安全阀的调整范围时，阀口才打开，使变量泵排出的油液经安全阀 2 流回油箱，以保证液压系统的安全。

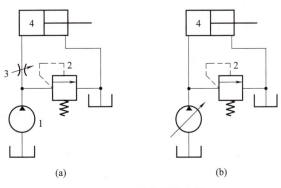

图 8-1-31　溢流阀的应用

1—定量泵；2—溢流阀；3—节流阀；4—液压缸

（2）减压阀

① 减压阀的结构和工作原理　减压阀主要用于降低并稳定液压系统中某一支路的油液压力，使用一个油源能同时提供两个或几个不同压力的输出。

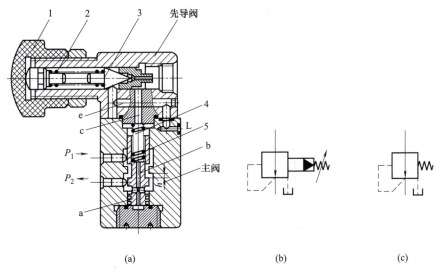

图 8-1-32　先导式减压阀

1—调压螺母；2—先导弹簧；3—先导锥阀；4—主阀弹簧；5—主阀阀芯

减压阀有直动式和先导式两种，一般采用先导式减压阀。其工作原理如图 8-1-32（a）所示，压力油从阀的进油口 P_1 流入，经过缝隙 h 流到出油口 P_2，主阀芯下端有轴向沟槽口 a，阀芯上有阻尼孔 b，一开始，油液的压力通过槽口 a、阻尼孔 b，油室 c 中的油液作用到先导阀的先导锥阀 3 上。当出口压力大于调整压力时，锥阀就被顶开，主阀芯上的阻尼孔 b 中有油液流过，产生压力降，使得主阀芯上端油压小于下端油压，主阀芯在压力差的作用下克服主阀弹簧 4 的作用上移，使主阀口的缝隙 h 减小，使流过缝隙的油液产生压力降，直到出口处的压力减小到设定值，先导阀关闭，阻尼孔中不再有油液流动，主阀芯上、下端的压力相等，保持平衡为止，输出的压力也保持不变。当负载较小时，出油口压力小于设定压力，先导阀关闭，主阀芯两端压力相等，在主阀弹簧的作用下压到最低位置，这时缝隙 h 完全打开，减压阀处于非工作状态，基本无压降，是常开态。减压阀出口压力的稳定数值，可以通过先导阀调压螺母 1 来调节。图 8-1-32 （b） 为先导式减压阀图形符号，图 8-1-32 （c） 为减压阀一般的图形符号。

② 减压阀的应用及特点　将减压阀应用在液压系统中可获得压力低于系统压力的二次油路，如夹紧回路、润滑油路和控制回路中。必须强调的是，减压阀的出口压力大小还与出口处负载的大小有关，若因负载建立的压力低于调定压力，则出口压力由负载决定。此时，减压阀不起减压作用，进、出口压力相等，即减压阀保证出口压力恒定的条件是先导阀开启。

将先导式减压阀和先导式溢流阀进行比较，它们之间有如下几点不同之处：

a. 减压阀保持出口压力基本不变，而溢流阀保持进口压力基本不变。

b. 在不工作时，减压阀进出油口互通，而溢流阀进出油口不通。

c. 为保证减压阀出口压力调定值恒定，它的先导阀弹簧腔需通过泄油口单独外接油箱；而溢流阀的出油口是通油箱的，所以先导阀的弹簧腔和泄漏油可通过阀体上的通道和出油口相通，不必单独外接油箱。

(3) 顺序阀　顺序阀是利用液压系统中的压力变化来控制油路的通断，从而实现两个或两个以上的顺序动作。顺序阀亦有直动式和先导式两种结构。

根据控制油路不同，顺序阀可分为内控式和外控式。本任务以内控式结构介绍顺序阀的工作原理。

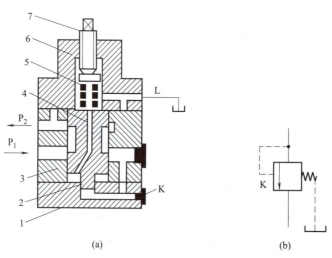

图 8-1-33　顺序阀

1—下盖；2,4—活塞（控制活塞）；3—阀体；5—弹簧；6—阀盖；7—调压螺钉

内控式顺序阀的结构原理与直动式溢流阀相似，如图 8-1-33 所示。

压力油由进油口 P_1 经控制油口 K，作用于阀芯的控制活塞底部，当压力较低时，阀芯处于下端位置，进、出油孔 P_1、P_2 互不相通（此位置未在图中画出）。当进口油压增至预调压力后，阀芯上移，进、出油口 P_1、P_2 相通（图中所示位置）。顺序阀的开启压力由调压螺钉调节。

顺序阀和溢流阀结构上的区别是：由于顺序阀的进、出油口均有压力，故泄漏到弹簧腔中的油液应从泄油口 L 单独接回油箱。此外，顺序阀和溢流阀虽然都是由进口油液压力控制其开启的，但顺序阀的调定压力低于进口压力。

（4）压力继电器　压力继电器的功用是利用液压系统中的压力变化来控制电路的通断，从而将液压信号转换为电信号，作为控制信号输出，以实现对系统的控制。如图 8-1-34 所示为单柱塞式压力继电器。压力油自油口 P 通入，作用在柱塞 1 的底部，当其压力达到调定值时，便克服上方弹簧阻力和柱塞摩擦力作用，推动柱塞上升，通过顶杆触动微动开关 3 发出电信号。调节螺杆 2 用来调整动作压力。

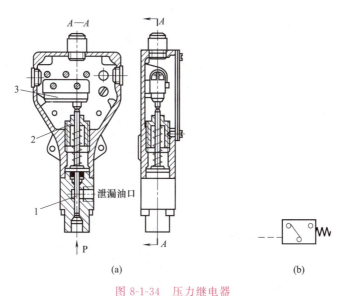

图 8-1-34　压力继电器
1—柱塞；2—调节螺杆；3—微动开关

3．流量控制阀

液压系统中执行元件运动速度的大小，由输入执行元件的油液流量的大小来确定。流量控制阀就是依靠改变阀口通流面积的大小或改变通道的长短来改变液阻，从而控制流量的控制阀。常用的流量控制阀有节流阀和调速阀。

（1）节流口的结构形式及流量特性

① 在流量阀中常用的几种节流口形式　如图 8-1-35 所示为几种常用的节流口形式。图 (a) 为针阀式节流口，它通道长，易堵塞，流量受温度影响较大，一般用于对性能不高的场合；图 (b) 为偏心槽式节流口，其性能与针阀式节流口相同，但容易制造，其缺点是阀芯上的径向力不平衡，旋转阀芯时较费力，一般用于压力较低、流量较大和流量稳定性要求不高的场合；图 (c) 为轴向三角槽式节流口，结构简单，可得到较小的稳定流量，且调节范围较大，但节流通道有一定的长度，油温变化对流量有一定的影响，目前被广泛应用；图 (d) 为周向缝隙式节流口，沿阀芯周向开有一条宽度不等的狭槽，转动阀芯就可改变开口的大小，阀口做成薄壁刃形，通道短，不易堵塞，油温变化对流量影响小，因此其性能接近于薄壁小孔，适用于低压小流量的场合；图 (e) 为轴向缝隙式节流口，在阀孔的衬套上加工出图示薄壁阀口，阀芯作轴向移动即可改变开口大小，其性能与图 (d) 所示节流口相似。

② 节流口流量特性　节流阀的节流口通常有三种基本形式：薄壁小孔、细长小孔和厚壁小孔。为保证流量稳定，节流口的形式以薄壁小孔较为理想。

但无论节流口采用何种形式，通过节流口的流量用下式描述。

$$q = KA\Delta p^m$$

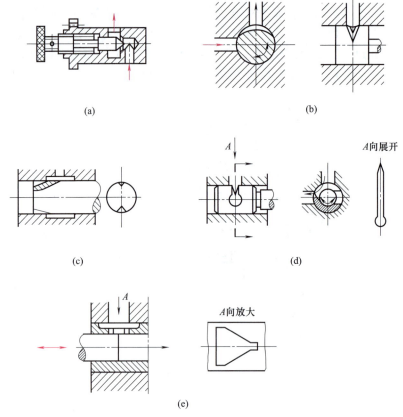

图 8-1-35 典型的节流口结构形式

式中　A——孔口的截面积；

　　　Δp——孔口前后的压力差；

　　　m——孔的长径比决定的指数，当孔口为薄壁小孔时，$m=0.5$，当孔口为细长小孔时，$m=1$；

　　　K——由孔的形状、尺寸和液体性质决定的系数。

由此可知，通过节流口的流量不但与节流口的通流面积有关，而且还与节流口前后的压力差、油温及节流口形状等有关系。

(2) 节流阀　如图 8-1-36 所示为节流通道呈轴向三角槽式节流阀的结构和图形符号。压力油从进油口 A（P_1）进入阀体，经孔道、三角槽式节流口、孔道，再从出口 B 流出，出口油液压力为 P_2。调节手轮可使阀芯 4 轴向移动从而使节流口通道大小发生变化，以调节通过阀腔流量的大小。弹簧 5 可使阀芯 4 始终压向顶杆，阀体 3 上的通道 C 是用来沟通阀芯两端，使作用于节流阀芯上的力是平衡的，并使阀芯顶杆端不致形成封闭油腔，从而使阀芯能轻便移动。调节力矩较小，便于在高压下进行调节。当调节节流阀的手轮时，可通过顶杆推动节流阀芯向下移动，节流阀芯的复位靠弹簧力来实现；节流阀芯的上下移动改变着节流口的开口量，从而实现对流体流量的调节。

(3) 调速阀　调速阀是由定差减压阀与节流阀串联而成的组合阀。调速阀和节流阀在液压系统中的应用基本相同，主要与定量泵、溢流阀组成节流调速系统。调节节流阀的开口面积，便可调节执行元件的运动速度。定差减压阀使节流阀前后的压差为定值，消除了负载变

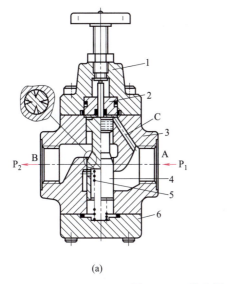

(a)　　　　　　　　　(b)

图 8-1-36　节流阀

1—顶盖；2—导套；3—阀体；4—阀芯；5—弹簧；6—底盖

化对流量的影响。节流阀适用于一般的节流调速系统，而调速阀适用于执行元件负载变化大而运动速度要求稳定的系统中，也可用于容积节流调速回路中。

如图 8-1-37 所示为调速阀工作原理图。调速阀是在节流阀 2 前面串接一个定差减压阀 1 组合而成。液压泵的出口（即调速阀的进口）压力 P_1 由溢流阀调整基本不变，而调速阀的出口压力 P_3 则由液压缸负载 F 决定。油液先经减压阀产生一次压力降，将压力降到 P_2，P_2 经通道 e、f 作用到减压阀的 d 腔和 c 腔；节流阀的出口压力 P_3 又经反馈通道 a 作用到减压阀的上腔 b，当减压阀的阀芯在弹簧力 F_S、油液压力 P_2 和 P_3 作用下处于某一平衡位置时（忽略摩擦力和液动力等），则有：

$$P_2 A_1 + P_2 A_2 = P_3 A + F_S$$

式中，A、A_1 和 A_2 分别为 b 腔、c 腔和 d 腔内压力油作用于阀芯的有效面积，且 $A = A_1 + A_2$。故

$$P_2 - P_3 = \Delta P = \frac{F_S}{A}$$

因为弹簧刚度较低，且工作过程中减压阀阀芯位移很小，可以认为 F_S 基本保持不变。故节流阀两端压力差 $P_2 - P_3$ 也基本保持不变，这就保证了通过节流阀的流量稳定。

当调速阀的进、出口压力差由于某种原因发生变化时，因为定差减压阀的自动调节作用，仍能使节流阀两端的压力差 $P_2 - P_3$ 保持不变，其自动调节过程所述如下：

调速阀的出口处的油液压力 P_3 由于负载增加时，作用在减压阀芯上端的液压力也随之增加，阀芯失去平衡而向下移动，于是开口 h 增大，液阻减小（即减压阀的减压作用减小）使 P_2 也增加，直到阀芯在新的位置上达到平衡为止。故当 P_3 增加时，P_2 也增加，其差值基本保持不变；当负载减小时，情况相似。当调速阀进口压力 P_1 增大时，由于一开始减压阀芯来不及运动，减压阀的液阻没有变化，故 P_2 在这一瞬时也增加，阀芯 1 因失去平衡而向上移动，使开口 h 减小，液阻增加，又使 P_2 减小，故 $\Delta P = P_2 - P_3$ 仍保持不变。总之

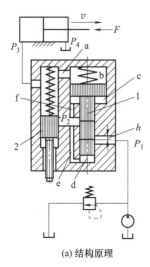
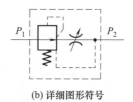
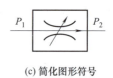

(a) 结构原理

(b) 详细图形符号

(c) 简化图形符号

图 8-1-37　调速阀

1—定差减压阀；2—节流阀

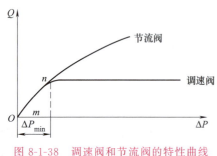

图 8-1-38　调速阀和节流阀的特性曲线

无论调速阀的进口油液压力 P_1、出口油液压力 P_3 发生变化时，由于定差减压阀的自动调节作用，节流阀前、后压差总能保持不变，从而保持流量稳定。

由图 8-1-38 可以看出，节流阀的流量随压力差变化较大，而调速阀在压力差大于一定数值后，流量基本上保持恒定。当压力差很小时，由于减压阀阀芯被弹簧推至最下端，减压阀阀口全开，不起稳定节流阀前后压力差的作用，故这时调速阀的性能与节流阀相同，所以调速阀正常工作时，至少要求有 0.4～0.5MPa 以上的压力差。

普通调速阀的流量虽然已能基本上不受外部负载变化的影响，但当油温升高后油的黏度变小时，引起流量变化，为了减小温度对流量的影响，可以采用温度补偿调速阀。

五、液压辅助元件

液压辅助元件是液压系统不可缺少的部分，主要包括蓄能器、过滤器、液压油箱、热交换器、油管、管接头和密封件等。辅助元件对系统的工作稳定性、可靠性、寿命、噪声、温升甚至动态性能都有直接影响。除油箱一般根据系统的要求自行设计外，其他辅助元件都有标准化产品供选用。

1. 蓄能器

（1）蓄能器的功用　蓄能器的功用主要是用来储存油液多余的压力能，并在需要时释放出来。在液压系统中蓄能器的功用表现在以下方面。

① 在短时间内供应大量压力油液。系统不需大量油液时，可以把液压泵输出的多余压力油储存在蓄能器内，需要时由蓄能器快速释放给系统。

② 维持系统压力。在液压泵停止向系统提供油液的情况下，蓄能器能把储存的压力油液供给系统，补偿系统泄漏或充当应急能源，使系统在一段时间内维持系统压力，避免停电

或系统发生故障时油源突然中断所造成的机件损坏。

③ 减小液压冲击或压力脉动。蓄能器能吸收液压元件突然启动或停止运动所带来的压力冲击,也能吸收液压泵工作时压力的脉动。

(2) 蓄能器的结构类型 蓄能器有重锤式、弹簧式和充气式多种类型。常用的是利用气体膨胀和压缩进行工作的充气式蓄能器。主要有活塞式和气囊式二种。

① 活塞式蓄能器 如图 8-1-39 所示为活塞式蓄能器,它是利用在缸筒 2 中浮动的活塞 1 把缸中液压油和气体隔开。这种蓄能器的活塞上装有密封圈,活塞的凹部面向气体,以增加气体式的容积。这种蓄能器结构简单,易安装,维修方便,但活塞的密封问题不能完全解决,有压气体容易漏入液压系统中,而且由于活塞的惯性和密封件的摩擦力,使活塞动作不够灵敏。最高工作压力为 17MPa,总容量为 1～39L,温度适用范围为 －4～＋80℃。

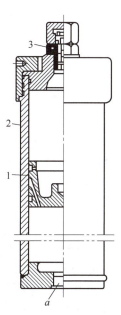

图 8-1-39 活塞式蓄能器
1—活塞;2—缸筒;3—气门

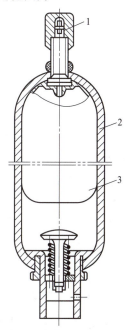

图 8-1-40 气囊式蓄能器
1—气门;2—壳体;3—气囊

② 气囊式蓄能器 如图 8-1-40 所示为气囊式蓄能器。气囊 3 用耐油橡胶制成,固定在耐高压壳体 2 的上部。气体由气门 1 充气入气囊内,气囊外为压力油,在蓄能器的下部有提升阀,压力油从此进出,并能在油液全部排出时防止气囊膨胀挤出油口。气囊式蓄能器本身惯性小、反应灵敏、容易维护,但气囊和壳体制造较困难。

(3) 蓄能器的安装 蓄能器在液压系统中的安装位置随其功用而定,主要应注意以下几点:

① 气囊式蓄能器应垂直安装,油口向下。

② 用于吸收液压冲击和压力脉动的蓄能器应尽可能安装在振源附近。

③ 安装在管路上的蓄能器须用支板和支架固定。

④ 蓄能器和液压泵之间应安装单向阀,防止液压泵停止时蓄能器储存的压力油倒流而使泵反转。

⑤ 蓄能器与管路之间应安装截止阀,供充气和检修用。

2. 过滤器

（1）过滤器的功用和基本要求　液压系统中75％以上的故障和液压油的污染有关，油液的污染能加速液压元件的磨损，卡死阀芯，堵塞工作间隙和小孔，使元件失效，导致液压系统不能正常工作，因而必须使用滤油器对油液也进行过滤。过滤器的功用是过滤混在油液中的杂质，使进入到液压系统中的油液的污染度降低，保证系统正常工作。一般对过滤器的要求如下。

① 有足够的过滤精度。过滤精度是指过滤器滤芯滤去杂质的粒度大小，以其直径 D 的公称尺寸（μm）表示。粒度越小精度越高。精度分粗（$D \geqslant 100\mu m$）、普通（$D \geqslant 10 \sim 100 \mu m$）、精（$D \geqslant 5 \sim 10 \mu m$）和特精（$D \geqslant 1 \sim 5 \mu m$）四个等级。

② 有足够的过滤能力。过滤能力即一定压力下允许通过过滤器的最大流量，一般用过滤器的有效过滤面积（滤芯上能通过油液的总面积）来表示。对过滤器过滤能力的要求，应结合过滤器在液压系统的安装位置来考虑，如过滤器安装在吸油管路上时，其过滤能力应为泵流量的两倍以上。

③ 过滤器应有一定的机械强度，不因液压力的作用而破坏。

④ 滤芯抗腐蚀性能好，并能在规定的温度下持久地工作。

（2）过滤器的类型及选择　过滤器按过滤精度来分可分为粗过滤器和精过滤器两大类；按滤芯结构可分为网式、线隙式、烧结式和纸芯式等。

① 网式过滤器　网式过滤器结构如图8-1-41所示，它由上盖1、下盖4、铜丝网2及开有若干大孔的筒形骨架3组成。它结构简单，流通能力大，压力损失小，清洗方便，但过滤精度低，约为0.08～0.18mm，可以放在液压泵的进口保护液压泵不受大粒度机械杂质的损坏，进行粗过滤。

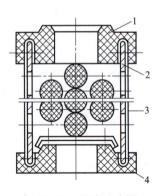

图8-1-41　网式过滤器
1—上盖；2—铜丝网；3—筒形骨架；4—下盖

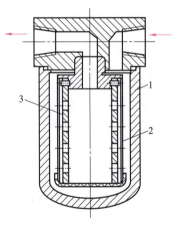

图8-1-42　线隙式过滤器
1—壳体；2—滤芯；3—筒形芯架

② 线隙式过滤器　线隙式过滤器结构如图8-1-42所示。铜线（或铝线）绕在筒形芯架3的外部，利用线间的缝隙过滤油液。常用的线隙式过滤器过滤精度为0.03～0.08mm。特点是结构简单，通流能力大，压力损失小，过滤效果好，但滤芯强度低，不易清洗，常用于低压系统和泵的吸油口。

③ 烧结式过滤器　烧结式过滤器结构如图8-1-43所示，其滤芯是由颗粒状青铜粉压制而成，利用铜颗粒之间的微孔滤去油液中的杂质。其过滤精度为0.01～0.10mm。这种过滤

器的优点是滤芯强度高，抗腐蚀性能好，制造简单；缺点是压力损失大，易堵塞，难清洗，若有颗粒脱落会影响过滤精度。烧结式过滤器多安装在回油路上。

④ 纸芯式过滤器　纸芯过滤器如图 8-1-44 所示，其滤芯由厚度为 35～75mm 的酚醛树脂或木浆微孔滤纸制成。为增强滤芯强度，滤芯一般分三层：外层采用粗眼钢板网 2，中层为折叠式微孔滤纸 3，以增大滤芯的过滤面积，里层是金属丝网 4 与滤纸一并折叠而成，中心装有支承弹簧 5 的支座。为了保证滤芯正常工作，防止因杂质堵塞或压差增大而将滤芯冲破，在滤油器上端装有发讯装置 1 或者设置安全阀。纸芯式过滤器一般用于要求过滤精度高的液压系统中。

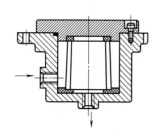

图 8-1-43　烧结式过滤器

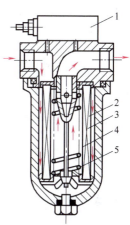

图 8-1-44　纸芯式过滤器
1—发讯装置；2—钢板网；3—滤纸；
4—金属丝网；5—支承弹簧

(3) 过滤器的安装　过滤器在液压系统中的安装位置通常有以下几种：

① 要装在泵的吸油口处。泵的吸油路上一般都安装有表面型滤油器，目的是滤去较大的杂质微粒以保护液压泵，此外滤油器的过滤能力应为泵流量的两倍以上，压力损失小于 0.02MPa。

② 安装在泵的出口油路上。此处安装过滤器的目的是用来滤除可能侵入阀类等元件的污染物。其过滤精度应为 10～15μm，且能承受油路上的工作压力和冲击压力，压力降应小于 0.35MPa。同时应安装安全阀以防过滤器堵塞。

③ 安装在系统的回油路上。这种安装起间接过滤作用。一般与过滤器并联安装一背压阀，当过滤器堵塞达到一定压力值时，背压阀打开。

④ 安装在系统分支油路上。

⑤ 单独过滤系统。大型液压系统可专设一液压泵和过滤器组成独立过滤回路。

液压系统中除了整个系统所需的过滤器外，还常常在一些重要元件（如伺服阀、精密节流阀等）的前面单独安装一个专用的精滤油器来确保它们的正常工作。

3. 油箱

(1) 油箱的功用　油箱的功用主要是储存油液，此外还起着散发油液中热量（在周围环境温度较低的情况下则是保持油液中热量）、释放出混在油液中的气体、沉淀油液中污物等作用。

(2) 油箱的结构　液压系统中的油箱有整体式和分离式两种。整体式油箱是利用机器设备机身内腔作为油箱（例如压铸机、注塑机等），结构紧凑，各处漏油容易回收，但维修不便，散热条件不好。分离式油箱是设置一个单独油箱，与主机分开，减少油箱发热和液压源振动对工作精度的影响，因此得到普遍的运用，特别在组合机床、自动线和精密机械设备上大多采用分离式油箱。

油箱的典型结构如图 8-1-45 所示。油箱内部用隔板 7、9 将吸油管 1 与回油管 4 隔开。顶部、侧部和底部分别装有滤油网 2、液位计 6 和排放污油的放油阀 8。安装液压泵及其驱动电机的上盖板 5 则固定在油箱顶面上。

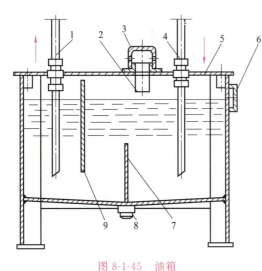

图 8-1-45　油箱

1—吸油管；2—滤油网；3—盖；4—回油管；5—上盖板；
6—液位计；7,9—隔板；8—放油阀

4. 密封装置

（1）密封装置的功用及要求　密封装置的功用是防止液压元件和液压系统中压力油液的内泄漏、外泄漏以及外界空气、灰尘和异物的侵入，保证系统建立起必要的工作压力。泄漏使系统的容积效率下降，严重时使系统建立不起工作压力而无法工作，另外，外泄漏还会污染环境，造成工作介质的浪费。密封装置的性能直接影响液压系统的工作性能和效率。故对密封装置提出以下要求：

① 在规定的工作压力和温度范围内，具有良好的密封性能。

② 密封件的材料和系统所选用的工作介质要有相容性。

③ 密封件的耐磨性要好，不易老化，寿命长，磨损后在一定程度上能自动补偿。

④ 制造简单，维护、使用方便，价格低廉。

（2）密封装置的分类及特点

① 间隙密封　间隙密封是通过精密加工，使相对运动件之间有极微小间隙（0.02～0.05mm）而起密封作用。这是最简单的一种密封形式。为了减少液压卡紧力，增加泄漏油的阻力，减少泄漏量，通常在圆柱面上开几条等距均压槽，这种密封方式常用于柱塞、活塞或阀的圆柱副配合中。

间隙密封的优点是结构简单、摩擦阻力小、耐高温；其缺点是总有泄漏存在，且压力越高，泄漏量越大，另外，配合面磨损后不能自动补偿。

② O 型密封圈　如图 8-1-46（a）所示为 O 型密封圈，是由耐油橡胶压制而成的，其截面为圆形的圆环。其作用原理是利用 O 型密封圈在安装时有一定的预压缩，同时受油压作用产生变形，紧贴密封表面而实现密封，如图 8-1-46（b）所示。当静密封压力 $p>32$MPa 或动密封压力 $p>10$MPa 时，O 型密封圈有可能被压力油挤入间隙而损坏，如图 8-1-47（a）所示。为此在 O 型密封圈低压侧安置聚四氟乙烯挡圈，如图 8-1-47（b）所示。双向受压时，需在两侧加挡圈，如图 8-1-47（c）所示。

③ 唇型密封圈　唇型密封圈是依靠密封圈的唇口受液压力作用下变形，使唇边贴紧密封面而进行密封的。液压力越高，唇边贴得越紧，密封效果越好，并且磨损后有自动补偿的能力。唇型密封圈属于单向密封件，在装配唇型密封圈时，唇口一定要对着压力高的一侧。

这类密封一般用于往复运动密封，如活塞和缸筒之间的密封、活塞杆和缸端盖之间的密封等。常见的有Y型、Yx型、V型等。

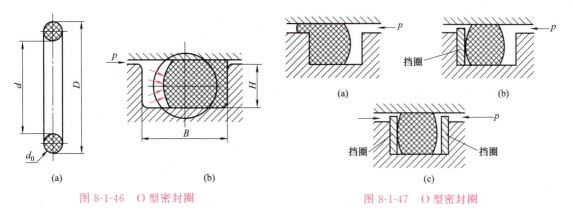

图8-1-46　O型密封圈　　　　　图8-1-47　O型密封圈

Y型密封圈的截面形状呈"Y"形，材料是耐油橡胶，如图8-1-48（a）所示。当其工作时，它利用油的压力使两唇边紧压在配合偶件的两结合面上实现密封，其密封能力可随压力的升高而提高，并且在磨损后有一定的自动补偿能力。因此，在装配时唇边应对着有压力的油腔。Y型密封圈既可作孔用密封圈，又可作轴用密封圈。它适用于工作压力不大于20MPa、工作温度为－30～100℃、相对运动速度小于或等于0.5m/s的场合。

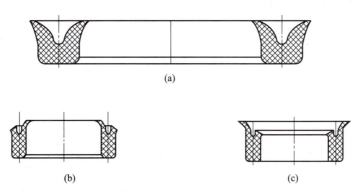

图8-1-48　Y型密封圈

Yx型密封圈是由Y型密封圈改进设计而成的，通常是用聚氨酯材料压制而成的。Yx型密封圈的两个唇边高度不等，其短边为密封边，与密封面接触；长边与非滑动表面相接触。Yx型密封圈分为孔用［如图8-1-48（b）所示］与轴用［图8-1-48（c）所示］两种，两者不得互换。其工作压力≤32MPa、使用温度为－30～100℃。

V型密封圈为组合密封装置，如图8-1-49所示。由多层涂胶织物压制而成，由支承环、密封环和压环三部分组成一套使用。当工作压力＞10MPa时，可以根据压力大小，适当增加密封环的数量，以满足密封要求。V型密封圈适宜在工作压力≤50MPa，温度－40～80℃条件下工作。

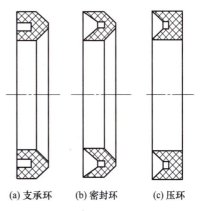

(a) 支承环　(b) 密封环　(c) 压环

图8-1-49　V型密封圈

5. 管件及管接头

（1）油管　液压系统中使用的油管种类很多，有钢管、铜管、尼龙管、塑料管、橡胶管等，须按照安装位置、工作环境和工作压力来正确选用。

① 钢管　能承受高压，价格低廉，耐油，抗腐蚀，刚性好，但装配时不能任意弯曲；常在装拆方便处用作压力管道，中、高压用无缝管，低压用焊接管。

② 紫铜管　易弯曲成各种形状，但承压能力一般不超过 6.5～10MPa，抗振能力较弱，又易使油液氧化；通常用在液压装置内配接不便之处。

③ 尼龙管　乳白色，半透明，加热后可以随意弯曲成形或扩口，冷却后又能定形不变，承压能力因材质而异，自 2.5MPa 至 8MPa 不等。

④ 塑料管　质轻耐油，价格便宜，装配方便，但承压能力低，长期使用会变质老化，只宜用作压力低于 0.5MPa 的回油管、泄油管等。

⑤ 橡胶管　高压管由耐油橡胶夹几层钢丝编织网制成，钢丝网层数越多，耐压越高，价昂，用作中、高压系统中两个相对运动件之间的压力管道。

低压管由耐油橡胶夹帆布制成，可用作回油管道。

（2）管接头　管接头是管件与液压元件、管件与管件之间可拆卸的连接件。它应满足拆装方便、连接牢固、密封可靠、液阻小、结构紧凑、压力损失小等要求。

管接头种类繁多，按接头的通路方向分，有直通、直角、三通、四通等形式；按其与管件的连接方式分，有扩口式、卡套式、焊接式等。管接头与其他元件用国家标准圆锥螺纹和普通细牙螺纹连接。下面介绍在液压系统中常用的几种管接头。

① 扩口式管接头　扩口式管接头如图 8-1-50 所示。先将接管 1 的端部用扩口工具扩成 74°～90°的喇叭口，拧紧螺母 3，通过导套 2 压紧接管 1 扩口和接头体 4 相应锥面连接与密封。结构简单，重复使用性好，适用于薄壁管件连接一般不超过 8MPa 的中低压系统。

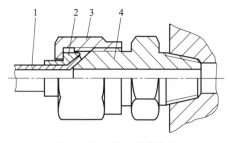

图 8-1-50　扩口式管接头

1—接管；2—导套；3—螺母；4—接头体

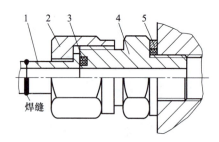

图 8-1-51　焊接式管接头

1—接管；2—螺母；3—O 型密封圈；
4—接头体；5—组合密封圈

② 焊接式管接头　焊接式管接头如图 8-1-51 所示。螺母 2 套在接管 1 上，把油管端部焊上接管 1，旋转螺母 2 将接管 1 与接头体 4 连接在一起。接管 1 与接头体 4 接合处可采用密封圈密封。焊接管式管接头工作可靠，工作压力可达 32MPa 或更高。但装配工作量大，要求焊接质量高。不适用于薄壁钢管。

③ 橡胶软管接头　橡胶软管接头有可拆式和扣压式两种，各有 A、B、C 三种形式分别与焊接式、卡套式和扩口式管接头连接使用。

可拆式橡胶软管接头如图 8-1-52（a）所示。在胶管 1 上剥去一段外层胶，将六角形接头外套 2 套装在胶管 1 上再将锥形接头体 3 拧入，由锥形接头体 3 和外套 2 上带锯齿形倒内锥面把胶管1夹紧。图8-1-52（b）所示为扣压式橡胶软管接头。扣压式装配工序和可拆式相同，区别是外套6是圆柱形，另外扣压式接头最后要用专门模具在压力机上将外套6进行挤压收缩，使外套变形后紧紧地与橡胶管和接头连成一体。随管径不同可用于工作压力为6～40MPa的系统。一般橡胶软管与接头集成供应，橡胶管的选用根据使用压力和流量大小。

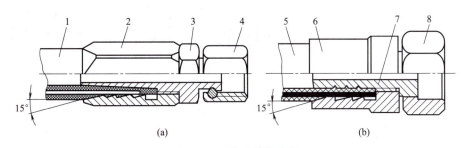

图8-1-52　橡胶软管接头

1,5—胶管；2,6—外套；3,7—接头体；4,8—接头螺母

④ 卡套式管接头　卡套式管接头如图8-1-53所示。它由接头体4、螺母3和卡套2组成。卡套是一个内圆带有锋利刃口的金属环。当螺母3旋紧时，卡套2变形，一方面螺母3锥面与卡套2尾部锥面相接触形成密封，另一方面使卡套2内圆刃口切入被连接管1，卡住管子，卡套2内表面与接头体4内锥面配合形成球面接触密封。这种结构连接方便，密封性好，不用密封件，工作压力可达32MPa。但对钢管外径尺寸和卡套制造工艺要求高，须按规定进行预装配，一般要用冷拔无缝钢管而不用热轧管。

⑤ 快速管接头　快速管接头如图8-1-54所示，它用橡胶软管连接，适用于经常接通或断开处。图示是油路接通的工作位置，当需要断开油路时，可用力将外套6向左移动，钢球8从槽中滑出，拉出接头体10，同时单向阀阀芯4和11分别在弹簧3和12作用下封闭阀口，油路断开。此种管接头结构复杂，压力损失大。

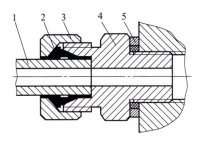

图8-1-53　卡套式管接头

1—接管；2—卡套；3—螺母；
4—接头体；5—组合密封圈

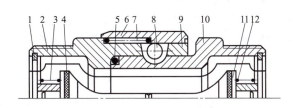

图8-1-54　快速管接头

1—挡圈；2,10—接头体；3,7,12—弹簧；4,11—单向阀阀芯；
5—O型密封圈；6—外套；8—钢球；9—弹簧圈

任务实施

汽车起重机液压系统认识

1. 实施场地

理实一体化教室。

2. 实施仪器与用具

(1) QY-8 型汽车起重机外形简图,如图 8-1-55 所示;

(2) QY-8 型汽车起重机液压系统回路图,如图 8-1-56 所示。

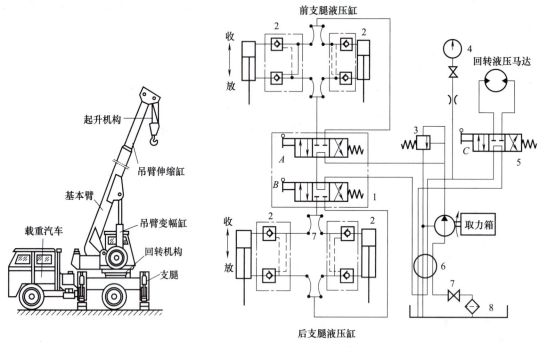

图 8-1-55　QY-8 型汽车起重机外形简图　　图 8-1-56　QY-8 型汽车起重机支腿收放和吊臂回转液压系统回路
1—手动阀组;2—液压锁;3—安全阀;4—压力表;5—手动换向阀;6—回转接头;7—开关;8—过滤器

3. 计划与实施

由于汽车轮胎的支承能力有限,在起重作业时必须放下支腿,使汽车轮胎架空,保证起重机稳定吊装。吊臂能实现 360°范围内的回转。这些动作要求都要依靠液压执行元件来实现。分组观察起重机工作,认识汽车起重机液压元件,并根据图 8-1-56 所示的汽车起重机的支腿收放和吊臂回转液压系统回路,分析其工作过程。

(1) 分组讨论,思考下列问题。

① 汽车起重机的支腿收放和吊臂回转液压系统回路应用了哪些液压元件?

② 汽车起重机的支腿收放动作由什么液压元件完成?

③ 汽车起重机吊臂的回转运动由什么液压元件完成?

④ 分析起重机如何放下和收起支腿液压缸。

(2) 根据"汽车起重机液压系统认识"情况,完成下列表格。

序号	问题	结论
1	汽车起重机的支腿收放液压系统回路应用了哪些液压元件	
2	汽车起重机的吊臂回转液压系统回路应用了哪些液压元件	

续表

序号	问题	结论
3	汽车起重机的支腿收放动作由什么液压元件完成	
4	汽车起重机吊臂的回转运动由什么液压元件完成	
5	分析起重机如何放下和收起支腿液压缸	

4．技能考核

请完成"汽车起重机液压系统认识"项目训练后，填写下表。

班级		项目名称	
姓名		项目任务名称	
学号		完成时间	
实践项目		实践设备	
汽车起重机液压系统认识		完成任务计划与实施表格	
自我评价	良好□　合格□　不合格□		
小组评价	良好□　合格□　不合格□　　　　　　　　　　　　　　　组长签名：		
教师评价	良好□　合格□　不合格□　　　　　　　　　　　　　　　教师签名：		

小结

1．液压传动是以液体作为工作介质并以压力能的方式来进行能量传递和控制的一种传动形式。液压传动系统组成包括动力元件、执行元件、控制元件、辅助元件和工作介质。

2．液压泵是液压系统的动力元件，起着向系统提供动力源的作用，是系统不可缺少的核心元件。液压系统是以液压泵作为系统提供一定的流量和压力的动力元件，液压泵将原动机输出的机械能转换为工作液体的压力能，是一种能量转换装置。

3．液压缸是将液压泵输出的压力能转换为机械能的执行元件，它主要是用来输出直线运动（或摆动运动）。

4．液压控制阀是直接影响液压工作过程和工作特性的重要元件。用来对液流的流动方向、压力的高低以及流量的大小进行预期的控制，以满足负载的工作要求。

拓展训练

一、填空题

1．液压传动的工作原理是以＿＿＿＿＿＿作为工作介质，依靠＿＿＿＿＿＿来传递运动，依靠_____来传递动力。

2. 液压系统组成包括_____、_____、_____、_____、工作介质等五部分。

3. 容积式泵是靠_____变化来实现_____和_____的，所以称为容积泵。

4. 按输出排量是否可调，液压泵可分为_____和_____两种。

5. 换向阀的作用是利用阀芯对阀体的_____，使油路接通、_____或_____，从而改变液压系统的工作状态。根据阀芯运动方式不同，换向阀可分为_____和_____两大类，其中_____应用最广。

6. 压力控制阀是利用阀芯所受的_____和_____的平衡关系来进行工作的。压力控制阀主要有_____、_____、_____和压力继电器等。

7. 变量叶片泵定子与转子的安装位置具有_____。

8. 斜盘式轴向柱塞泵的输出流量调节靠的是改变斜盘_____。

9. 换向阀图形符号用一个方框的上边和下边与外部连接的接口总数表示_____。

10. 汽车起重机支腿锁紧机构采用的双液控单向阀，又称为_____。

11. 三位换向阀阀芯在中间位置时，各通口间的不同接通方式称为换向阀的_____。

12. 按用途划分液压控制阀可分为_____、_____、_____。

二、判断题

1. 液压传动虽然传动平稳，但不容易实现无级变速。（   ）
2. 液压系统中的压力就是物理学中的压强。（   ）
3. 液压系统中用平均流速代替实际流速计算的结果相同。（   ）
4. 液压系统中，如果外载荷为零，系统内部液体的压力也为零。（   ）
5. 液压油实际上确实是不可压缩的。（   ）
6. 液压系统的压力随载荷的增大而增大。（   ）
7. 在目前液压系统的工作压力范围内，液压油可以认为是"不可压缩的"。（   ）
8. 液压系统的泄漏实际就是油液在压差的作用下从高压区向低压区的流动。（   ）
9. 液压系统中的液阻越大，压力损失越大。（   ）
10. 液压泵输出压力决定于泵输出流量的大小。（   ）
11. 液压系统中，液压缸运动时压力的大小与油液流量的多少有关。（   ）
12. 欲使执行机构在供油量不变的情况下往复运动速度一样，应采用单杆式液压缸。（   ）
13. 三位换向阀阀芯未受操纵时，其所处位置上各油路的连通方式就是中位机能。（   ）
14. 节流阀的最小稳定流量是指在不发生节流口堵塞条件下又能正常工作的最小流。（   ）
15. 溢流阀对液压系统具有过载保护功能。（   ）

16. 与机械传动相比，液压传动的缺点是无法实现严格的速比。（   ）
17. 液压泵输出压力的法定计量单位是牛顿。（   ）
18. 液压传动系统中，压力的大小与油液流量的大小有关。（   ）
19. 齿轮泵的排量是可调的。（   ）
20. 双杆活塞缸两个方向运动的速度和输出的力相等。（   ）
21. 液压泵是将电动机或其他原动机输出的机械能转换为油液的压力能（液压能）的能量转换装置。（   ）
22. 所有的液压泵都可以作为液压马达使用。（   ）
23. 双活塞杆液压缸，固定缸体时工作台的往复运动范围约为有效行程 L 的 2 倍。（   ）
24. 变量叶片泵定子与转子的安装位置具有偏心距。（   ）
25. 液压缸是液压系统的动力元件。（   ）
26. 溢流阀常位态是处于关闭状态。（   ）
27. 换向阀图形符号用方格表示通路，有几个方框表示几通。（   ）
28. 溢流阀是控制液压系统的工作压力的阀，而顺序阀是受液压系统的工作压力控制的阀。（   ）
29. 控制液流流动方向的液压阀称为压力控制阀。（   ）
30. 减压阀的功能是将进油口较高压力降为出油口的较低压力以满足系统局部的低压需求。（   ）

三、选择题

1. 液压泵将_____转换成_____，为系统提供压力和流量。（   ）
   A. 机械能/液压能　　B. 液压能/机械能　　C. 机械能/动能　　D. 动能/机械能
2. 液压泵的工作压力取决于（   ）。
   A. 泵的流量　　　　B. 泵的容积　　　　C. 外载荷　　　　D. 其他
3. 单作用叶片泵是_____泵，双作用叶片泵是_____泵。（   ）
   A. 变量/定量　　　　B. 定量/定量　　　　C. 变量/变量　　　　D. 定量/变量
4. 轴向柱塞泵改变（   ），可改变泵的排量。
   A. 柱塞的长度　　　B. 泵的旋转方向　　C. 斜盘的倾角　　D. 其他
5. 齿轮泵一般适用于（   ）。
   A. 低压　　　　　　B. 中低压　　　　　C. 中压　　　　　D. 高压
6. 轴向柱塞泵一般适用于（   ）。
   A. 低压　　　　　　B. 中低压　　　　　C. 中压　　　　　D. 高压
7. 液压系统中的动力元件是（   ）。
   A. 液压泵　　　　　B. 液压缸　　　　　C. 液压阀　　　　D. 液压马达
8. 液压系统的执行元件是（   ）。
   A. 液压泵　　　　　B. 液压缸　　　　　C. 液压阀　　　　D. 调速阀
9. 改变单向叶片泵的定子和转子偏心距的大小，可改变泵（   ）。
   A. 排量的大小　　　B. 压力大小　　　　C. 油流方向　　　D. 转速大小
10. （   ）控制液流能力强，常用于锁紧回路中。

A. 单向阀 B. 换向阀 C. 溢流阀 D. 液控单向阀

11. 溢流阀一般安装在（　　）的出口处。

A. 液压泵 B. 换向阀 C. 单向阀 D. 节流阀

12. 顺序阀的作用是利用（　　）作为控制信号控制油路的通断顺序。

A. 流量大小 B. 油液压力 C. 油液方向 D. 其他

13. 通过节流阀的流量与节阀的_____成正比，与阀两端的_____大小无关。（　　）

A. 压力差/通流面积 B. 流速/载荷
C. 流通面积/压力差 D. 流速/压力差

14. 下列液压阀中属于流量阀的是（　　）。

A. 单向阀 B. 节流阀 C. 顺序阀 D. 换向阀

15. 溢流阀在液压系统中的连接方式为（　　）。

A. 串联 B. 并联 C. 装在液压泵前 D. 装在回油路上

16. 背压阀的作用是使系统具有（　　）稳定的压力，保证运动部件工作平稳。

A. 主油路 B. 回油路 C. 某一支 D. 系统

17. 某执行元件上要求随时停止并锁紧，且停止时要求压力油保压，应选用（　　）型中位机能的三位四通换向阀较好。

A. Y B. O C. P D. M

18. 流量阀是用来控制液压系统工作的流量，从而控制执行元件的（　　）。

A. 运动方向 B. 运动速度 C. 压力大小 D. 运动速度和方向

19. 蓄能器储存的是（　　）。

A. 液压油 B. 液压能 C. 具有一定压力的液压油

20. 为了防止泄漏，提高液压系统的工作性能和效率，在可能发生泄漏的部位需要安装（　　）。

A. 热交换器 B. 过滤器 C. 密封装置

任务二　汽车液力传动

任务导入

汽车发动机的动力在传递过程中是如何获得较大传动效率和较大扭矩，从而保证良好的爬坡性能与平稳的行驶状态的？

任务目标

1. 了解液力耦合器的组成及工作原理。
2. 了解液力变矩器的作用及工作原理。
3. 能够叙述液力变矩器的工作特性。

相关知识

一、液力传动简介

液力传动是利用液体传递功率（转矩）的一种传动方式，以液体为工作介质，利用液体动能来传递能量的流体传动。

叶轮将动力机（内燃机、电动机、涡轮机等）输入的转速、力矩加以转换，经输出轴带动机器的工作部分。液体与装在输入轴、输出轴、壳体上的各叶轮相互作用，产生动量矩的变化，从而达到传递能量的目的。液力传动与靠液体压力能来传递能量的液压传动在原理、结构和性能上都有很大差别。液力传动的输入轴和输出轴之间只靠液体为工作介质联系，构件间不能直接接触，是一种非刚性传动。

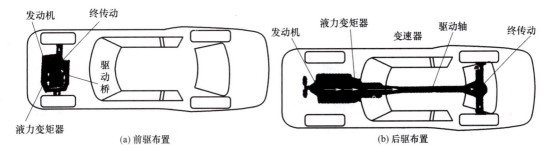

图 8-2-1　液力变矩器的位置布置

液压传动装置包括液力耦合器和液力变矩器两种，液力变矩器在汽车上位置布置如图 8-2-1 所示。

液力传动在车辆上应用时具有良好的优点，能提高整个传动装置的动力性能。

（1）能使传动系统获得自动变速和无级调速，并具有较强的变矩能力。
（2）能吸收冲击和振动，具有减振、降低动负荷作用。
（3）具有良好的自动适应性，过载保护性好，防止发动机熄灭。
（4）具有良好稳定的低速性能，带负荷启动容易。

但与机械传动相比较，传动效率较低，结构复杂，成本高，同时不能反拖启动和利用发动机制动。

二、液力耦合器

液力耦合器只起传递扭矩的作用，不能改变扭矩大小，所以，也称其为液力联轴器。

液力耦合器的结构，如图 8-2-2 所示，主要由泵轮和涡轮组成。

泵轮接受由发动机传递的机械能，在液体从泵轮叶片内缘向外缘流动的过程中，将动能转换为机械能后输出。

液力耦合器实现传动的必要条件是：油液在泵轮与涡轮之间有循环流动，而循环流动的产生是由于两个工作轮转速不相等，使两轮叶片的外缘处产生液压差。故液力耦合器在正常工作时，泵轮转速总是要大于涡轮转速，一旦二者转速相等，则液力耦合器将不起作用。

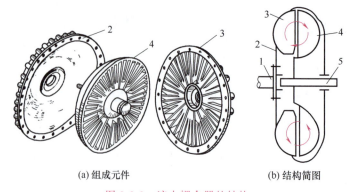

(a) 组成元件　　　　　　　　(b) 结构简图

图 8-2-2　液力耦合器的结构

1—发动机曲轴；2—耦合器外壳；3—泵轮；4—涡轮；5—从动轴

三、液力变矩器

1. 结构组成

液力变矩器是组成汽车自动变速器的主要元件之一，它利用液体平稳地将发动机转矩传递给变速器，并使变矩器获得较高的传动效率和较大的输出转矩。

变矩器位于发动机和变速器之间，它的内部是一个环形装置，其中充满自动变速器油。变矩器结构如图 8-2-3 所示，主要由外壳、泵轮、涡轮和导轮组成。

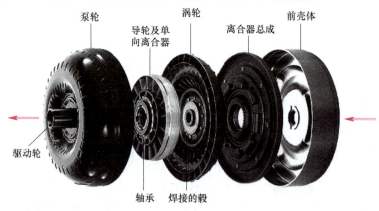

图 8-2-3　变矩器的结构

外壳固定在发动机飞轮上，发动机动力通过外壳传递给变矩器。

泵轮位于变矩器壳体内，曲面叶片径向安装在内。在叶片的内边缘上安装有导环，确保 ATF 流动畅通。变矩器通过驱动端盖与曲轴连接。当发动机运转时，带动泵轮一同旋转，在泵轮内的离心力的作用下向外甩出。发动机转速越高，产生的离心力也越大，由泵轮向外甩出喷射的油液速度也越快。

涡轮为装有许多曲面叶片的圆盘，涡轮通过花键与变速器的输入轴相啮合，其叶片的曲线方向不同于泵轮的叶片，涡轮的叶片与泵轮的叶片相对而设，相互间保持非常小的间隙。

导轮为装有叶片的小圆盘，位于泵轮与涡轮之间，安装在导轮轴上，通过单向离合器固定在变速器壳体上。

导轮上的单向离合器可以锁住导轮以防止反向转动，使得导轮可以根据工作液冲击叶片的方向进行旋转或锁住。

2. 工作原理

(1) 基本工作原理　可以用两台电风扇进行模拟实验：如图 8-2-4 所示，将两台电风扇对置，其中一台电风扇接通电源如泵轮，另一台电风扇不通电如涡轮。当通电风扇旋转时，产生的气流可以吹动不通电的风扇使其转动，这样两个电风扇就组成了耦合器。它能够传递转矩，但是不能增大转矩。如果从后面增加一个管道，空气就会从后面通过管道，从不通电的风扇回流到通电的风扇。这样会增加通电的电风扇吹出的气流。在液力变矩器中，导轮起到了这种空气管道的作用。

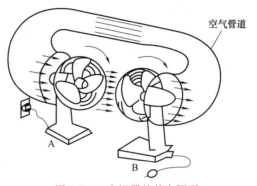

图 8-2-4　变矩器的基本原理
A—通电风扇；B—不通电风扇

(2) 工作原理　变矩器的工作原理如图 8-2-5 所示，泵轮作为主动件，由变速器外壳驱动，涡轮作为从动件，通过花键驱动变速器。导轮主要起改变转矩的作用，在变矩器高速旋转时，使变矩器获得较高的传动效率和较大的输出转矩。

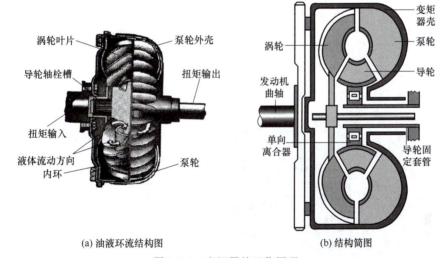

(a) 油液环流结构图　　(b) 结构简图

图 8-2-5　变矩器的工作原理

如果没有导轮，变矩器启动时，从动泵喷射的 ATF 流入静止的涡轮中形成环流，当泵轮转速增高时，环流作用使涡轮的转矩增大，涡轮开始缓慢地旋转，并逐渐加快，缩小了与泵轮转速的差别而逐渐提高传动效率，此时变矩器相当于液力耦合器。

在泵轮和涡轮中安装导轮，油液流动时导轮的工作状态如图 8-2-6 所示。当涡轮转动时，从涡轮流出的 ATF 有残留的动能，通过导轮加在泵轮上，从而增大转矩。泵轮与涡轮的转速相差越大，转矩增大也越快。当涡轮转速加快到与泵轮转速接近时，从泵轮后表面流过时，导轮由于单向离合器的作用在导轮轴上空转；而 ATF 通过叶片前表面时，同样由于单向离合器的作用，导轮被单向离合器锁住在导轮轴上而不转动。

导轮的空转开始点为耦合点。开始空转后，变矩器就失去了变矩的功能而只有液力耦合器离合动力的功能。耦合点实际是变矩器功能的转折点，导轮不转的范围称为变矩器范围，导轮空转的范围称为耦合范围。

(a) 导轮旋转　　　　　　　　(b) 导轮锁止

图 8-2-6　油液流动时导轮工作状态

(3) 工作特性

① 变矩性。工作时，因油液的环流是周而复始的循环运动，三个工作轮对油液的作用扭矩总和应为零，则 $M_涡 = M_泵 + M_导$，变矩器起到增大扭矩的作用。

② 自动适应性。车辆负荷增大，车速降低时，驱动扭矩会自动增大，确保车辆在较低速度下稳定行驶。

任务实施

汽车自动变速器的液力变矩器认识

1. 实施场地

汽车自动变速器拆装实训室。

2. 实施仪器与用具

汽车自动变速器的液力变矩器，如图 8-2-7 所示。

图 8-2-7　液力变矩器实物图

3. 计划与实施

液力变矩器靠液体为工作介质联系，构件间不直接接触，是一种非刚性传动。分组进行液力变矩器拆装实训，观察液力变矩器结构，认识液力变矩器零件，结合液力变矩器结构原理图，分析其工作过程。

(1) 分组讨论，思考下列问题。

① 观察各工作轮的结构、叶片形状，试分析油液形成环流时的运动情况？

② 分析动能是如何进行转换的，动力输入、输出是怎样的？

③ 简要描述汽车在负荷增大的过程中，液力变矩器是如何起作用的？

④ 液力传动有何优点？

(2) 根据"汽车自动变速器的液力变矩器认识"情况，完成下列表格。

序号	问题	结论
1	分析油液形成环流时的运动情况	
2	分析动能的转换情况	
3	分析动力输入、输出情况	
4	汽车在负荷增大的过程中，液力变矩器是如何起作用的	
5	液力传动的优点	

项目八 汽车液压与液力传动

4. 技能考核

请完成"汽车自动变速器的液力变矩器认识"项目训练后，填写下表。

班级		项目名称	
姓名		项目任务名称	
学号		完成时间	
实践项目		实践设备	
汽车自动变速器的液力变矩器认识	完成任务计划与实施表格		
自我评价	良好□　合格□　不合格□		
小组评价	良好□　合格□　不合格□　　　　　　　　　　　组长签名：		
教师评价	良好□　合格□　不合格□　　　　　　　　　　　教师签名：		

小结

1. 液力传动是利用液体传递功率（转矩）的一种传动方式，以液体为工作介质，利用液体动能来传递能量的流体传动，是一种非刚性传动。

2. 液力耦合器实现传动的必要条件是：油液在泵轮与涡轮之间有循环流动，而循环流动的产生是由于两个工作轮转速不相等，使两轮叶片的外缘处产生液压差所致。

3. 液力变矩器是利用液体平稳地将发动机转矩传递给变速器，并使变矩器获得较高的传动效率和较大的输出转矩。

拓展训练

一、填空题

1. 液力传动是利用液体传递_____的一种传动方式，以_____为工作介质，利用_____来传递能量的流体传动。

2. 液力传动装置包括_____和_____两种。

3. 液力耦合器只起传递_____的作用，不能改变_____，所以，也称其为_____。

4. 液力耦合器的结构，主要由_____和_____组成。

5. 变矩器位于_____和_____之间，它的内部是一个环形装置，其中充满自动变速器油。

二、判断题

1. 叶轮将动力机输入的转速、力矩加以转换，经输出轴带动机器的工作部分。（　　）

2. 液力传动能使传动系统获得自动变速和无级调速，并具有较强的变矩能力。（   ）

3. 液力传动吸收冲击和振动的能力较差，增加了动负荷。（   ）

4. 液力传动具有良好的自动适应性，过载保护性好，防止发动机熄火。（   ）

5. 液力耦合器既能传递扭矩的作用，又能改变扭矩大小。（   ）

6. 变矩器位于发动机和变速器之间。（   ）

7. 变矩器的外壳固定在变速器上，动力可以通过外壳传递给变速器。（   ）

8. 发动机转速越高，产生的离心力也越大，由泵轮向外甩出喷射的油液速度反而越慢。（   ）

9. 导轮主要起改变转矩的作用，在变矩器高速旋转时，使变矩器获得较高的传动效率和较大的输出转矩。（   ）

10. 导轮空转开始点称为耦合点。（   ）

三、选择题

1. 下列关于液力传动的说法错误的是（   ）。

   A. 能使传动系统获得自动变速和无级变速

   B. 具有良好的自动适应性，过载保护性好，防止发动机熄火。

   C. 具有良好稳定的低速性能，带负荷启动容易

   D. 与机械传动相比较，传动效率高，结构复杂，成本高

2. 液力耦合器实现传动的必要条件是（   ）。

   A. 液力耦合器涡轮接受发动机的机械能

   B. 液力耦合器泵轮将动能转换为机械能输出

   C. 液力耦合器正常工作时，泵轮与涡轮必须相同

   D. 液力耦合器正常工作时，泵轮转速总是要大于涡轮转速，一旦二者转速相等，则液力耦合将不起作用。

3. 下列不属于液力变矩器主要结构组成的是（   ）。

   A. 泵轮　　　　　B. 导轮　　　　　C. 从动轮　　　　　D. 涡轮

4. 下列关于液力变矩器说法错误的是（   ）。

   A. 涡轮作为主动件，由变矩器外壳驱动。

   B. 导轮主要起改变转矩的作用，在变矩器高速旋转时，使变矩器获得较高的传动效率和较大的输出转矩。

   C. 当泵轮转速增高时，环流作用使涡轮的转矩增大。

   D. 当涡轮转动时，从涡轮流出的ATF有残留的动能，通过导轮加在泵轮上，从而增大转矩。

5. 液力变矩器工作特性说法错误是（   ）。

   A. 工作时，因油液的环流是周而复始的循环运动。

   B. $M_{泵} = M_{涡} + M_{导}$

   C. 变矩器起到增大扭矩的作用。

   D. 车辆负荷增大，车速降低时，驱动扭矩会自动增大。

参 考 文 献

[1] 曾宗福. 机械基础. 北京：化学工业出版社，2007.
[2] 唐晓莲，涂杰. 机械基础. 北京：电子工业出版社，2017.
[3] 于丽颖. 汽车机械基础. 北京：化学工业出版社，2015.
[4] 闫冬梅，郭佳萍. 汽车机械基础. 北京：机械工业出版社，2016.
[5] 侯子平. 汽车机械基础. 北京：北京邮电大学出版社，2015.
[6] 隋明阳. 机械基础. 北京：机械工业出版社，2014.
[7] 李子云. 汽车机械基础. 青岛：中国海洋大学出版社，2012.
[8] 朱军. 汽车机械基础. 北京：北京出版集团公司北京出版社，2018.